KB269356

홍성현 목사 회고록

통일을 향한 여정

통일을 향한 여정

2011년 4월 10일 초판 1쇄 인쇄
2011년 4월 15일 초판 1쇄 발행

지은이 | 홍성현
펴낸이 | 김영호
펴낸곳 | 도서출판 동연
편집 | 조영균   디자인 | 이선희 관리 | 이영주 본문 | 이춘희
등록 제1-1383호(1992. 6. 12)
주소 | 서울시 마포구 망원동2동 472-11 2층
전화 | (02)335-2630
전송 | (02)335-2640
이메일 ymedia@paran.com
홈페이지 www.y-media.co.kr

ISBN 978-89-6447-144-9 03200

홍성현 목사 회고록

통일을 향한 여정

동연

너무나 부족한 이 사람을 하나님이 그의 나라의 일꾼으로 40년간 이 끄시느라고 많이 힘이 드셨을 것이다. 6·25전쟁을 겪으면서 나의 몸과 마음이 약해질 대로 약해졌는데 그때 나를 하나님이 당신의 일에 불러주신 것은 기적이다. 그리고 유학의 기회가 주어져서 교회와 사회를 연구하게 하신 것도 그분의 은총이다. 오늘까지 건강을 유지하면서 민족과 교민들을 위하여 움직이게 하신 것도 하나님의 축복이다. 하나님께 늘 감사의 기도를 드리고 있다.

나의 목회 일생을 위하여 이름 없이 빛도 없이 고생한 아내에게 늘 고마울 뿐이다. 그 엄청난 심적·육체적 긴장이 노년기에 들어와서는 아내의 몸 구석구석에서 여러 가지 병고를 일으키고 있다. 너무나 안타깝다. 아들의 목회를 위하여 항상 기도를 쉬지 않으셨던, 지금은 천국에 계신 어머님을 추모하면서 감사한다. 목회와 다른 사회적인 활동으로 인하여 아버지 노릇을 제대로 못한 나를 이해해주는 두 아들과 며느리들에게 고마울 뿐이다.

나의 주변 가까이에서 나와 민족의 아픔을 나누면서 함께했던 분들,

특히 20대 후반과 30대 초반에 신학대학 강의실에서 처음 만나서 마음이 서로 통하여 〈제3세계신학연구소〉를 세우고 〈새민족교회〉를 창립했던 모든 분들, 지금은 중진 교수들과 목회자들이 되어 있는 〈참된평화를만드는사람들〉 연구원들과 이사들과 뒤에서 물심양면으로 도우신 많은 평신도 분들에게 뜨거운 감사의 말씀을 전한다.

40여 년간 나의 목회와 신학교육 활동에서 여러 가지로 도와주신 많은 분들을 기억한다. 장신대 59기 동기들을 비롯하여 선배들과 후배들 그리고 내가 목회하였던 여러 교회들에서 만난 성도들을 잊을 수가 없다. 모든 분들에게 감사를 드린다.

내가 제일 오랫동안 목회하다가 나이가 차서 은퇴한 수송교회에서 출판기념회를 갖도록 장소를 허락해주셔서 감사드린다.

나의 지나간 글들을 모아서 편집하고 출판하느라 수고한 편집위원들에게 감사한다.

끝으로 은퇴한 이 사람을 지금도 민족의 화해운동에 참여토록 격려해주시고 밀어주시는 6·15공동선언실천미국위원회 회원 여러분들에게 감사의 인사를 드린다.

2011년 4월

홍 성 현

차례

▶▶▶**책머리에** _005

1부 〈회고록〉
나의 75년 삶을 돌아보며 _011

세상에 태어나다 | 38선을 넘다 | 하늘의 음성을 듣다 | 대학 진학 | 4 · 19혁명
과 새생활운동 | 중 · 고교 교사로 | 장신대로 | 첫 목회지 새문안교회 | 새시대
선교연구회와 신풍운동 | 교회와 사회 연구 | 프린스턴과 트렌턴 교회 개척 | 8
년 만의 귀국 | 인천제일교회로 | 무학교회로 | 장로회 총회를 위하여 | 아세아
연합신학대학교 교수로 | 새민족교회와 평화와통일연구소 | 현대교회 임시목사
| 한 학기 학장 | 미국 나성한인교회 | 다시 서울로 | 마지막 목회지 수송교회 |
시민사회운동 | 또 다시 미국으로 | 꼭 이루고 싶은 일

<table>
<tr><td>2부</td><td>〈설교집〉
세상 나라와 하나님의 통치</td><td>_073</td></tr>
</table>

비천한 자를 높이시려고 _075
2000. 12. 25. 부천 범박동 지역주민과 함께 드리는 예배

세상 나라와 하나님의 통치 _084
2003. 8. 14. 해방기념주일

추모 _093
2003. 11. 25. 홍동근 목사 3주기 추모예배

교회의 세 가지 기능 _104
2004. 5. 9. 수송교회 창립 69주년

생명지킴이 _113
2004. 6. 13.

민족의 자유 _122
2005. 8. 14. 해방60주년기념

파토스적인 삶 _131
2006. 6. 2. 중앙고급공무원훈련원 신우회

오늘이 그대의 마지막 날 _140
2007. 3. 4. 무학교회 60주년

기독교 신앙은 사회적 사건으로 드러나야 _151
2007. 7. 16. 이랜드비정규직 농성장 기도회

3부 〈강연록〉
민족의 평화통일과 교회 _161

한반도 통일과 기독교의 과제 _163
1987. 9. 제3세계연구소 지방순회 강연

북한 교회와의 신학적 연대를 위하여 _180
1994. 12. 4. 원주지역 목회자 강연

21세기 교회 인권 _197
1999. 4. 25. 부산노회 인권위 주최 특별기도회

나그네(난민, 외국인)에 대한 봉사 목회 _213
1999. 11. 8. 한국교회갱신연구원

새 천년을 위한 목회자의 역할과 사회적 기대 _230
2000. 2. 14. 부산 목회자 포럼 강연

21세기의 생명운동 _245
2003. 5. 16. 한카서부노회 강연

민족의 평화통일운동에서 교회의 역할 _270
2007. 5. 16. 통일민주협의회 월례회 강연

북의 동포들과의 어우러짐을 위하여 _296

▶▶▶**편집 후기** _321
▶▶▶**홍성현 목사 약력** _324

1부· **회고록**

나의 75년 삶을 돌아보며

세상에 태어나다 | 38선을 넘다 | 하늘의 음성을 듣다 | 대학 진학 | 4 · 19혁명과 새생활운동 | 중 · 고교 교사로 | 장신대로
첫 목회지 새문안교회 | 새시대선교연구회와 신풍운동 | 교회와 사회 연구 | 프린스턴과 트렌턴 교회 개척 | 8년 만의 귀국 | 인천제일교회로
무학교회로 | 장로회 총회를 위하여 | 아세아연합신학대학교 교수로 | 새민족교회와 평화와통일연구소 | 현대교회 임시목사
한 학기 학장 | 미국 나성한인교회 | 다시 서울로 | 마지막 목회지 수송교회 | 시민사회운동 | 또 다시 미국으로 | 꼭 이루고 싶은 일

_ 세상에 태어나다

나는 일제가 한반도를 통치하던 불행한 시절인 1936년 봄에 아버지 홍창범과 어머니 김응제 사이에서 둘째 아들로 태어났다. 하지만 세 살 때 아버지가 세상을 떠나셨기에 스물일곱 청춘에 미망인이 되신 어머니가 나와 다섯 살 위인 형(홍성인)을 홀로 힘들게 기르셨다. 아버지 쪽으로 말하면 나의 고향이 서울이지만 아버지가 일찍 돌아가시는 바람에 외조모가 계시고 외삼촌들이 계신 어머니의 고향 강원도 통천군 송전리로 이사하여 거기서 어린 시절을 보냈기에 나는 강원도 산(産)이기도 하다. 태어난 고향은 함경도인데 거기에 아버지의 직장이 있었기 때문이다. 나의 형은 6·25전쟁이 한창이던 1951년에 피난지 천안에서 병사했다. 누나도 있었는데 세상에 태어나자마자 숨을 거뒀다고 한다. 이런 저런 아픔을 엄청나게 겪으신 어머니가 하나 남은 나를 기르시느라고 일생을 다 바친 셈이다. 어머니는 97세의 수를 누리시고 하늘나라로 가셨는데 이 땅에서 어머니의 일생은 너무나 힘들고 아픈 삶이었다. 그런 가운데서도 어머니는 외조모(한수업)로부터 받은 예수교 신앙으로 그 험난한 인생 여정을 잘 견디어내셨기에 너무나 큰 축복의 삶을 사신 분이시다. 어머니의 독실한 신앙의 삶의 영향으로 내가 목사의 길을 걷게 되었다고 해도 과언이 아니다. 기독교 신앙이 외조모에 의하여 어머니에게 전해졌고 그리고 어머니를 통하여 나에게 전해졌는데 성경의 디모데와 닮은꼴인 셈이다.

우리 아버지 쪽으로 말하면 할아버지가 천석꾼이라는 소리를 들을 정도의 풍족한 삶을 누리고 살았으나 나의 아버지 대에 와서 일본의 억압정치 속에서 가산이 기울어졌고 그 결과로 나의 아버지는 총각 때부터 전기엔지니어가 되어서 함경도에서 전기공사를 지휘하시다가 사고로 돌아가셨다. 어머니의 전언에 따르면 어머니보다 열한 살이 위였던 아버지는 삼일독립만세운동에 참여하였다고 한다. 아버지 가문의 종교는 불교였는데 큰 아버지 두 분과 그 가족들이 불교에 심취되어 있었기에 나는 부친이 돌아가신 이후에 사촌 형들과는 소원하게 지낼 수밖에 없었다. 제일 막내 동생이었던 나는 홍씨 가문을 전도할 힘이 없었는데 그것이 내 생에 후회스러운 일 가운데 하나다.

_38선을 넘다

내가 초등학교 3학년 때에 해방이 되었는데 해방이 되자마자 소련 군이 북에 진주하였다. 당시에 학교에서 반장이었던 나는 소련의 공산주의 정치체제의 선전 속에서 학교 선생님들이 시키는 대로 그들이 배워주는 구호를 그대로 받아서 같은 반 학우들에게 외치면서 반을 이끌어가야 했다. 어린 나이에 "남조선 어린이들이 굶고 있으니 그들을 해

서울대학교 입학식에서 어머니와 함께

방해야 한다"는 구호를 외쳐대면서 이른바 〈해설대〉를 인솔하고 이 마을 저 마을을 다녔다. 소위 말하는 체제 선전을 하고 다녔던 것이다. 그런 나의 모습을 보신 어머니는 홀로 결단하시고 어느 날 밤에 나와 형을 데리고 38선을 넘어 남으로 내려왔다. 어머니는 잠깐의 피난길이라고 생각하셨다고 한다. 그래서 집문서와 기타 재산을 외삼촌에게 다 맡기시고는 달랑 아들 둘만을 데리고 월남했는데 결국엔 외조모도, 형제자매들도, 고향의 땅도, 집도 다시는 보지 못하시고 타향 서울에서 눈을 감으셨다. 민족 분단으로 인한 이산가족의 아픔을 겪은 1000만 이산가족들 중의 하나가 우리 가정이다.

재산 하나 없이 맨손으로 시작해야 했던 서울 피난민 촌에서의 생활. 어머니는 이루 말할 수 없는 고초를 겪으시면서 두 아들을 기르시느라 험한 세상을 사셨다. 민족 분단의 아픔을 가장 극심하게 겪으신

고 김현봉 목사, 아현교회

어머니셨다. 나는 힘겹게 살아가시던 어머니를 곁에서 늘 지켜보며 민족 분단의 아픔을 온 몸으로 느끼면서 자랐다. 바로 그와 같은 아픈 가족사가 나로 하여금 민족 분단의 고통을 뼈저리게 느끼게 했고, 양단된 한반도가 하나되어야만 고통당하는 우리 민족이 비로소 평화롭게 살 것이라고 깨닫게 했다. 우리 민족이 평화롭게 사는 길은 민족의 화해와 통일 외에는 다른 길이 없다고 확신하면서 그것을 실현하려면 무엇을 해야 할까 늘 고민했던 것이다. 민족 분단 피해자의 가정에서 자랐기에 민족 통일의 꿈은 어릴 때부터 내면화될 수밖에 없었다.

월남 후 서울에서의 힘들고 고통스러운 피난 생활 속에서도 다행하고 감사했던 일이 있다. 아현동 피난민 촌에 거처를 정하게 되면서 그곳에서 멀지 않은 아현교회에 다니게 된 것이다. 〈기독교사상〉에서도 소개된 바 있는 깊은 경건의 실천자였던 김현봉 목사의 영적 영향이 어머니와 나의 삶에 긍정적으로 작용했기에 험한 세상에서도 용기를 잃지 않고 의미 있고 보람 있게 살아갈 수 있었다고 믿는다. 김현봉 목사(1881-1965)는 경기도 여주 출신으로 양정의숙 법과를 졸업한 뒤에 교편을 잡으시고 학생들에게 애국심을 심어주었다. 1912년 이상재 선생의 소개장을 들고 서간도로 건너가서 민족학교를 세워서 후배들을 양성하다가 일본군에 체포, 국내로 압송되어 서대문형무소에서 복역하였다. 출감 후에 평양신학교에 나이 42세에 입학을 했고 1928년에 졸업하고 목사가 되어 공덕교회에서 목회를 시작하였다. 1933년 아현동 37번지에 집을 사서 예배를 드리면서 아현교회를 개척하였다. 6·25전쟁 중에는 북의 인민군을 피해 굴속에서 39일을 숨어 지냈는데 샘물만 마시면서 연명했다 한다. 아현교회는 간판, 종각, 십자가, 성가대 등이 없는 교회였고 강론을 시작하면 한 시간 두 시간을 넘길 정도로 아주 길게 말씀하셨던 기억이 난다. 헌금이 모이면 집 없는 가난한 교인들에게 허름한 집을 사서 무료로 공급해주었는데 우리 모자도 피난하기 전까지 그 집에서 살았다. 김 목사는 철저힌 청빈의 삶을 사셨다 1965년 숨을 거두실 때 남긴 유언이 자신의 시신을 리어카에 싣고 가서 화장하라는 것일 만큼 소박하셨다. 교우들 1200여 명이 통곡하면서 그 리어카를 뒤따라서 화장터로 향했다.

나는 월남 이후 곧바로 초등학교에 편입을 하지 못했다. 피난지 서울에서 경제적인 문제로 제자리를 잡지 못했기 때문이었다. 마포에 있는 용강초등학교 5학년에 편입하게 되었을 때는 나이가 다른 학생들보다 한두 살이 많았다. 공부를 열심히 하여 1950년 4월에 서울중학교에 합격하였다. 그때 서울중학교는 김원규 교장으로 인하여 경기중학

고 김현봉 목사의 리어카 장례식

교를 능가하는 학교로 소문이 나 있었기에 택했던 것이다. 그러나 입학 후 석 달도 못 되어 6 · 25 전쟁이 터졌고 또다시 학교생활을 접어야 했다.

서울중학교 입학시험 둘째 날의 해프닝은 김현봉 목사의 영향을 어린 내가 얼마나 많이 받으면서 자랐는가 하는 것을 보여준다. 그날은 주일이었다. 체육시험을 치르려고 수험생들이 강당에 모이는 시간이 아침 9시인데 그 시간이 나의 아현교회 주일학교(교회학교)가 모이는 시간이었다. 성수주일을 강조하는 김 목사의 가르침에 따라 교회학교 예배와 성경공부를 모두 끝마치고 아현동에 있는 교회에서 출발하여 당시에 서대문에 있었던 서울중학교 강당으로 내리 뛰었다. 하지만 이미 체육시험이 다 끝나고 교사들이 모여서 채점 정리를 하고 있었다. 수험표를 달고 뛰어 들어오는 나를 시험관이 보고는 어째서 이렇게 늦었는지 질책을 하기에 나는 "먼저 하나님께 예배드리고 오느라고 늦었습니다" 하고 대답했다. 당당한 말투로 대답하는 내가 당돌했던지 그 교사는 기가 막힌다는 표정을 지으며 말했다. "알았다. 그러면 이 강당을 한 바퀴 뛰어 돌아와라." 초등학교에서 릴레이 선수와 축구선수였던 나는 아주 빨리 한 바퀴를 돌았더니 "어! 가봐!" 하는 것이 아닌가? 발표하는 날 합격통지판에 내 이름이 선명했다.

_하늘의 음성을 듣다

정든 고향 강원도 송전을 떠나와서 겨우 자리를 잡으려고 하는 1950년 6월 25일 주일 아침에 북의 인민군의 서울 침공으로 우리 가정은 두 번째의 피난의 길에 오르게 되었다. 북에서 월남한데다가 시인이었던 형이 북의 공산주의를 비판한 글이 있어서 어쩔 수 없이 피난의 길을 가지 않을 수가 없었다. 한강 철교가 폭파되는 바람에 부산 쪽으로는 피난을 가지 못하고 서울 북쪽 경기도 쪽으로 방향을 잡았다. 이 동네 저 동네를 헤매다가 1951년 1·4후퇴 시에 남쪽으로 피난을 갔는데 그때도 부산까지는 내려가지 못하고 천안에 머물렀다. 그곳에서 피난 생활을 하다가 온양으로 옮겨 피난의 삶을 이어가던 중에 서울 수복이 되었다. 하지만 서울에는 거처할 집이 없어 올라갈 수가 없었다. 결국 서울중고등학교에 복교하지 못하고 온양고등학교에서 계속 공부를 하고 졸업하게 되었다.

6·25의 참화 속에서 나는 처참한 전쟁의 아픔을 직접 겪었다. 폭격

으로 인한 떼죽음을 목격하기도 했고 여기저기에 처참하게 쓰러져 있는 시체들을 무수히 보면서 피난길을 걸어가야 했다. 무엇보다도 홀로 되신 어머니의 생활고를 직접 보았고 형의 병고와 죽음도 보았다. 그리고 나 자신이 급성폐렴에 걸려서 사경을 헤매기도 했다. 전쟁의 한복판에서 당한 육체와 정신의 고통을 어찌 다 설명할 수 있겠는가! 나는 초등학교 6학년 때에 반에서 키가 제일 큰 편에 속했다. 하지만 그 이후 잘 먹지 못해서 더 이상 자라지 못하고 키가 작은 편에 속하는 사람이 된 것 하나만 보아도 6·25전쟁이 내게 준 피해가 얼마나 컸는가를 가늠할 수 있을 것이다.

천안으로 피난을 가서 빈집을 찾아 처음 들어간 곳이 병원이었다. 천안광제병원. 김용준, 김숙희, 김용옥 교수의 부친 김 장로님이 원장으로 있던 곳이다. 거기서 피난의 삶을 살면서 천안중앙교회에 어머니와 함께 출석을 했다. 새벽기도회에 참석하려고 어머니의 손을 잡고 어두운 새벽길을 걸어가던 일이 새삼스럽다. 중고등부에 다니면서 김용준 교수에게서는 영어를 배우기도 했다. 당시 이화여중 1년생이었던 김숙희 교수와는 성탄절 새벽송을 부르러 같이 다니기도 했다.

피난하여 천안에서 살면서 나는 영양 부족과 추위로 급성폐렴에 걸렸다. 폐렴은 깊어졌다. 입으로 피를 토할 정도가 되었을 때 마지막으로 하나님께 매달렸다. 안간힘으로 기도를 하며 "이번에 저를 살려주시면 하나님을 위하여 헌신하겠습니다"라고 서원을 했다. 그 서원이 결국엔 나로 하여금 목사의 길을 걷게 했던 것이다.

천안에서 피난 생활을 할 때 어느 날인가 낮잠을 자다가 비몽사몽간에 한 음성을 들었다. "너는 깨끗하고 정직하고 거룩하라"는 음성. 그

온양고등학교 졸업 후 연호교회 청년들과 함께

음성이 나의 삶을 지배하였다고 해도 과언이 아니다. 늘 그 음성을 기억하면서 정직하고 올바른 삶을 살려고 노력했다. 그리고 거룩한 삶을 위하여 매일 기도하고 성경을 읽었는데 영어 성경을 많이 봤다. 그것이 계기가 되어 영어 실력을 더욱 향상시킬 수 있었디. 피닌 시 영어로 신약성경을 30번 이상 통독한 것으로 기억한다.

휴전이 되었어도 서울로 돌아오지 못하고 천안과 온양 등지를 배회하면서 살았지만, 어머니는 믿음을 굳건히 지키셨다. 어머니는 천안교외 백석리와 불당리에 교회가 없는 것을 아시고 그 동네로 나를 데리고 한 시간가량 걸어가서 전도를 했다. 그 후 백석동에는 감리교가, 불당리에는 장로교가 세워지게 되었다. 나는 어머니를 따라다니면서 찬송가를 인도했다. 지금 불당리에 세워진 천성장로교회는 매우 큰 교회로 발전하였다. 2008년 봄에 소천하신 어머니를 그 교회 개척자로 기리어서 그 교회에서 추모예배를 봐 주셨다.

어머니는 천안중앙교회 집사로 있으면서 전도를 하여 교회를 개척했는데 봉급 받지 않는 전도부인의 역할을 했다. 비록 가난하게 살았지만 복음 전파를 위하여 시간을 들이고 정성을 다하여 두 곳의 교회를 개척하셨기에 초대 선교사들이 전도부인(Bible Women)이라고 부를 수도 있는 평신도 전도인들 중의 한분으로 어머니의 이름이 올라가 있을 것이다. 어머니는 월남하기 전에는 강원도 송전에서 구읍감리교회 회계 집사를 하셨다. 어머니에게 듣기로 외할머니(한수업)는 원산에서 감리교의 성경학교를 다니셨던 분이라 한다. 감리교 역사 자료에 따르면 원산에 감리교가 운영하는 보혜성경학교가 있었다고 하는데 그 성경학교가 전도부인들을 키워내는 양성소였다고 한다. 그러고 보면 나의 외할머니 한수업의 믿음을 전수받으신 어머니는 전도부인이셨던 외할머니에게 영향을 받아서 같은 전도부인 일을 하신 것이리라. 이와 같은 외가 가문의 신앙 전통에서 내가 목사의 길을 걷게 되었고, 뒤를 이어 내 맏며느리(김혜인)가 풀러신학대학원을 졸업하고 현재 나성의 포도원교회 전도사로 일하면서 우리 가문의 전도인 전통을 잇고 있다. 너무나 감사하다.

어머니를 따라 다니면서 개척한 것까지 다 합쳐서 나의 75년간의 삶에서 모두 여섯 교회(천안천성교회, 백석감리교회, 프린스턴한인교회, 트렌턴한인교회, 새민족교회, 나성한민족교회)를 개척한 셈이다. 중고교 교사 시절 인성여고 학생들(김복희 이명자 윤명순 오문순 이현자 정경화 오용옥)과 함께 석바위에서 개척한 교회는 그 이후 어떻게 되었는지 소식을 모르는데 그 교회가 어딘가 세워져 있다면 모두 일곱 교회를 개척한 셈이 된다.

_대학 진학

고등학교 졸업반 때에 대학 진학을 준비하는 과정에서 나는 학과 선택으로 고민을 많이 했다. 남북의 분단과 6·25전쟁으로 인한 내 가정의 극심한 가난과 나라 전체의 가난이 너무나 지겨웠다. 그것을 극복하기 위해서는 우선 경제학을 공부하는 것이 올바른 길이라고 생각하고 서울대 상대를 지원했지만 보기 좋게 낙방했다. 천안에서 급성폐렴으로 앓을 때 서약했던 일은 까맣게 잊어버리고 다른 길로 나가려다가 한 대 호되게 맞은 듯했다. 다시 마음을 추슬렀다. 서약한 대로 목사가 되자, 마음먹고 남산에 있던 총회신학교(현 장신대 전신)에 시험을 쳐서 우수한 성적으로 합격했다. 그런데 막상 등록금이 없었다. 장학금을 요청하기 위하여 당시의 박형룡 교장을 직접 만나서 사정을 말씀드렸다. 하지만 장학금은 일등에게만 주는 것이고 나머지 우등입학자들에게는 경제적인 도움을 줄 형편이 못 된다고 하여 입학을 포기할 수밖에 없었다.

당시 내가 다니던 아현교회가 고려파에 속해 있었기에 부산에 위치한 고려신학교(당시의 교장이 박윤선 박사였다)에 추천을 받아서 입학을 하였다. 입학을 하고서 공부를 해보니 영어나 헬라어와 교양과목 등에는 문제가 없었지만 조직신학 등 신학 본론에 들어가서는 이해하

고신 본과 1학년 때의 저자

기가 쉽지 않았다. 신학을 하려면 대학을 나와야 한다는 주변의 이야기들을 실감하면서 먼저 일반 대학에 가서 철학을 공부하고 나서 신학을 하여야겠다고 결심을 굳혔다. 두 학기를 끝내고는 서울 집에 올라와서 서울대 철학과 입학을 목표로 하여 하루 3, 4시간 정도만 자며 입시준비를 했다. 그 결과 5대 1의 경쟁을 뚫고 합격하였다. 그해의 서울대 문리대 전체 입학생 중 일등이 철학과 입학생이었을 정도로 우수한 젊은이들이 철학과에 들어와서 공부하던 시기였다. 나는 합격자 명단에서 내 이름을 발견하고는 문리대 정문 앞에 서서 하나님께 다시한번 서원하면서 주님을 위하여 꼭 헌신하겠다고 기도하였다.

_4 · 19혁명과 새생활운동

문리대에서 교양과목과 전공과목을 공부하고 주변의 새로운 친구들을 사귀며 넓은 세계, 다양한 세상을 접하게 되면서 내 생각에 큰 변화가 일기 시작했다. 교회라는 작은 울타리 안에 갇혀 있었던 자신을 발견하게 된 것이다. 무엇보다도 대학 3학년 때에 일어났던 4 · 19학생혁명의 한가운데에서 놀라운 삶의 변화를 경험하게 되었다.

당시 기독교인이었던 이승만이 남한의 정권을 잡고 있었고 남한의 정치 사회 경제 등 모든 분야에서 기독교인들이 판을 치고 있던 시대였다. 당시의 국회의원 210명 중에 약 25%가 기독인들이었고, 19개 부처의 장 · 차관 및 부서장들 242명 중에 38%가 기독인들이었다. 1952년 제2대 대통령 선거 때에는 이승만(장로)과 함태영(목사)이 후보로 나왔고 이들의 당선을 돕기 위하여 〈한국기독교선거대책위원회〉가 시, 도, 군 단위까지 조직되었다. 이승만과 자유당이 기독교와 밀착관계를 유지하던 때였다. 권력의 맛을 보기 시작한 기독교계 지도급들은 예언자적인 안목을 잃어버리고 보수 반동으로 지닫고 있을 때 4 · 19혁명의 불이 당겨졌던 것이다. 대다수 기독인들이 기독교 장로인 이승만을 무조건 지지하던 분위기였기에 4 · 19혁명이 일어나자 한국의 기독교회는 어리둥절하였다. 정치와 사회 어디가 어떻게 썩었기에 순수한 학생들이 생명을 내걸고 궐기를 하는지 전혀 이해하지 못했다. 교회의 지도급 인사들이 혁명의 참뜻을 전혀 이해하지 못하고 보수 반동으로 임하고 있었으나, 젊은 기독인들 사이에서는 새로운 눈이 떠져서 사회의 현실을 보게 되었고 교회 안의 진면목도 볼 수 있게 되었다.

교회의 개혁과 사회의 개혁을 동시에 부르짖을 수 있는 새로운 안목이, 자라나는 새로운 세대 속에서 발아하기 시작했던 것이다.

나는 4 · 19혁명에 참여하고 나서는 곧 이어 문리대 안에서 〈새생활운동〉을 발기하였다. 나는 그 조직의 총무 직을 수행했는데 문리대 학생들 수백 명과 함께 서울의 한복판을 휘젓고 다니면서 '양담배안피우기운동', '공직자들의 승용차안타기운동', '사치생활, 방종한생활 안하는운동' 등을 직접 지휘하였다. 양담배를 모아다가 광화문 네거리에서 태우는 일도 했고, 국회의사당 주차장에 세워놓은 국회의원들의 고급 승용차들을 불 지르려고 시도한 기억도 새삼 떠오른다. 그때 같이 새생활운동을 하던 가까운 기독인 친구들이 김상복, 이명섭, 김명혁, 손봉호, 이만열, 허헌, 이명현 등 서울대 동문들이다. 비록 교단은 달랐지만 문리대 안에서 자주 만나고 대화하면서 새생활운동에 동참했다.

나는 이와 같은 개혁운동을 주도하며 이론으로만이 아니고 행동으로 개혁과 진보의 삶을 지향했다. 그 결과로 민족 문제를 접하는 시각이 좀 더 성숙해지면서 한반도 통일운동에 많은 관심을 쏟게 되었다. 특히 약한 자들과 없는 자들의 편에 서서 그들을 위하여 무엇인가 하고자 하는 마음이 생겼다. 민족의 분단도, 6 · 25전쟁도 그리고 민중의 아픈 삶도 모두가 없는 자와 가난한 자들의 죄 때문이 아니라 그들을 무시하고 억압하고 짓누르는 강한 자와 기득권자의 욕심 탓임을 깨달게 되었다. 민족의 가장 근원적인 아픔인 분단을 극복하기 위해서는 남한 사회 안에서부터 정의가 실현되어야 함을 확신하면서 사회운동에 활발하게 참여하였다.

특히 4·19혁명을 계기로 박정희가 정권을 잡은 이후에 민족의 분단이 더욱 고착화되었고 남한은 한층 비민주화 사회로 치달았다. 그런 현실을 보면서 민족의 화해와 통일 그리고 민주화를 위하여 군사독재 정권에 강하게 항거하기 시작했다. 사회와 민족의 평화와 직결되지 않는 신학은 죽은 것이라는 생각, 민중들의 삶과 연결되지 않는 기독교 신앙은 아편에 불과하다는 생각이 굳어지기 시작했다. 신앙인은 교회의 울타리 안에 갇혀서는 안 되고 교회 밖의 사회 전체를 변화시키는 역동성을 지녀야 한다는 확신을 가지게 되었다.

_중·고교 교사로

당시에 부선망(父先亡) 독자는 병역을 면제해준다는 법이 있었다. 아버지가 없는 독자였던 나는 군에 가지 않고 대학을 졸업하자마자 교사로 취직을 할 수 있었다. 북에 있는 고향을 떠나서 남으로 옮겨왔고, 곧바로 6·25전쟁에 휘말리면서 학교생활을 제대로 못하였던 나는 군 면제로 취직도 하고 공부도 할 수 있는 좋은 기회를 얻게 되었다. 대학을 졸업하자마자 서울대학교 대학원 종교학과 석사과정에 입학을 했고 동시에 인성여자중·고등학교(이동욱 교장)에 교사로 취직을 했다. 인천제일교회가 세운 미션스쿨이었는데 거기에서 독일어, 영어, 심지어는 성경도 가르쳤다. 대학에서 종교학을 부전공한 덕으로 종교부 교사로 일하면서 예배 시간과 성경 강의 시간을 통하여 어린 심령들에게 많은 감화를 끼칠 수 있었다. 하지만 총각 교사로 있으면서 여자 고등

인성여고 7명의 제자그룹. 나의 장신대 졸업을 축하하며

학교의 담임이 된다는 것이 쉽지 않다는 것을 깨달았다. 내가 담임했던 한 학생이 임신한 지 6개월이 지나서야 아무도 모르게 중절수술을 받다가 사망한 사건이 터진 것이다. 총각이었던 나는 여성의 임신 등 여성의 생리나 몸의 상태에 대하여 너무나 무식했기에 그 사고를 사전에 막지 못하고 한 고귀한 생명을 죽게 했다는 자책감에서 더 이상 교사로 머무를 수가 없었다. 너무나 큰 아픔을 느끼면서 교사직을 사임하였는데 그것이 신학대학원으로 가는 계기가 되었다.

그 큰 좌절 속에서 비로소 하나님과 약속한 주의 종의 길을 다시금 생각하게 되었고 결국엔 장신대에 입학하게 되었다. 만 2년간의 인성 중·고교 교사의 경력 덕으로 인천제일교회 추천을 받아서(이기혁 목사) 장신대에 입학할 수 있었는데 훗날에 신학 추천서를 받았던 바로 그 교회의 담임목사로 갈 줄을 누가 알았으랴!

장신대 졸업식

　그 고교에서 같이 일하던 문리대 출신 동문들(이만열, 김창락, 이명섭, 박동규, 엄대용)과도 좋은 인연을 맺는 기회가 되었다. 그리고 이때에 내가 가르치던 학생들 중에 착실한 7명을 뽑아서 한 그룹을 만들었다. 함께 모여 주말에는 교회를 돕게도 하고 상급학교 진학 공부도 같이 할 수 있게 했다. 아마도 그들의 삶에 많은 도움을 주었을 것이다. 이들 가운데서 목사 사모나 초등학교 교장이 배출되기도 했다. 대학 졸업 후에 좋은 자리에 취직도 시켜줘서 좋은 신랑감을 만나서 다복한 결혼 생활을 할 수 있도록 도움을 주기도 했다. 지금도 이들 제자들과 그들의 남편들과 종종 만나는 기쁨을 누린다.

_장신대로

장신대에는 본과 2학년으로 편입하였다. 부산 고려신학교에서 일
년간 공부한 학점과 서울대 대학원 종교학과 석사과정에서의 신학 과
목과 히브리어와 헬라어 학점을 인정받은 것이다. 인천의 중·고교사
로 재직하는 동안에 서울대학교 대학원 종교학과 석사과정에서 신학
박사 신사훈 교수의 신학 과목들과 히브리어와 헬라어를 공부할 수 있
었던 건 너무나 좋은 기회였던 것이다.

장신대에 입학하고 보니 문리대 철학과 출신이 두 사람이 있었다.
같은 학년에는 김이태, 1학년에는 유경재이다. 나는 만 2년간의 장신
대 생활을 그 캠퍼스 안에서 먹고 자면서 지냈는데 연구실 방 하나를
얻어서 공부에 전력하였다. 뉴욕에서 목회를 성공적으로 하다가 골
수암으로 일찍 죽은 김권석 동문이 늘 뒷산으로 방석을 끼고 기도하
러 가곤 하는 것을 보면서 나는 도서관이나 나의 연구실로 발을 옮기
곤 했다.

나는 중학교 때부터 영어 성경을 읽으면서 영어 공부를 많이 했고
문리대 철학과와 대학원 종교학과에서 종교학을 부전공으로 택하여
신학은 물론 히브리어와 헬라어로도 학점을 따기도 했으며, 고려신학
교 박윤선 학장의 권유로 화란어를 배우기도 했다. 독일어는 철학과의
필수여서 썩 잘했다. 그런 어학 실력을 아시고 박창환 교수가 나에게
신약학을 전공하면 좋겠다고 권유하기도 했다. 그러나 위에서 언급한
것 같이 4·19학생혁명을 겪으면서 내 생각은 확연히 달아졌다. 즉 신
학이 사회 특히 민족과 연결되어야 한다는 확신 때문에 순수 신약학을

하고 싶은 생각이 전혀 없었다. 결국엔 "교회와 사회"가 나의 주 관심이 되었는데 나중에 느낀 것이지만 신약학을 전공하면서도 사회와 민족 문제들과 연결 지을 수도 있었는데 당시에는 그런 생각을 못 해서 매우 아쉽기도 하다.

장신대에서 있었던 일 가운데 잊지 못할 일 중의 하나는 주의 성찬에 참여하면서 엄청 울었던 일이다. 그날 주의 피와 살에 참여하면서 한없이 감사하고 한없이 죄송하여 한없이 흐느꼈다. 살아가며 좌절하고 회의가 올 때 마다 그때의 성찬식을 되새기면서 용기를 얻곤 했다.

또 한 가지 기억에 남는 것은 1965년 6월에 있었던 한일협정비준반대운동을 하기 위하여 장신대 학생들을 동원하여 시청 앞에서 데모를 했던 일이다. 내 방 침대에 덮여 있던 광목이불자락을 잘라내서 플래카드를 만들어서 그 위에 "한일비준 절대반대"라는 구호를 썼다. 그것을 높이 들고 장신대생들과 함께 영락교회 교육관에서 일단 집결했다가 시청 앞 광장으로 구호를 외치면서 달려 나갔다. 그러다 성동경찰서로 잡혀 가서 따귀를 얻어맞았다. 그때 신학생들 100여 명이 함께 움직였는데 장신대 개교 이래 그런 일은 처음이었다. 교수회의에서는 주동자인 나를 퇴학 처분하려고까지 했다. 당시에 한국의 주요 목회자들은 교회의 정치 참여 반대라는 명목으로 한일협정 비준을 반대하는 사람들을 맹비난하던 때였다. 그런 분위기 속에서 장신대 신대원 학생들이 시위를 하려고 영락교회 교육관에 모인 것을 보고받은 한경직 목사가 학생 중에 대표자를 찾았다. 나가서 만났더니 데모를 아니 했으면 좋겠다고 점잖게 요구하였다. 하지만 나는 거기에 굴하지 않고 신학생들과 함께 시청 앞으로 달려가서 데모를 하였다. 만약 한 목사가 장신대 학장에게 항의 전화를 한통만 했더라면 나는 퇴학을 당했을 것이다. 한 목사의 마음에도 굴욕적인 한일협정 비준을 반대하는 마음이 있었을 것이나 행동으로 표현하지는 못했다. 한국 교회 목회자의 고질적인 모습을 그대로 보여주신 것이라고 생각하였다.

또 한 가지 장신대 교수들을 놀라게 한 일이 있었는데 교수 보강을 계일승 당시 학장에게 요구한 일이다. 서울대 문리대에서와 대학원에서 6년을 공부하고 장신대에 왔으니 성경 과목을 빼고는 거의 모든 학과의 교수들의 강의가 마음에 차지 않았다. 할 수 없이 학장에게 가서 교수 보강을 요청했고, 학생들을 선동하여 실력 없는 교수들을 실력 있는 교수들로 바꿔달라고 요청하였다. 이 문제로도 자칫하면 퇴학을 당할 뻔했었는데 같은 반의 금영균 등의 중재로 겨우 퇴학을 면하게 되었다.

_첫 목회지 새문안교회

장신대 졸업반 때에 장신대에 출강했던 연세대 교수 한태동 박사가 추천하여 새문안교회 전도사로 첫 목회를 시작할 수 있었다. 한태동 교수는 문리대 종교학과에 강사로 출강할 때 만났던 분인데 4 · 19혁명의 영향으로 많이 달라지기 이전이었던 나는 전통적인 신앙에 반하는 듯한 한 교수의 강의가 못마땅하여 그의 강의를 자주 반박하곤 했다. 하지만 장신대에서 다시 뵐 때는 내가 많이 달라진 때라서 강의를 열심히 들었다. 그런 분이 나를 강신명 목사에게 추천하여 장신대 졸업을 하자마자 새문안교회에 전도사로 발을 들여놓게 되었다. 새문안 교회에 부임하여와서는 먼저 청년회에서 대학생들을 따로 떼어서 대학생회를 신설하고 본회퍼의 사상을 시리즈로 하여 주말마다 강의를 했다. 대학 1년 혹은 2년생들이 대부분이었는데 본회퍼의 사상과 삶이 그들의 사고와 삶에 큰 변화를 주었다. 이일영 교수, 서원석 장로, 서경석 목사, 김용담 대법원판사 등이 당시의 대학생 회원들이었다. 그 이후 새문안 대학생회가 무섭게 의식화되었는데 내가 미국에 유학을 가게 되자 김종열 목사, 김용복 박사 등이 뒤를 이어 대학생회를 인도하여 의식 있는 대학생들을 많이 배출하였다. 그들 중에는 이근복 목사(KNCC), 권진관 교수(성공회대) 등이 있었다.

새문안 대학생들이 많이 의식화되어 군사독재에 항거하는 일에 참여하는 일이 자주 생기자 일부 보수적인 당회원들이 대학생회의 활동을 방해하기 시작했다. 나는 대학생들 편에 서서 장로들의 방해공작을 막아야 했기에 장로들과의 관계가 불편하게 되었다. 하루는 교인들이 많이 모여 있는 자리에서 모 장로가 대학생회를 비난하는 말을 하자 그와 한판 크게 언쟁을 벌인 적이 있는데 이로 인하여 나의 목사 안수가 한 회기 연기되기도 했다. 이때 나는 교회에 실망하고 당회장이셨던 강신명 목사에게 사표를 제출했다. 하지만 강 목사는 그 사표를 책상 서랍 속에 넣어놓고는 오랫동안 아무 응답이 없었다. 그러는 와중에 내 마음이 서서히 풀려 계속 새문안에서 일을 하였고 그 다음 회기의 서울노회에서 목사 안수를 받았다. 강 목사의 가까이에서 전도사와 부목사 일을 보면서 그분의 큰 그릇에 감명을 받은 때가 많았다. 나의 사표를 처리하는 태도나 지교회와 한국의 교계, 여러 교회와 사회 기관에서 그리고 세계 교회 안에서 그가 하시는 일들을 지켜보면서 통 큰 인물임을 알게 되었다. 통이 큰 지도자 아래에서 일을 한다는 것이 얼마나 중요한 것인가도 알았다. 만약 그런 분을 모시지 못했다면 나는 목회 초기에 교회를 떠나고 말았을 것이다.

새문안교회 전도사(강도사)로 부임하고 나서 김동수 목사와 강신명 목사의 소개로 30세에 결혼을 하게 되었다. 반려자는 김동수 목사가 시무하던 성광교회 창설자의 한분이신 노연풍 장로(총회회계 역임)와 김명옥 권사의 막내딸인 노원희였다. 나의 처가는 선천에서부터 강신명 목사와 가까이 지내셨는데 단출한 내 가정과는 대조를 이뤄서 5남 3녀의 대가족이었다. 적적했던 나에게 처가댁은 큰 울타리가 되어주었다. 노원태(성광교회 은퇴 장로), 노원욱(판사 출신 변호사), 노원호(미국 샌프란시스코 은퇴 장로), 노원복(수송교회 은퇴 장로) 등의 처남들이 나의 목회와 삶에 큰 힘이 되어주었다.

새문안교회에서 대학생 지도전도사로 시작하여 심방목사까지 주어진 일들에 최선을 다하여 수행하였다. 강신명 목사를 따라다니면서 하루에 최고로 23가정을 심방한 적도 있었다. 1960년대 말에서 1970년대에는 담임목사가 교인들의 시신을 직접 수의를 입히고 입관을 하였던 때다. 나는 강 목사를 따라다니면서 시신을 닦아주고 수의를 입히고 입관을 한 경우가 많았다. 목회자의 궂은 부분을 경험한 초기 목회 시기였다.

새시대선교연구회 여름수련회

_새시대선교연구회와 신풍운동

내가 장신대를 졸업하고 새문안에서 전도사 일을 시작한 지 거의 일
년이 되어갈 때에 바로 아래 후배들(유경재 목사 등)이 졸업하는 때를
맞춰서 1967년 겨울엔가 〈새시대선교연구회〉를 조직하였다. 연구회
의 목적은 교단 개혁이었다. 장신대에서 신학생으로 공부할 때 동기들
이나 다른 신학생들이 여기저기서 가져오는 소식들 속에는 교단의 시
도급인 목사들의 부패와 타락의 이야기들이 많았다. 특히 교단 본부에
대하여 비판적인 여론이 비등했다. 이런 썩고 타락한 목사들의 이야기
를 들으며 교단의 정화라는 시대적인 사명을 이루고자 〈새시대선교연
구회〉를 조직한 것이다. 이 기구가 약 10여 년간 교단의 정화를 위하
여 올바른 목소리를 내면서 많은 공헌을 하였다. 10여 년 후에는 인명
진 목사 동기들이 중심이 된 〈현대목회연구회〉가 생겼고 그 이후 약
10년이 지나 후배들에 의하여 〈현대신학연구회〉가 만들어졌다. 이런

모임들이 교단과 교계의 정화운동에 큰 도움을 주었다.

새문안교회 부목사 시절에 한국 교회의 갱신을 위하여 한국의 여러 교단들을 망라한 초교파 목회자 운동의 필요성을 인식하고, 감리교의 박춘화, 표용은, 기장의 신익호, 성결교회의 최건호 등 당시 교회에서 부목사로 시무하는 이들과 함께 〈신풍운동〉을 조직하였다. 이 초교파 목회자 모임은 남한의 10여 개 교단의 젊은 목회자들로 구성되어서 교회의 갱신과 민족의 화해운동에 공헌을 하였다. 그런데 처음 조직을 만들었던 분들이 교단의 핵심 자리에 앉게 되고, 총회장 등의 감투(?)를 쓰게 되면서 신풍운동이 '구풍운동'으로 타락해버리는 쓰라림도 겪었다.

_교회와 사회 연구

새문안교회에 와서 약 5년의 세월이 지나가면서 심신이 지쳐갔다. 또한 보다 젊을 때에 좀 더 넓고 깊게 공부하고 싶었다. 그런 재충전의 기회를 얻고자 미국 유학의 길을 모색하던 중 미국장로교 장학금이 있다는 것을 알게 되었다. 매년 단 한 명에게만 장학금이 수여되었는데 나는 첫 응시에서 낙방을 했다. 토플 성적이 우수해야 합격을 하는 조건이었는데 그때 나의 토플 성적은 최고점이었다. 그런데도 불합격된 이유를 알아보니 나보다 영어 성적이 못한 대구의 모 목사를 뽑아 보내기 위함이었다. 지방색이 총회 안에 깊숙이 자리 잡고 있었던 것이다. 그때의 일로 총회의 임원들과 기관장들이 정당하게 일을 추진하지

유학 시절

않는다는 사실을 경험하면서 총회 개혁에 목소리를 높이기 시작했다. 한편 그 다음해에 다시 신청하여 미국장로교 장학금을 받아서 프린스턴신학대학에 유학을 가게 되었다.

강 목사의 특별 배려로 새문안교회의 부목사직을 유지하면서 유학 길에 오르게 되어 서울에 남겨두고 가는 어머니와 아내, 두 아들의 생활비를 새문안교회가 담당해주었다. 유학의 첫 걸음이 매우 가벼웠다. 프린스턴신대 철학박사 학위 과정에 합격을 하고는 가족을 미국에 초청하였기에 새문안의 부목사직을 정식으로 사임하게 되었다. 약 7년간의 첫 목회 임지를 떠난 것이다.

프린스턴신대에서 석사와 박사 과정으로 내가 택한 전공분야는 "교회와 사회"였다. 분단된 조국의 현실을 늘 고민하던 나는 분열되어 있는 한반도의 남과 북을 하나로 만드는 일에 한국 교회가 공헌할 수 있는 길을 모색하려고 부심했다. 그래서 석사과정에서 우선 관심을 기울인 분야가 마오쩌둥 혁명 당시에 중국의 기독교가 마오이즘에 어떻게 반응했는가를 연구하는 일이었다. 그 연구를 통하여 중국의 YMCA 간부였던 우야오쭝(吳耀宗)과 그 주변 인물들이 마오쩌둥 혁명을 받아들여 새로운 교회와 새로운 신학을 세우려고 노력한 흔적들을 찾아내었다. 그리고 일 년 만에 석사학위를 받고는 곧 이어 철학박사과정에 입학하여 혁명 신학자로 유명한 리처드 숄 교수를 주임교수로 모시고 공부하게 되었다. 숄 교수는 라틴아메리카에서 오랫동안 선교활동을 하던 분으로서 라틴아메리카 민중의 현실을 경험하면서 민중의 정치적 경제적 해방을 교회의 조직과 성도의 삶에 연결시킨 분이다. 그 많은 박사과정 지원자들 가운데서 10여 명밖에 뽑지 않는 어려운 입학을 허락받고 계속하여 한반도의 분단 극복과 통일을 이루기 위하여 한국 교회가 공헌할 수 있는 길이 무엇인가를 연구 주제로 삼았다. 다행한 것은 프린스턴신학대학과 자매관계에 있는 프린스턴대학이 바로 가까이 자리 잡고 있어서 사회학, 경제학, 정치학 과목들을 학점 인정 과목으로 선택할 수 있었다. 프린스턴대학에서는 마르크스 사상을 다루는 교수들이 두 분이나 있었다. 그리고 그 대학의 도서관에는《김일성 전집》이 있었고 기타 남한에서 구할 수 없었던 북의 자료들을 많이 접할 수 있었다.

나의 박사논문 제목은 〈마르크스의 무신론과 기독교의 초월성〉이었다. 서구에서의 기독교와 공산주의의 대화 역사들을 연구하면서 북의 주체사상과 남의 기독교가 만날 수 있는 가능성을 조심스럽게 접근해 갔다. 철학박사과정의 학점을 다 이수하고 언어시험도 패스하고 마지막 시험인 종합시험도 치르고는 박사논문을 쓰기 위해서 유럽으로 건너갔다. 그곳에서 6개월 동안 골비쳐(H. Gollwitzer) 교수의 지도를 받으면서 많은 자료들을 모아 프린스턴으로 돌아왔다. 그러나 불행하게도 박사과정 주임교수가 작고하고 다른 교수가 그 자리를 맡고 있었다. 그분은 나의 주임교수와 사상적으로 반대 입장에 서 계신 분이어서 나는 그 교수의 강의에 한 번도 강의신청을 하지 않았다. 프린스턴 신대에서 박사과정을 거의 마쳐가던 나학진 선배는 내게 그 교수의 강의를 하나라도 들으라고 충고해주었다. 하지만 그 충고를 듣지 않았고 그 결과는 너무나 불행한 길로 나를 몰아갔다. 그때 비로소 교수 사회가 일반 사회 이상으로 정치적이라는 것을 알게 되었다. 결국 논문심사 과정에서 그분의 고집으로 논문이 통과되지 못하게 되었다. 그러자 나의 주임교수인 리처드 숄 박사가 자기의 친구인 스톤 박사가 총장으로 있는 아메리칸대학교(후에 클레이튼대학교로 개칭됨)로 추천하여주었고 그곳에서 소정의 과정을 거쳐 철학박사학위를 수여하게 되었던 것이다. 내 나이 41세 때였다.

_프린스턴과 트렌턴 교회 개척

미국 프린스턴에서 유학을 할 때, 어머니와 아내는 영어로 예배드리는 미국 교회에 갈 수가 없었다. 고민을 하던 중에 그 주변에 한인 유학생들과 이민자들이 제법 많은 것을 발견하고는 한인교회의 필요성을 느끼고 미국장로교 교회 채플을 빌려서 우리말로 예배를 드리기 시작했다. 이 소식이 한인 사회에 조금씩 알려지면서 주변에 살던 한인 교포들이 한 분 두 분 참여하여 자리를 채웠다. 그 주변에 있던 큰 회사의 한인 직원들도 왔는데 대체로 공학이나 화학 등에서 박사학위를 받은 40대의 젊은이들이 모여서 아름다운 공동체를 형성하기 시작했다. 몇 해 전에 그곳을 방문했을 때 우대식 박사 등 교회 창립 초기 성도들 몇 분을 만날 수 있었다.

프린스턴한인교회가 개척된 지 2년 정도 후에 내가 유럽으로 연구를 떠나야 했기에 다른 분에게 물려주었다. 그리고 독일 등지에서 연구하고 다시 프린스턴으로 돌아와서 보니 뉴저지 수도 트렌턴을 중심으로 많은 한인 교포들이 이민 와서 살고 있음을 알고 그 지역민들의 요구에 따라서 트렌턴한인교회를 세웠다. 미국장로교 트렌턴제일교회에 자리를 얻어서 예배를 드리기 시작했다. 프린스턴교회에서나 트렌턴교회에서나 나는 담임목사로서 설교도 하고 심방도 하였지만 봉급은 받지 않았다. 함께 돕던 프린스턴신학대학원 학생이었던 한재홍 목사와 임창복 교수가 교통비 조로 아주 적은 돈을 받으며 봉사하여 많은 도움을 주었다. 나는 심방에 많이 소비되는 차 연료비도 받지 않고 목회를 하였다. 실로 자원 목회였다. 그것이 가능했던 것은 장학금을 받았으며, 모자란 것은 아내가 노인정에 나가서 일하여 번 돈으로 살림을 꾸려갈 수 있었기 때문이다.

트렌턴한인교회에 동포들이 많이 참여하게 되면서 자체 교회의 필요성을 느끼게 되었다. 그래서 교회건축 장기계획을 세우고 성도들과 함께 주말이나 휴일에 블루베리 밭에 나갔다. 과일을 따는 일을 하고 그 임금을 받아 다 같이 모아서 우선 교회 지을 땅을 사기로 했기 때문

미국에서 아내와 함께

이다. 약 2, 3년 후에 서울에 돌아올 때는 교회 지을 부지를 마련하였고 그 이후에 온 목회자가 결국엔 아담한 교회당을 건축하여서 자체 교회를 가지고 있는 큰 교회로 발전했다. 지금은 지역사회를 위한 봉사센터도 세워 한인 공동체를 돕고 있다. 몇 년 전에 프린스턴신대에서 열리는 홈커밍데이에 참가했다기 두 교회를 방문하여 주일에 설교도 하고 돌아왔는데 두 교회 모두 잘 발전하고 있어서 흐뭇하였다.

_8년 만의 귀국

　내 박사학위 논문은 민족의 화해와 통일을 위한 연구 결과물이었다. 하지만 너무나 경색된 남북 관계 탓에 그 논문을 내놓을 기회가 없었다. 신학대학의 교수 자리를 얻기 위해서는 공부한 내용을 공개하고 가르칠 강의 내용을 제시하여야 하는데 반공이 곧 신앙으로 둔갑되어 있었던 당시 한국의 현실에서는 내 학위논문 내용을 공개할 수 없었다. 그래서 한국에 돌아갈 기회를 여기저기 찾아보았으나 쉽지가 않았다. 북한의 주체사상을 연구한 내용들을 공개할 수가 없었기 때문이다. 한국에서 가르칠 자리를 찾지 못하여 귀국을 미루며 학위를 받고도 2년 가까운 시간을 미국에서 보냈다. 그러다 결국엔 목회의 길로 마음을 정했고 그것을 준비하기 위하여서 휘튼신학대학으로 가서 박사후과정(Post Doc.)으로 커뮤니케이션을 연구하였다. 그 연구가 한국에서의 목회에 큰 도움을 주었다.

_ 인천제일교회로

1979년 봄에 조국으로 돌아와서 우선은 장신대의 문을 두드려 보았다. 장신대는 내 모교이기에 그곳에서 후학들을 기르고 싶었다. 하지만 기회가 주어지지 않았다. 학문연구 내용이 문제가 된 것이 아니고 당시의 학장과 인간관계가 걸림돌이 되었던 것이다. 내가 새문안교회 부목사로 일하던 어느 날 장신대 학생회 간부 몇이 교회로 나를 찾아와서 하는 말이 이사회가 새 학장을 찾고 있는데 이종성 목사를 세울 것 같다는 사실을 전하면서 보다 더 큰 인물이 학장으로 추천되면 좋겠다고 말했다. 나에게 더 적절한 인물이 교단에 있으면 추천을 해달라고 하기에 내 머리에 얼핏 스치는 분이 강신명 목사였다. 교단 전체를 통솔하는 능력이 계시니 그분이라면 충분히 학장을 맡으실 만하다는 생각을 그들에게 전했다. 그들도 동의하면서 나에게 그 일을 추진해달라고 하였다. 나는 강 목사와는 의논도 하지 않고 당시의 장신대 이사장 김광현 목사를 경주교회로 직접 찾아가서 설득하기로 마음먹었다. 다음날 새벽 기차를 타고 전화로 사전 예약도 없이 교회로 들이닥쳐서 김 이사장을 만났다. 학생들의 뜻을 전하면서 이종성 목사보다는 강신명 목사가 더 적임자이니 이사회에서 선처해달라고 부탁하고 서울로 올라왔다. 그 이후 이종성 목사가 "홍성현은 나와 무슨 원수를 졌기에 나를 반대하는가?"라고 말했다고 전해들었다. 결국엔 이종성 목사가 학장이 되었는데 내가 프린스턴에서 공부를 마치고 귀국하였을 때도 이 학장이 자리를 지키고 있었다. 그를 만나 장신대에서 강의하고 싶으니 기회를 달라고 요청했다. 하지만 이 학장은 강사 자리는 가능하지만 전임 자리는 없다고 거절을 하였다. 그의 거절 이유가 다름 아닌 나에 대한 섭섭함 때문이라고 느껴졌다. 신학자로서 후배들을 가르치면서 살고 싶었는데 젊었을 때 앞뒤를 잘 재지 않고 옳다고 생각하면 바로 실천하던 내 삶의 자세가 결국엔 목회의 길로 나를 인도하였다고 해석이 되었고, 하나님의 뜻을 거기서 읽게 되었다.

만약 내가 학교 강단에서 나의 전공 분야를 가르쳤다면 단 한 학기도 다 채우지 못하고 쫓겨났을 것이다. 1986년 아세아연합신학대학 교수로 재직하면서 공산권선교를 가르쳤는데 북의 주체사상을 긍정적으로 이해하여야만 남과 북의 대화를 이끌어내어 남북이 화해되고 그래야 북조국 선교가 가능하다는 내용의 강의를 했다가 결국엔 학교에서 쫓겨난 사실이 그것을 증명해준다.

장신대의 길이 아니 열리는 것을 아신 강신명 목사가 나를 인천제일교회로 추천하여 청빙을 받게 되었다. 나를 장신대에 편입학 추천을 해준 교회요 그 교회가 세운 인성여자중·고교에서 교사로 지냈던 바로 그곳에 부름을 받은 것이다. 실로 하나님의 섭리는 오묘했던 것이다. 그때 내 나이가 43세였다.

강신명 목사는 나를 자기의 후임으로 세우려고 하였다. 그러나 강 목사가 당회에 나를 천거하자 두 분 장로가 벌떡 일어서면서 반대를 했다고 들었다. 새문안교회 대학생들을 의식화시킨 목사인 것을 너무나 잘 아는 장로들이었기 때문이다. 만약 내가 그 교회의 담임목사가 되었더라면 몇 년을 넘기지 못하고 사임했을 것이다. 모두가 하나님의 뜻 안에서 이뤄진 것에 감사할 뿐이다.

인천제일교회는 한국에서 담임목사로서 첫 발을 시작한 교회다. 물론 미국에서 유학을 하면서 프린스턴에서와 뉴저지 수도 트렌턴에서 한인교회를 개척하여 담임목사 역할을 여러 해 동안 했지만 그때는 봉사 목회였다. 물론 심방을 위해서 시간도 자동차 가스도 많이 썼지만 보람 있는 개척이었고 목회였다. 인천제일교회는 정식 담임목사로서는 첫 목회지로서 최선을 다하여 섬겼다고 자부하고 싶다. 비가 오는 와중에서도 우산을 쓰고 심방했던 기억이 새삼스럽다. 교우들의 수가 눈에 띌 정도로 매주일 늘어났다. 실로 신나는 목회를 했다. 인천노회는 인천제일교회에 부임한 지 일 년 조금 지난 나를 노회의 부노회장에 뽑아줄 정도로 젊고 부족한 사람에게 협력하여 주었다. 하지만 문제가 생겼다. 제일교회의 원대한 발전을 기획하는 과정에서 원로목사와 의견이 갈렸던 것이다. 학교재단이 이미 소유하고 있었던 인천 주

안에 있는 만평의 넓은 대지를 종종 가서 보면서 앞으로 인천에서 발전할 곳은 주안 쪽이라고 직감했다. 그 넓은 땅에 인천제일교회를 옮겨서 짓고 싶었다. 그 대신 더 이상 발전할 수 없이 꽉 막혀 있는 지역에 세워져 있는 인천제일교회 자리를 인성여자중·고교에 내어줌으로써 교회도 부흥하고 학교도 발전하는 새 기획을 당회에 내놓았다. 나는 당회장으로서 당연직으로 그 중·고등학교 이사장직을 맡고 있었는데 이사들과 당회원들 대부분이 나의 의견에 동의를 했지만 원로목사와 그를 지지하는 일부 이사들과 장로들이 반대했다. 관계가 껄끄러워졌다. 그런 틈에 원로목사 아들이 원로목사 봉급인상 문제를 들고 나와 당회를 괴롭히는 바람에 나의 신바람 나던 목회는 힘을 잃기 시작했다. 교회의 창설자이고 총회장까지 하신 원로목사가 계신 교회 후임목사가 걸어가야 할 목회의 길이 참으로 어려운 행로임을 절감했다. 나는 은퇴 후에는 내가 목회하던 교회와는 멀리 떨어져서 살아야겠다고 굳게 다짐했다. 그 원로목사는 새벽기도회부터 교회 제일 앞자리를 차지하고 있었기에 그와 함께 수십 년을 생활을 하던 분들이 그의 뜻을 거역할 수가 없었을 것이다.

신바람이 꺾인 목회생활을 더 이상 지속할 수 없다고 판단하고 당회에 정식으로 사표를 냈으나 받아주지 않았다. 후에 이 일을 교인들까지 알게 되어 나의 사택에 교인들이 몰려와서 떠나지 말라고 애원하는 등 일이 점점 난감하게 돌아가기에 어느 공휴일 아침에 트럭을 불러 짐들을 싣고 인천을 떠났다. 이것이 잘못 알려져 야간도주했다고 소문이 나기도 했다. 한국의 교회에서 목사는 아무리 정을 많이 들여도 쫓겨나지 아니하면 도망하여야 한다는 것을 경험으로 알게 된 계기였다.

_무학교회로

인천제일교회에서 어려움을 당하는 것을 아신 장인께서 장인의 친구가 장로로 있는 무학교회가 담임목사를 찾고 있는 것을 알고 사위인 나를 추천하셨다. 그리고 내가 서울에 올라오자마자 이야기가 급진전되어 한 달 후에 무학교회에 부임하게 되었다. 이력서 제출이나 사전 설교나 면담도 없이 무학교회의 담임목사로 부임하게 되었는데 처음 목회지 인천제일교회에 부임할 때에도 사전 이력서 제출 없이 청빙 절차를 밟았었다. 아세아연합신학대학 교수로 갈 때에는 문교부에 보고하기 위하여 이력서 등 서류가 필수였기에 사전에 서류를 제출했었지만 그 외에는 테스트 설교나 이력서, 사전 면담 없이 임지에 갈 수 있었다. 요즈음의 후배 목회자들 이야기를 들을 때면 격세지감을 느낀다. 한 교회가 목사 청빙 공고를 내면 거기에 지원하는 목사들의 이력서들이 100통이 넘는 경우가 많다니 오늘의 후배 목회자들에게 안쓰러운 생각을 하게 된다.

무학교회에 부임했던 1980년대 초는 한국 교회의 성장주의 목회가 유행하던 때였다. 나도 그 분위기를 따라서 교회의 양적 성장에 힘을 기울였다. 다행이었던 것은 무학의 목회 초반부터 새 교인들이 넘쳐나서 한 해에 수백 명에게 학습과 세례를 준 기억이 있다. 한 해의 통계로 700명에서 800명에게 학습과 세례를 베풀었다.

무학교회 시절은 정치적으로는 신군부의 독재가 한창이던 때였다. 나는 지방과 서울의 여러 기독청년들의 모임에 초청을 받아서 군부독재에 대하여 비판적인 강연을 했는데 그 결과로 청년들의 호응을 얻었

무학교회 재직 시절. 권사님들과 함께

다. 수백 명의 청년이 모이게 되어 청년예배 시간을 따로 만들기도 했
다. 교회 주변에 사는 분들의 삶이 매우 열악했기에 나는 산동네의 주
민들에게 도움을 주는 사회선교 차원의 조사를 청년회원들을 통하여
실시했고 거기에 맞춘 지역사회 봉사 프로그램을 만들기도 했다. 특히
야간에 교회에 와서 공부하는 청소년들을 돕는 산업부에 관심을 두고
지원했다. 전도사로 일하던 후배 목회자들도 뜻이 통하고 후에 연구소
도 같이 창립하며 일하게 되었는데, 김영철(고등부), 김형기(대학부),
한경호(청년부), 진방주·이대성(산업부) 등이다. 그리고 이때에 유하
경 등 의식 있는 평신도들을 여럿 만날 수 있었다.

　신군부 독재가 한창이던 무학교회 시절이었기에 반독재민주화운동
을 겸한 나의 목회는 수구적인 몇몇 당회원들의 거센 반발을 사기도
했다. 심지어 정부의 녹을 먹던 모 장로는 당회 석상에서 나와 같은 배

를 탈 수 없다고 공언하며 사의를 표하기도 하였다. 서울과 지방에 다니면서 군부의 반민주 독재정치를 강하게 비판하는 나의 강연 내용 원고들이 무학교회 수석 장로격인 분의 손에 들어가서 당회에 배포되기도 했다. 청년들에게 강연한 내용물들이 장로의 손에 들어갈 수 있었던 것은 배후에 경찰이나 중앙정보부원들의 공작이 있었음을 나중에 알았다. 문화공보부장관이 나와 신풍운동의 몇 명 목사들을 초청한 적이 있었는데 몇 달 후에 다시 나를 초청한다는 거짓으로 지프차에 태우고 간 곳이 장관에게가 아니라 남산에 있는 정보부 고문실이었다. 거기서 권총을 빼든 5명의 정보원들의 위협 속에서 다시는 그런 강연을 하지 말라는 서약서에 도장을 찍으라는 협박을 받았지만 난 끝까지 거절하였다. 쥐도 새도 모르게 목숨을 잃을 뻔했던 그 순간을 기억하면 몸서리가 쳐진다.

목회자를 압박해오는 배후의 옥죄임을 느끼고 머지않아 무학교회를 떠나지 않을 수 없게 될 것이라고 직감하면서 주어진 목회의 사명을 소신껏 감당하였다. 교인들은 계속 늘어나서 교회의 분위기는 좋아지고 있는 데 반하여 수구적인 몇몇 장로들의 굳어가는 얼굴들을 더 이상 보고 싶지 않았다. 이때 아세아연합신학대학 한철하 학장이 나를 교수로 초청해주었다. 주변에서는 보수적인 신학대학으로 가는 것을 탐탁지 않게 여겨서 못 가게 말렸다. 하지만 나는 신학대학 교수가 되고 싶은 마음을 접지 못하여 목회하면서도 시간 강사로 가르치고 있었기에 교수 제의에 솔깃했다. 그리고 비록 소수였지만 정치와 이념 문제로 나를 괴롭히는 당회원들과 충돌하면서 목회를 할 수 없다고 생각하고 무학교회를 사임하였다. 아세아연합신학대학의 교수로 가기 위하여 교회를 사임한다고 알려지자 성도들은 더 이상 말리지 못하였다. 취임한 지 5년여 만에 송별회를 성대하게 받으면서 그 교회를 떠날 수 있었다. 위임목사로 취임을 했음에도 불구하고 떠나야 하는 아픔이 있었다. 그러나 송별회도 못 받고 떠났던 인천제일교회와는 전혀 다르게 성대한 송별회를 받으면서 떠나니 마음은 가벼웠다.

무학교회에서 얻은 것이 많은데 위에서 언급한 훌륭한 인재들 외에 필자의 맏며느리(김혜인)도 무학교회 출신이다. 그 외에도 제3세계신학연구소를 위하여 재정적으로 후원하신 많은 교우들을 거기서 만나게 되었다.

_장로회 총회를 위하여

나는 인천제일교회 담임목사 시절부터 총회의 총대로 나가서 총회를 위해서 일을 했다. 서울의 무학교회 목사로 와서는 더 자주 총회의 일에 관계했다. 민족의 통일과 평화에 관심을 가졌던 나는 해외에서 열리는 통일을 위한 세미나에 총회의 대표로 자주 참석하였다. 북의 주체사상을 공부한 사람이요, 남과 북의 화해와 통일을 강조하다 보니 요주의 인물이 되었다. 국내와 국외를 다니면서 민족의 하나 됨을 강조하다 보니 교단 안에서와 정부에서 보이는 나에 대한 경계심이 높아갔다. 결국엔 하와이 호놀룰루에서 열리는 세계교회협의회 주최 통일세미나에 초청되어 한국교회협의회 대표의 한 사람으로 10여 명의 대표들과 함께 출국하려다가 김포공항에서 오직 나만 출국금지를 당했다. 대신 내 짐만 하와이에 갔다가 며칠 후에 되돌아왔는데 짐을 모두 뒤졌는지 흔적이 역력했다.

개신교 100주년기념 세미나에 참석한 해외 동역 교회의 총회장들과 대표들 앞에서 한민족의 남북 화해와 평화, 통일을 위하여 필요하다면 미군이 철수해야 한다고 강연을 했다. 그 일로 빨갱이로 몰리는 어려움을 겪었다. 이 일 후에 정보원들은 필자를 교단에서와 지교회에서 쫓아내려는 음모를 계속 진행시켰다. 하지만 나는 조금도 굴하지 않고 소신껏, 양심껏 할 말을 다 하면서 내 40대와 50대 국내에서의 목회자로서 삶을 보람 있게 보낼 수 있었다.

많은 어려움을 당하면서도 교단 총회를 위한 일로 들자면, 미국에서 우리 총회에 와서 일하는 선교사들을 교단 총회 세계선교부 안에 통합시킨 일이다. 〈기독공보〉에 글을 써서 해외 교회들 안에서 미국선교사들의 위치를 소개하면서 유독 한국에서만 미국의 선교사들이 따로 독립하여 재정권과 인사권과 선교권을 가지고 좌지우지하고 있음을 만천하에 공개했다. 이로 인해 미국의 선교사들이 크게 당황하였고 결국 교단 총회에서 제안하여 모든 외국 선교사들이 교단 총회의 지도를 받도록 명문화하는 데 성공했던 것이다.

새문안교회 부목사로 있으면서 금영균 목사를 비롯한 장신대 동기들(대학 인가 이후부터 셈하여 15기이며, 평양신학교 전통에 따라서는 59기)을 중심으로 총회의 부조리들을 파헤치는 작업을 계속한 것 역시 총회의 방향을 바꾸는 데 공헌한 일이다. 한 가지 아쉬운 점은 외국선교사들의 재산(땅이나 집)을 교묘한 방식으로 횡령한 몇몇 교단의 지도자급 인사들이 있음을 알고 파헤치려 했지만 선교부의 비협조로 수

장신대 동기들과 부부동반으로

포로 돌아간 일이다. 미국의 선교사들과 가까이 지내던 몇몇이 그 선교사들의 재산들(엄밀하게는 그들을 파송한 교단의 재산)을 총회에 헌납하지 않고 교묘하게 싼 값으로 자기의 사유재산으로 만든 비리들이 언젠가는 밝혀져야 한다고 생각한다.

총회를 위하여 보람 있게 뛰었던 다른 한 가지 일은 총회장 선출에 있어서의 부정선거 문제로 그 정화운동에 일조했다. 이는 매년 총회장 선거 때마다 불거지는 문제로 후보들이 5억을 썼느니 10억을 썼느니 하는 소문이 무성했다. 나도 한 후보를 지지해달라며 한 운동원에게 돈 봉투를 건네받았는데 그 즉시 거절한 적이 있었다. 그리고 어느 해인가 경남에서 목회하는 모 목사가 부정 개표로 총회장에 당선되었는데 그것을 파헤치기 위하여 목회자 모임을 열고 선거위원회에 철저 검

증을 촉구한 적도 있다.

_ 아세아연합신학대학교 교수로

만 50세가 넘으면 연금 문제가 생기니 그 안에 꼭 오라고 하던 한철하 박사의 권유를 받아들여 만 50세가 되기 두 달여 전에 아세아연합신학대학(약칭 아신대) 교수로 취임하였다. 전임교수로 가서 서대문에 있는 캠퍼스와 양평의 캠퍼스에서 여러 제자들을 교육할 수 있어서 좋았다. 공산권 선교, 기독교윤리학, 전달학 등을 가르쳤는데 공산권 선교 강의를 듣던 몇몇 보수 교단 출신 학생들로부터 나에 대한 사상 공방이 시작되었다. 대부분의 학생들이 보수적인 교단에 속한 목회자들과 전도사들이었는데 남북의 화해를 전제로 주체사상을 긍정적으로 해석하는 나의 강의에 반발하는 학생들이 자기네 교단에 속한 학교 이사들에게 그 내용을 알렸다. 그 이사들은 한철하 학장에게 나를 퇴출시키라는 압력을 가했고 그 결과 나는 교수 사임 압박을 받게 되었다. 요즈음 같았으면 이른바 북한학 교수로 인기를 누렸겠지만 25여 년 전의 북한학 강의는 아슬아슬한 곡예를 연출하는 것과 같았다. 한철하 학장은 북한선교 과목 대신에 칼빈 강요를 가르치면 문제가 없어질 것이라고 하면서 강의 학과를 바꾸라고 권유했다. 하지만 나는 그 제안을 거부하고 교수직을 그만두었다. 교수 재임명 탈락의 쓴 잔을 마신 것이다. 밥을 먹기 위해서 나의 학자적인 양심까지 속여가면서 원치 않는 강의를 하고 싶지 않았다. 그야말로 아무 대책 없이 사임하고 말왔다.

요즈음에도 그때 아신대에서 가르치던 제자들을 국내에서나 해외에서 종종 만나는데 내가 떠나서 매우 아쉬웠다고들 한다. 당대의 동료 교수들이나 제자들이 전하는 말로는, 한철하 학장이 너무나 자기중심적이고 이기적인 행정과 학문을 함으로 모두들 많이 힘들어했고 또 실망했다고 한다. 나는 그의 서울대 문리대 철학과 후배요 장신대에서는 제자였다. 무학교회를 사임하면서 여러 가지로 열악했던 아신대로 간 것은 한 학장을 믿고 따랐기 때문인데 그런 나를 이념논쟁과 갈등의 바람에서 보호해주지 않는 것을 경험하면서 그의 인격을 의심할 수밖에 없었다. 그 이후로 그의 곁을 완전히 떠나고 말았다. 그에게 배신당한 교수들이 나 말고도 여러 사람 있었다. 후배와 선배, 스승과 제자 사이의 우정과 신뢰는 어떤 경우에서도 변치 않아야 한다. 혹시라도 내가 후배들에게나 제자들에게 배신한 일은 없는지 자성하게 된다.

_새민족교회와 평화와통일연구소

아세아연합신학대학교의 교수로 일하면서 세운 연구소가 많은 인재를 키워내는 데 일조한 바 있어서 여기에 소개하지 않을 수 없다. 장신대에 강사로 몇 학기 나가서 강의를 했었는데 그때 그 강의를 들었던 의식 있는 몇 학생들(임희모 김영철 고현영 조하무 정종훈 우예현 이상성 탁지일 서명철 이대성 진방주 황홍렬 홍상태 오현선 이미화 김은혜 등)과 의논하여 민족의 평화와 통일을 위한 연구소를 열려고 했다. 그러나

2010년 새민족교회 이전예배 후 교우들과 함께. 둘째 줄 오른쪽부터 (사)참된평화를만드는사람들 이사장 이은태 목사, 전 새민족교회 담임 이근복 목사, 필자, 현 새민족교회 담임 김영철 목사, 그리고 이영자 권사

경제적 여력이 부족하여 우선 개척교회를 세우되 민족통일을 위하여 기도하는 교회로 세우려는 목적에서 교회의 이름도 남과 북의 동포들이 화합하여 하나를 이루는 새 민족(엡 2:16, 새 사람을 새 민족으로)을 소망하면서 "새민족교회"라고 정하고 1986년 8월 마지막 주일에 개회 예배를 드렸다. 그러고는 뜻을 같이하는 동지들이 주일마다 모여서 예배드리면서 연구소 개설을 준비하여 같은 해 11월 말에 〈제3세계신학 연구소〉(현 사단법인 참된평화를만드는사람들, 이사장 이은태 목사)를 창립하였다. 그때 20대 후반이나 30대 초반의 연구원들이 지금은 40대 후반 혹은 50대가 된 중견학자와 목회자들이 되어 일하고 있다. 특히 평신도인 이영자 권사가 교회와 연구소를 세우는 데 경제적으로 많이

공헌하였다. 그리고 무학교회 여러 성도들이 후원하였다. 특히 연구소를 위하여 미국장로교의 총회장을 지낸 이승만 목사가 1만 불의 거액을 보내준 것을 잊을 수 없다.

이들 연구원들은 우리 민족 문제에 관심을 갖고 신학을 한 분들이어서 그들의 글과 설교에는 민족적인 이슈가 자주 등장한다. 이들 중 많은 분들이 해외에 나가서 연구를 하고 돌아와 대학이나 교회, 기관 등지에서 일하고 있는데 보수적인 예장의 풍토와 한국 교회 전체를 서서히 바꾸는 데 크게 도움을 주고 있어서 매우 흐뭇하고 자랑스럽다.

_ 현대교회 임시목사

아세아연합신학대학의 교수인 나를 부자들이 산다는 강남의 압구정동에 위치했던 현대교회가 초빙하여 2년 여 동안 목회한 적이 있다. 교수와 목회를 겸직했던 때이다. 당시에 현대교회 교육전도사로 일하던 최일도 목사가 겪은 사선은 자본주의의 중심기에서 목회하는 어려움을 극명하게 보여주었다. 현대교회는 압구정동에 위치한 가장 비싼 동네 상가 안에 자리를 잡고 있었다. 그러니 그 교회에 나오던 분들도 당시에는 남한에서 제일 비싼 아파트에 살고 있는 분들이 태반이었다. 최 전도사는 부자 교인들의 아들과 딸 들을 앞에 놓고 청빈의 삶을 자주 강조했다. 그중에는 중학생으로 중고등부에 나오는 교회 중진의 아들이 있었는데 최 목사의 청빈의 삶을 강조하는 설교 내용을 듣고 자기 아버지에게 그대로 전했다. 그 아버지는 이 문제를 교회 교육적으

로 문제를 삼고 그리고중고생들의 마음에 갈등을 일으키는 교육전도
사를 바꿔야 한다고 강변하기 시작했다. 아신대의 교수를 하면서 임시
설교목사 비슷하게 부임해서 일하던 힘없는 담임목사로서 참으로 난
감했다. 현대교회는 처음부터 위임목사 제도가 없었던 것으로 이해된
다. 내 앞에서 목회하시던 분들도 모두 잠시 임시목사로 있다가 떠난
것으로 아는데 나도 위임목사가 아니라 임시목사였다. 그래서인지 나
도 곧 떠나기로 되어 있었던 때였다. 이 문제가 불거지자 당회에서 정
식 의제로 올리기 전에 최 전도사가 자진 사임하고 말았다. 그를 끝까
지 붙들어주지 못한 나는 마음이 아팠다. 결국엔 나도 오래 머물지 않
고 그 교회를 사임했다.

지금의 강남권에서 목회하는 분들이 겪는 갈등을 나는 이미 오래전
에 경험했다. 수송교회 목회 때에도 이 문제가 늘 고민거리가 되었다.
많이 가진 자들이 모이는 교회 안에서 가난한 자처럼 살라고 설교를
한다는 것은 참으로 어려운 일이다. 청빈의 삶이 예수의 삶이라면 예
수교는 그 길로 가야하며, 부자 교인들 앞에서 청빈의 삶을 강조하여
야 하는데 현실은 녹록지 않기에 목회자들이 고민하는 것이다. 무소유
의 삶을 사신 예수의 삶, 못 가진 자들의 편에 서서 가진 자들을 책망
하신 예수의 설교. 오늘도 이와 같은 기독교의 기본 설교는 절대로 양
보되어서는 아니 된다. 강남은 과거보다 더 풍요로워졌고 그곳에서 목
회하는 목회자들의 어려움도 그만큼 어려워졌으리라 생각된다.

_ 한 학기 학장

나는 1980년 초부터 한국선교단체협의회 총무이사로 일하면서 그 산하에 고환규 목사와 함께 세계선교사훈련원을 세웠다. 이 기관을 통하여 평신도 선교사들을 길렀는데 그중의 한 분이 새민족교회와 제3세계연구소를 세울 때 앞장서서 협력해준 이영자 권사였다.

나는 아세아연합신학대학교의 교수직을 사임한 후에 미국의 파사데나에 있는 선교대학인 윌리암캐리대학교의 분교를 이 훈련원 안에 유치하였다. 그러고는 그 대학의 서울 분교 학장을 맡았다. 이 분교를 확대 발전시키려는 욕심으로 바울의 집(조동진 목사)과 통합하여, 바울의 집이 소유하고 있는 넓은 대지 위에 단독 캠퍼스를 세우기로 합의하고는 그곳으로 학교를 옮겼다. 그러나 한 학기가 끝나면서 조 목사에게 배신을 당했다. 한 학기 학장으로 끝을 내고는 나는 거기서 밀려났다. 그곳을 떠나니 한국에서는 더 이상 일할 곳이 없었다. 결국 미국의 나성(로스앤젤레스)으로 방향을 잡았다.

미국으로 간 또 하나의 이유는 두 아들의 교육문제 때문이있다. 내가 프린스턴에서 공부할 때에 우리 집의 두 아들은 어렸다. 영어권에서 유치원과 초등학교에 다니면서 영어와 미국 문화에 익숙하게 된 반면에 한글과 한국 문화와는 점점 멀어지게 되었다. 당시만 해도 한인사회 안에 한글 학교나 한국 문화를 가르칠 만한 기관이 없었다. 그리고 나는 연구에 몰두하고 집 사람은 직장생활이 바빠서 아들들에게 한글 교육을 시킬 여유가 없었다.

우리 가정이 다시 서울에 왔을 때 큰아들이 초등학교 4학년, 둘째가

1학년이었는데 한글을 익히기만도 벅찼다. 국어 단어는 암기한다고 하더라도 개념을 이해하지 못했다. 예컨대 사회생활 교과서에 나오는 남북의 분단이나 공산주의 사상 등의 단어들을 잘 이해하지 못했다. 큰아들이 대학시험에 세 번이나 불합격의 고배를 마시면서 영어권으로 가서 공부하겠다고 하여 아들의 장래를 위하여 어쩔 수 없이 유학을 보냈다. 보내놓고 보니 학비가 문제였다. 서울에서는 일할 자리가 없어 걱정하고 있었는데 마침 미국의 한인교회에 자리가 있다고 하여 초청을 받고 나성으로 갔던 것이다.

_미국 나성한인교회

1992년에 나성에 있는 나성연합장로교회에 초빙되어 부임하였다. 미국의 한인교회 중에 어머니 교회라고 일컬어지는 교회인데, 1905년에 안창호 선생 등이 독립운동을 하면서 세운 한인교회다. 나는 이 교회 담임을 하면서 미국에 사는 교포들의 목회가 얼마나 힘든 것인가를 체험하였다. 프린스턴에서 학생으로서 한인교회를 개척하여 목회하던 때와는 너무나 분위기가 달랐다. 이민 교회 목회의 어려움을 그때 비로소 알게 되었다. 미국에 있는 한인교회들이 계속해서 쪼개져나가는 이유도 알게 되었다. 남은 생을 이민목회에 바치려고 작정하고 인천제일교회 때부터 적립되었던 총회연금도 깨끗이 정리하고 서울을 떠났다. 하지만 이민목회의 어려움을 아프게 겪고 나서 약 4년 만에 다시 서울에 되돌아오는 바람에 총회연금을 못 받게 되는 등 경제적인 손해를 톡톡히 봤다.

미국 목회에 자신을 잃은데다가 두 아들이 대학을 졸업하게 되어 그들에 대한 부담을 덜었기에 다시 고향으로 돌아오고 싶어서 귀국했던 것이다.

_다시 서울로

서울로 돌아와서는 총회의 총무 자리가 비어 있다고 하여 지원하였지만 이북 강원도 출신인 나에게는 언감생심이었다. 경상도 출신 목사에게 그 자리가 주어졌는데 지방색이 교계 안에서 이전보다 더욱 활개를 치고 있었다. 미국 유학을 위하여 장학금을 얻을 때도 경상도 사람에게 우선권을 빼앗겼던 씁쓸한 맛을 다시 느껴야 했다. 총회의 총무 자리 이야기가 나왔으니 말인데, 내가 무학교회의 목사로 있을 당시의 기억이다. 총회장이었던 박 모 목사가 나에게 총회가 필요로 하다고 하면서 나를 총무로 추천을 하였다. 그때 나는 원서도 내놓지 않았지만 다른 모 지역 출신이 들어가야 한다는 전제 속에서 내부 인선이 되어가는 것을 이미 눈치 채고 있었다. 총회의 중요한 자리에 사람을 뽑는 일에 총회를 올바로 이끌어갈 능력 위주로 인물 선발 기준을 삼는 것이 아니라 지방색에 따라서, 정치적으로 인선하는 풍토가 지금도 가시지 않고 있다. 참으로 한심한 일이다.

교회의 일꾼 뽑는 이야기가 나온 김에 한 마디 더 한다면 한국기독교교회협의회의 총무 자리가 났을 때 필자가 관심을 가졌고 주변에서

어머니와 함께

도 한번 해보라는 권고가 있었지만 교단의 강력한 추천이 없어서 결국 포기하였다. 그때 그 자리도 경상도 사람이 차지하였던 것이다. 반독재운동, 민주화운동에 앞장섰던 필자를 당시의 군사정권이 싫어했고 우리 교단 안에서도 두려움의 대상이었기에 교회협의회 총무 자리가 주어지지 않았다. 총회의 총무나 교회협의회 총무 자리가 나에게 주어졌더라면 많은 변화를 일으키는 데 한몫을 했을 것이지만 그런 이유로 내 모가지는 늘 달랑달랑했을 것이다. 나의 일생에서 내가 조금이라도 원했던 자리를 차지하지 못했던 경우들이 장신대 교수, 총회 총무, 교회협 총무, 새문안교회 담임목사 등 몇 곳이 되는데 이제 지내놓고 보니 그렇게 아니 된 것이 하나님의 섭리였다. 만약 필자가 새문안교회에 입성했더라면 몇 년이나 버티었을까? 필자의 신념을 접었든지, 아니면 2, 3년 만에 도중하차 했을 것이다. 총회 총무의 자리도, 교회협의회의 총무 자리도 비슷한 결말을 보았을 테다. 하나님이 필자를 돌봐주셔서 큰 어려움 없이 목회의 길에서 일생을 보내게 하신 것으로 믿고 감사를 드린다.

_마지막 목회지 수송교회

내가 수송교회로 부름을 받은 것은 정말 의외였다. 미국 나성의 목회를 접고 서울에 올 결심을 한 이유가 첫째는 전주에 있는 한일장신대의 선교학 교수로 내락을 받았기 때문이다. 그런데 그 일이 이상하게 틀어지면서 총회의 총무 자리에 이력서를 냈다가 그 고질적인 지방색 때문에 낙방을 했다. 그러고는 총회 교육부 총무의 자리가 있어서 신청했다. 당시의 교육부 실행위원들 중에는 필자와 친분이 있는 유력한 분들이 몇 분 계셔서 필자를 총무로 뽑기로 거의 합의가 되어서 실행위원회의 모이는 날만을 기다리고 있었다. 그런데 최종 결정을 하기 전 약 20일을 앞두고 느닷없이 수송교회의 박한호 상로가 필자를 찾아와서 수송교회의 담임이 필요한데 와줬으면 좋겠다는 의사를 피력했다. 필자는 오래전부터 수송교회에 대한 이미지를 매우 좋게 가지고 있었다. 특히 김용준 목사가 수송교회 담임으로 계실 때에 필자는 새문안교회 부목사로 일하면서 서울노회에서 김 목사를 자주 만날 기회가 있었다. 그러다가 김용준 목사가 수송교회 당회를 통하여 총회가 탈퇴했던 세계교회협의회에 재가입신청을 냈을 때 필자는 수송교회야말로 역사의식이 있는 교회라고 믿게 되었다. 한때는 서울노회에서 김용준 목사가 교육부장으로, 필자는 교육부의 서기로 일을 같이 하면서 친분을 두텁게 했고 더구나 세계교회협의회 재가입 운동을 하면서 가까워졌다. 그런 관계로 이미지가 아주 좋았던 수송교회에서 나를 목회자로 초청하겠다고 온 것이다. 이를 두고 기도하는 가운데 그 초청에 결국 응낙하였다. 그 결과로 총회 교육부 실행위원 몇 분의 책망과 원망의 소리를 들어야만 했다.

박 장로가 내게 와서 하는 말씀이 나를 매우 급진적인 목회자로 잘 알고 있다고 하면서 내 이미지가 자기의 부친인 박용희 목사와 비슷하다고 하였다. 민족 독립운동을 하면서 목회하셨던 선친과 닮은 나를 이해하고 수송교회의 목사로 와주기를 요청했다. 그는 내가 미국에서 돌아와 서울동남노회의 초청을 받아서 강연을 할 때 그 자리에 있었다고 말했다. 그때 옆에 있던 어떤 장로가 나의 강연에 이의를 제기했는데 박 장로 자신은 옆에 앉은 동료 장로에게 "나는 찬성한다"고 전해달라고 말하셨다고 한다. 그 강연 이후에 박 장로가 총회의 모 직원을 찾아가 내가 서울에 온 것을 알고서는 수송교회 당회원들에게 말하고 나를 초청하게 되었던 것이다. 이런 묘한 섭리 속에서 수송교회의 목회자로 12년간을 목회하고 나이가 다 되어 은퇴하였다.

나의 목회 일생을 돌아보면 시무 기간이 고작 3년 내지 4년간이었다. 그러나 수송교회에서는 12년의 긴 시간을 보내고 은퇴를 하였다. 이것도 하나님의 크나큰 은혜다. 수송교회를 다녀가신 목회자들이 많이 계시다. 그 이름 석 자만 들어도 익히 알 수 있는 거물들이시다. 초대목사 전필순 목사(연동교회 원로목사로 은퇴함), 다음에 함태영 목사(초대정부의 부통령 역임), 김용준 목사(시청각교육국장 역임), 정행업

수송교회 은퇴 예배

목사, 윤인구 목사(연세대 총장 역임), 최석주 목사(공보처장 역임), 정행업(대전신대 총장 역임) 등이다. 설교목사로 잠시 동안 수고하신 분들 가운데 이종성 목사(장신대 총장 역임), 나채운 목사(장신대 교수 역임), 김천수 목사(소망교회 목사) 등 몇 분이 계신다. 필자가 이런 훌륭한 목회자 가운데 끼었다는 것은 영광이 아닐 수 없다. 그것도 정년으로 은퇴하니 영광 중에 영광이다. 수송교회 역사에 정년은퇴 목사의 신기록을 세우게 되었다.

수송교회는 목회자들만이 아니라 평신도들도 거목들이 많았다. 1935년에 주로 서울 출신들이 세운 수송교회는 한국의 민족사에 크게 공헌하신 분들의 발자취가 남아 있다. 교회 정치에는 멀리 있던 교회였지만 민족의 정치문제에는 예민하게 촉각을 세운 선배들이 많았다. 6·25의 전란 때 10여 명의 교우들이 납북되거나 학살된 것만 보아도 교우들의 면모를 엿볼 수 있다.

잠시 수송교회의 역사를 살펴보겠다. 수송교회는 1905년 8월에 종로의 인사동에서 시작된 승동교회에서 1935년에 분가했다. 승동교회의 8대 목사인 박용희 목사가 박한호 장로의 부친이다. 그렇기에 수송교회는 한국 초대교회에 뿌리를 깊이 두었다. 그런데 수송교회가 강남으로 이전해오면서 새로운 도약을 했어야 하는데 아쉽게도 그만 실기를 하지 않았나 생각된다. 내가 처음 이 교회에 초빙되어 서울강남노회에 참석하였을 때 몇 분 목사들이 "당신 같은 경력이 좋은 목사가 그런 골치 아픈 교회에 어째서 부임했는가?" 하고 힐책성 질문을 하여서 나는 적잖이 놀랐다. 그 이유를 알고 보니 수송교회는 담임목회자 없이 임시설교자가 몇 년간 강단을 담당해왔고 그런 와중에 교회는 성장하지 못했으며, 목회자에 대한 예우도 좋지 않았다. 그래서 탐탁지 않은 소문이 노회 안에 퍼졌던 것이라라. 교회가 자리하고 있는 동네 분들도 수송교회를 달갑게 여기지 않았는데 그 이유는 종로에 있던 교회가 잠원동으로 옮겨와서는 교인들 자기네 끼리끼리만 예배드리고 훌쩍 가버린다는 것이었다. 교회의 가장 가까운 이웃인 동네 사람들과는 전혀 관계를 맺지 않으면서 주일에 자가용을 몰고 와서 예배만 보고는 쭉 빠져나가곤 한다는 것이다. 결과적으로 교회가 세워져 있는 지역의 사람들을 무시하는 이미지로 동네 사람들에게 인식되어 있었다.

나는 이런 나쁜 이미지를 없애기 위해서 그 지역에 거주하는 동민들을 상대로 전도운동을 전개하였다. 전도인을 한 분 풀타임으로 청빙하여 동네를 돌면서 전도하게 하였는데 이때부터 동네 분들이 수송교회에 관심을 갖기 시작했고 교인과 동네 사람들의 마음의 거리를 많이 좁힐 수 있게 되었다. 지금은 교우들 중 거의 절반 정도가 교회 가까이 있는 반포동이나 잠원동에 거주처를 가진 분들이다. 이웃에 사는 동네 분들이 전도를 받아서 한 분 두 분 교회에 자리를 채워가면서 수송교회는 지역의 교회로서 자리 매김을 할 수 있게 되었다.

이웃과 연결되는 교회의 이미지를 조금은 구축하였으나 그것으로 만족할 수는 없었다. 보다 적극적으로 이웃에 봉사하는 교회로서 이미지를 세워야 하겠기에 봉사하고 선교할 수 있는 공간을 확보하는 문제가 급선무였다. 수송교회가 1980년 초에 강남으로 교회를 이전하면서 급한 대로 예배장소로서 본당만을 아름답게 지어놓았으나, 교육과 봉사를 위한 공간에 대해서는 여력이 없었는지 계획만 있었다. 그러던 것을 내가 취임하여 2004년 5월에 400평 규모에 4층짜리 선교교육관을 아담하게 마련하였다.

목회에서 어려웠던 점은 민족의 화해 문제와 사회정의 실현을 목회와 연결 짓는 문제였다. 축복 설교를 많이 하여서 교회를 양적으로 부흥시키기를 주문하는 성도들이 있었다. 하지만 나는 설교에서 사회적인 양심으로서 성도의 책임성을 자주 강조하였다. 어떻게 하면 교회가 사회의 빛과 소금이 될 수 있는가에 초점을 맞춰서 말씀을 전하려고 노력했다. 물론 개인의 영성을 무시한 것은 아니고 영성이 사회 속에 구체적으로 나타나서 사회를 변화시키는 어떤 힘이 되어야 함을 강조하곤 했다.

그런 점에서 나는 교회성장주의론자가 아니다. 세속적인 사회의 현실을 설교 시간에 언급하거나 정치 이야기를 거의 하지 않았다. 성경말씀을 기초하고 그것이 우리의 민족적, 사회적 현실에 어떻게 적응해

2000년 5월 창립기념주일

야 하는가를 설명할 때에 성도들 일상의 삶, 사회·정치적인 삶에서 하나님의 뜻을 이룩하도록 강조했다. 복음의 빛을 사회적인 사건에 비추어 해석할 때도 성도들이 오늘의 삶의 방향을 올바로 가늠하도록 노력했다. 그래서 잘못된 정치 행태나 사회 현실을 바로 보도록 했다. 목회자인 나는 어느 정당이나 어느 계파에도 기울어지지 않으려고 노력했다. 그런데 사회적인 사건에 복음적인 해석을 하다 보면 옳고 그른 것을 구별하게 되고, 그럴 때 거기에 관련된 사람들에게 이해를 달리하는 사람으로 오해받기도 했다. 다행한 것은 수송교회에서 목회하던 기간에는 민주정부, 참여정부가 들어서서 강당의 메시지가 대체로 온건했던 점이다. 그러나 촛불시위를 긍정적으로 평가하는 필자의 설교에 반발하는 성도도 있었다.

때론 인권 목사, 빨갱이 목사로 오해를 받으면서도 옳다고 생각하는 말을 했고 정의로운 일을 했다고 자부한다. 때로는 험난했지만 나의 목회 40년(인성중·고교 시절까지 합치면 44년)을 변함없이 한길로 걸어서 마감하게 되니 감개가 무량하다.

_시민사회운동

앞에서도 말했지만 나의 관심은 교회가 세상의 한복판에서 교회되게 하는 일이었기에, 지역사회 운동에 최대한 참여하느라고 많은 노력을 하였다. 목회자로서 교회에 나오는 교인들을 우선 관심하여야 하였기에 다른 곳에 많은 시간을 할애하지는 못했음에도 불구하고 기독교 사회선교 기관들이 움직이는 곳에 함께하려고 애썼다. 노동자들과 빈민들을 위하여 일하는 사회단체원들과 함께 현대그룹 사옥 앞에서 마이크를 들고 정주영 회장에게 해고된 직원들을 복직시키라고 촉구하기도 했고, 추운 겨울 숭실대에 의해 철거당한 소상인들을 위하여 총장에게 면담을 요청해 문제를 해결해주기도 했다. 또한 가옥을 철기당한 사람들을 위하여 성탄예배를 함께 드리면서 그들을 위로하고 철거민 보호를 당국에 호소하는 데모에 가담하기도 했다. 우리 교단 총회의 외국인노동자위원회 위원장으로서 초교파 모임인 사회선교협의회 공동대표로서도 몇 년을 일하면서 교회와 사회를 연결지어보려고 분주하기도 했다. 그럼에도 불구하고 보수적이고 근본적인 신앙으로 주도권을 잡고 있는 교권세력에 밀려 하고 싶은 일을 제대로 하지 못하고 은퇴하게 되어 아쉽기만 하다.

_또 다시 미국으로

미국 프린스턴에서의 약 8년간 유학생활은 우리 두 아들로 하여금 한국어와 한국 문화에서 멀어지게 만들었고, 그 결과로 두 아들이 한국에 귀국해서는 학교생활에 잘 적응하지 못하게 되었다. 결국 두 아들 모두 미국으로 다시 가서 공부를 하여 미국에서 대학을 졸업하고 직장들을 구하여 살게 되었다. 나는 수송교회를 은퇴하고도 아내와 어머니와 같이 서울에서 2년 가까이 살았다. 그러다 2008년에 어머니가 97세로 하나님의 품으로 떠나신 후에는 미국에 있는 아들들과 손자, 손녀들과 함께 살고자 나성으로 이사하였다.

미국에 와서도 우리 민족을 잊은 적이 없다. 이민 와서 보니 이곳에 오랫동안 사는 교포들, 특히 기독인들의 대부분이 반공주의적 사고에 오래 길들여졌던 분들이어서 민족의 평화와 화해와 통일에 대하여서는 거의 무관심했다. 심지어 의식이 있다는 신교의 목회자들마저도 반공주의적 태도를 견지하고 있는 장로들과 일반 성도들의 눈치를 보느라 몇 분을 제외하고는 민족 문제에 거의 등을 돌리고 있는 실정이다. 이런 가운데 참으로 다행스러운 일은 1990년대 초에 이곳에 와서 목회할 때에 알고 지내던 동지들을 여러 사람 만나게 된 것이다. 그래서 처음 일 년 동안(2008)은 〈미주한반도중립화운동〉 본부장을 맡아서 민족운동에 참여했고, 그 다음해(2009)에는 미국 6·15 공동선언실천 서부위원회의 위원장직을 수행하였고, 작년(2010)에는 6·15 공동선언실천 미국위원회 대표위원장으로 선임되어 조국의 남쪽과 북쪽의 화해와 평화, 통일을 위하여 일하고 있다. 하지만 불행하게도 필자가

6.15 미국위원회 통합대회

대표위원장으로 선임된 때를 전후하여 한국의 이명박 정부의 반통일적 정책 때문에 민족의 화해와 통일을 위한 일 다운 일을 하지 못했다. 기독교 장로가, 그것도 서울에서 같은 교단이요 같은 노회 안에 있던 교회의 당회원이었던 분이 대통령이 되었는데도 불구하고 나의 통일운동에는 엄청난 불운을 안겨주었던 것이다. 그리고 금년(2011) 삼일절 92돌을 맞이하여서는 미국 각처에 흩어져 사는 종교인들과 함께 "한반도의 평화통일과 민족의 변영을 염원하며" — 삼일절92주년을 맞이하여 드리는 해외종교인들의 호소문— 를 성명하는 데 참여하였다.

이곳에 와서 살면서 느끼는 것은 200만 교포와 함께 민족을 위하는 일이 많이 보이지만 이미 은퇴한 목사여서 사람 동원과 재력 동원이 쉽지 않아 힘차게 일하지 못하는 안타까움이다. 한때는 유학생권익센터의 고문 역할도 맡았지만 뒷받침할 능력이 없어서 곧 사임하기도

했다.

대부분의 한인 목회자들이 교회의 울타리 안에서만 움직이면서 자기네들끼리 둥우리를 형성하고 있어서 안타깝다. 세상과 교회를 갈라놓고 교회의 울타리를 높이 쌓아놓고는 그 안에서만 끼리끼리 놀고 있을 뿐 사회적으로 아픔을 당하는 동포들을 돌보는 데에나 분단된 민족의 아픔을 해결해주는 일에 너무나 등한하다. 사회 안의 작은 게토로서의 교회가 되어서는 아니 된다…….

이번 학기에는 이곳에 세워진 갈릴리신학대학원에서 기독교윤리학을 강의한다. 이 강의를 통하여 민족의 분단 현실 앞에서 그리고 힘겹게 살고 있는 교포 사회를 위하여 기독자로서 무엇을 할 것인가를 진지하게 고민해보고 있다.

_꼭 이루고 싶은 일

1988년 11월 11일에 〈제3세계신학연구소〉를 통하여 발행한 《맑스주의자들의 종교비판》을 대폭 수정하여 새롭게 쓰고 싶은 생각을 종종 하지만 아직 손을 대지 못하고 있다. 그 책에서 인용한 자료들이 너무나 오래 전의 것이어서 최근의 자료들을 북에 직접 가서 찾아와 새로운 책을 쓰고 싶다. 북에 가서 여러 달 북의 주민들과 살면서 그들의 지금의 삶의 내용들을 친히 보고 들으면서 북 문화의 핵심을 잘 이해하여 좋은 책을 쓰고 싶다. 지금의 가정 사정으로 그런 기회를 얻을 수 없어서 답답하다. 남북이 어우러져서 사는 때를 앞당기려면 북의 문화

가족사진

와 남의 문화가 자연스럽게 어우러질 수 있는 날이 와야 하고 그 문화들을 서로 비교 연구할 필요가 있는데 그런 기회가 내게 속히 주어지기를 바란다.

나이 75세를 넘어가고 있는 시점에서 나의 건강도 장담할 수 없기에 자신의 미래에 대한 소망을 그린다는 것은 지나친 욕심일 수 있다는 생각이 들기도 한다. "오늘이 내 삶의 시작이요 오늘이 내 삶의 끝이다." 이 마음을 늘 가지고 하루하루 성실하게 살아가는 것으로 만족해야 할 것인가?

지난 75년의 삶이 정말 기적과 같다. 사도 바울의 고백처럼 나의 나 된 것은 전적으로 하나님의 은혜였다. 그러나 사도 바울이 고백한 것처럼 나의 갈 길을 다 달렸다고 말할 수 있는 자신이 없다. 내게 달릴 코스가 주어졌기에 달리는 방향 설정은 정해진 셈인데 문제는 그 코스에서의 완주가 무엇을 의미하는 것인지 아직은 잘 모르겠다. 계속 달리고 싶은데 앞길에 방해물들이 많으니 어찌할 것인가?

세상 나라와 하나님의 통치

비천한 자를 높이시려고 | 세상 나라와 하나님의 통치 | 추모 | 교회의 세 가지 기능 | 생명지킴이
민족의 자유 | 파토스적인 삶 | 오늘이 그대의 마지막 날 | 기독교 신앙은 사회적 사건으로 드러나야

비천한 자를 높이시려고

눅 1:46-55
2000. 12. 25.
성탄설교, 부천 범박동 지역주민과 함께 드리는 예배

어째서 창조주 하나님이 자기의 아들을 세상에 보내시는 것입니까? 이유는 피조물 인생들이 망가뜨린 땅을 제대로 가꾸기 위해서였습니다. 하나님은 처음에 이 세상을 만드시고 사람들에게 이 세상을 잘 다스리도록 위임하였던 것입니다. "생육하고 번성하여 땅에 충만하라. 땅을 정복하라. 모든 생물을 다스려라"(창 1:28). 즉 땅을 잘 다스리도록 위임을 하셨습니다. 지구의 무한한 자원을 잘 가꾸어서 세상을 아름답게 만들고 그 안에서 평화롭게 살라고 모든 것을 다 인생들에게 맡겼던 것입니다. 그런데 사람들이 세상을 엉망으로 만들었습니다. 모든 창조의 질서를 뒤죽박죽 만들어버렸습니다. 불의하게 만들었고 부조리하게 만들었습니다. 한 마디로 재미없는 세상을 만들어버렸던 것입니다. 하나님은 더 이상 참을 수 없었습니다. 그래서 벌도 주시고 홍수로 진멸하기도 하시고 언어를 혼잡하게 하셔서 바벨탑을 중도에 포기케 하시기도 하시고, …… 등 여러 가지 방식으로 청지기들의 독선과 부정과 불의를 책망하시고 교정하시면서 지도해갔습니다. 욕심 부리는 자들을 징벌하였고 나누지 않는 자들을 공수로 마감하도록 했습니다. 하지만 땅은 점점 더 피폐되어갔고 추하게 되어갔습니다. 가진자들의 횡포가 끊이지 않았습니다. 기득권자들의 욕심이 도를 더해갔습니다. 여러 가지 징계를 내린 것은 금은을 단련하듯 사람들을 성숙하게 만들어서 제대로 이 세상을 다스리는 청지기로 만들기 위함이었습니다. 금은을 녹이듯이 인간들을 녹여서 불순물을 제하고 새로운 순수한 청지기의 형상으로 다시 태어나도록 하시려고 했습니다만 번번이 실패했습니다.

그래서 하나님이 친히 육을 입고 이 땅에 오신 것입니다. 인간의 모습을 띠지 않으면 사람들 속에서 활동할 수 없기에 인자로서 독생자의 이름으로 육의 몸으로 땅에 오셔서 인간들을 단련하기 시작했습니다. 하지만 인간들은 고집했습니다. 주인의 행세를 고집했습니다. 불순종했습니다. 복음서는 주인의 자리를 내어놓지 않겠다는 고집스러운 인간들의 항거와 거부의 모습을 잘 그려놓았습니다.

예수님이 비유를 들어서 그것을 직접 확인시켜줍니다.

"어떤 분이 포도원을 잘 만들어 놓았다. 망대도 세우고 즙 짜는 기계도 만들어 놓고 여러 가지 편한 시설을 비싼 비용을 들여서 완전하게 가꿔 놓으시고는 농부들에게 세를 놓고 타국으로 갔다. 그런데 이들이 얼마를 지나면서 세를 내지 않기 시작했다. 그래서 주인은 사자들을 보내서 세를 받아 오도록 보냈더니 오히려 봉변만 당하고 돌아왔다. 몇 차례의 어려움을 당한 주인은 결국 자기의 친아들을 보내기로 작심하였다. 그들이 비록 사자들, 종들에게는 못되게 굴었으나 친아들에게는 그렇게 할 수 없을 것이라고 믿고 보냈는데 웬걸! 저들은 오히려 친아들을 죽여야 저희들이 이 포도원을 완전히 빼앗을 줄 알고 죽이기로 결의를 했다."

이 비유의 말씀 그대로 예수님 자신이 당하신 것을 복음서는 기록하고 있습니다.

비유의 내용으로 보아서도 하나님이 자신의 외아들 예수님을 지구촌에 파송하신 것은 자신의 땅을 예전과 같이 회복하시려는 뜻이었음이 분명합니다. 이 세상과는 전혀 관계가 없는 죽음 이후의 세계를 위한 것이 아니라는 사실을 분명히 알려줍니다. 하나님이 지으신 이 지구촌의 회복이 목적이었습니다. 지금 사람들이 살고 있는 이 세상을 하나님이 만드신 창조의 질서대로 회복하시고 보전하시기 위하여 스스로 육의 몸을 입으시고 이 땅에 오신 것입니다.

만약에 이 세상 아닌 다른 위성이나 다른 우주 공간에 새로운 나라를 세우시려고 하셨다면 그는 팔레스타인에서 십자가에 달려 죽을 이유가 없었습니다. 하나님이 가장 우선적으로 생가한 것은 그의 포도밭입니다. 그가 창조한 이 세계입니다. 예수님은 이 포도밭을 다시 찾으시려다가 살해당하신 것입니다. 이들은 원래는 하나님의 청지기들이었습니다. 세를 내기로 하고 위임을 받았던 농부들이었습니다. 이들은 하나님의 종들이었습니다. 그런데 자기네들이 포도원을 경영하면서 솔솔 재미를 보게 되니 그것을 주인에게 다시 내어주기 싫어진 것입니다. 세를 받치지 않고 몽땅 먹고 싶어진 것입니다. 주인의 간섭도 싫었습니다. 그리고 자기네들의 기득권을 유지하고 싶었던 것입니다.

더 나아가서 자기네들이 아예 포도원의 주인이 되고 싶었던 것입니다.

만약 주인이 생각하기를 이 포도원은 배신한 농부들이 차지하고 있어서 더 이상 손을 쓸 수 없도록 되었으니 차라리 그들에게 주어버리고 다른 포도원을 만들어서 자기의 아들에게 맡긴다고 생각했다면 어떻게 되었을까요? 그렇다면 하나님이 자기의 아들을 죽일 필요가 없었겠지요. 그런데 하나님은 이 지구촌을 다시 찾으시려고 하신 것입니다. 다른 세상을 만들려고 하지 않았습니다. 그가 창조하시고 "정말 아름답다"라고 탄복하셨던 바로 그 세상을 하나님이 통치하시고 싶었던 것입니다. 이 세상이 하나님의 나라가 되도록 원하신 것입니다. 다른 우주 공간 어디에 새 포도원을 만들어서 새로운 하나님의 나라를 만들 생각이 전혀 아니었습니다. 그래서 외아들 예수 그리스도를 팔레스타인 땅에 태어나게 하셨습니다. 거기에서 예수님은 주인의 땅을 되돌려 받으시려다가 농부들에게 모욕을 당하고 몰매를 맞고 급기야는 십자가 형틀에서 참혹한 죽음을 당하셨습니다.

다시 강조하지만 이 세상을 하나님의 나라로 회복하는 데 예수님의 강림 목적이 있습니다. 그래서 예수님이 오자마자 "하나님의 나라가 가까이 왔다"라고 선포하신 것입니다. "이제부터 하나님의 나라를 따로 만들어서 너희들을 그 쪽으로 인도하여 갈 것이다"라고 약속한 적은 없습니다. 만약 이런 뜻이 있었다면 이미 포도원을 차지하고 있는 농부들과, 기득권자들과 싸움을 하실 필요가 없었습니다. 그런데 결국 예수님은 주인의 자리를 차지하려다가 살해되었습니다.

도스토예프스키의 《카라마조프가의 형제들》 중 "대심판관"이란 대목에서 예수님이 당대의 러시아 정교회 대주교를 찾아옵니다. 예수님이 그에게 나타나자 크게 놀란 대주교는 말합니다. "아니 예수님이 웬일입니까? 이 땅에는 왜 오셨습니까? 이 교회를 제게 위임하지 않았던가요? 지금 예수님이 나타나면 나는 곤란합니다." 그리고는 예수님을 옥에 가둬버렸습니다. 이 이야기는 팔레스타인 땅에서 하나님의 선민이라는 유대교 지도자들이 예수님에게 대했던 태도와 아주 비슷합니다. 타락하고 부패했던 러시아 정교회 대주교와 그 일당들은 교회의 주인이 나타나자 자기들의 기득권을 빼앗길까 두려워서 벌벌 떨었습니다. 결국 레닌의 공산주의라는 무신론적 정치세력을 빌려서 이들의 주인의 자리를 빼앗아버렸습니다. 주인의 자리를 끝까지 고집하는 자라면 어떤 식으로라도 하나님은 그 자리를 빼앗아버립니다.

예수님이 이 땅에 오신 목적은 이 땅을 올바로 세우려는 데 있었습니다. 이 땅을 위임받은 사람들에 의하여 이 땅이 제대로만 운영되었다면 그가 오실 필요가 없었습니다. 세만 제대로 잘 냈다면 청지기들에게 계속 이 땅을 맡겼을 것입니다. 청지기들이 세상을 엉망으로 만들어놓았기에 그 본래의 모습으로 다시 환원시키려고 예수님이 오셨습니다. 그래서 책임진 자들에게 그 책임을 추궁하셨던 것입니다. 이 세계를 잘 다스릴 자격이 없는 유대교 지도자들은 손을 떼고 이 세계를 원 주인에게 다시 돌리라고 호통을 쳤습니다. 하지만 저들은 자기네들의 기득권을 내어놓으라는 예수님에게 달려들었습니다. 그러고는 결국엔 그 주인을 십자가 형틀에 달아서 죽여 없애려 했던 것입니다.

예수님이 목적하신 대로 예수님이 주인이 되셔서 세상을 올바로 정리하시게 놔둔다면 당대의 이득을 보던 자들이 어떻게 되었겠습니까? 모두 퇴출되지 않았겠습니까? 그러니 예수님을 잡아 가두거나 죽이지 않을 수 없었던 것입니다. 러시아의 대주교가 예수를 옥에 가둔 것도 예수님이 오셔서 교회를 바로잡으면 사회가 바로 잡힐 것이고 그러면 자기네들의 설 자리가 없어질 것이 불을 보듯 환하니 예수님을 옥에 가둘 수밖에 없었던 것입니다. 땅의 질서가 잡히고 정의의 세계가 된 다면 대주교나 주교들이 권력이나 물질적 부를 축적할 수 없게 되겠기 에 저들은 예수를 없애려고 했던 것입니다.

지금 예수님이 서울의 몇몇 대교회 담임목사에게 오신다면 그들의 태도가 어떻게 될지 궁금합니다. 여의도에 있는 초대형 교회 담임목사 와 그 아들에게 예수님이 오신다면, 역삼역에서 가까운 모 큰 교회 원 로목사와 그 아들 담임목사에게 예수님이 오신다면, 압구정역에서 가 까운 모 큰 교회 원로목사와 그 아들 목사에게 예수님이 지금 나타나 신다면 어떤 모습이 될까요? 분명 예수님을 피해 도망가거나 아니면 예수님을 감옥에 처넣을 것입니다. 세계에서 제일 큰 교회로 이름을 날리는 이상의 교회들에서 목회 세습이 이뤄지는 과정에서 불미스러 운 일들이 벌어지고 있고 지금도 수백억 원의 성도들의 헌금이 담임 목사의 가족들이나 기업으로 흘러들어 간다는 소문이 자자하기에 모 든 것을 다 아시는 예수님이 오시면 저들은 그 앞에 설 수가 없을 것 입니다.

한국 교회가 급성장하여 교세가 확장되었고 세계에서 제일 큰 교회 의 첫째에서부터 열 몇째까지가 서울에 있으며, 남한 총인구의 4분의 1에 가까운 1000만 명 이상이 기독교인들이라는데 어째서 한국의 사 회가 이렇게 부패되어 추잡한 금융사건이 자주 터지고 잘사는 사람은 너무 잘살고 못사는 사람은 너무나 가난하게 사는 이런 현상이 생겼습니까? 며칠 전 기독자 교수들의 신랄한 비판을 직접 들었는데 설교자들의 신학이 잘못되어 하나님의 뜻이 잘못 전달되고 예수님의 메시지가 그르게 해석되기 때문이라는 것입니다. 대부분의 설교자들의 신학은 이 세상과 하나님의 나라를 이원론적으로 해석해놓고 교회와 사회를 이분법으로 갈라놓고 성도들의 삶을 교회의 울타리 안에만 한정하여 설교한다는 것입니다. 설교 내용들을 분석한 분들의 말에 따르면 성도들이 정의롭게 살고 정직하게 살고 의를 위하여 고난을 당하면서도 그것을 잘 견디면서 살아가도록 권면하는 말씀들은 거의 없고 영혼의 축복, 건강의 축복, 물질의 축복 이야기만 가득하다고 합니다. 이런 메시지만을 듣고 있는 성도들은 이 세상의 부조리나 부정의나 비리 등에는 관심을 전혀 기울이지 않는다는 것입니다. 반대로 이 세상에서 어떤 수단을 써서라도 돈을 많이 벌면 하나님의 축복으로 알고 십의 일조만 잘 드리면 성령 충만한 사람으로 목사에게 칭찬을 받으니 정직하게 살 필요를 느끼지 못한다는 것입니다. 물질을 정당하게 벌고 정당하게 쓰도록 설교하지 않고 교회에 헌금만 많이 하면 축복을 받았다고 말해주니 문제가 크다는 것입니다. 대다수의 설교자들의 메시지에는 십자가는 빠졌고 달콤한 이야기만 담고 있다는 비판이었습니다.

기독교가 주인 예수님의 말씀을 받아서 이 세상을 환하게 만들어야 하는데 반대로 이 땅을 바로 잡을 생각은 안 하고, 예수님의 보혈의 피로 구원을 따놓았으니 이 땅에서 아무렇게나 살다가도 죽기 전에 회개하면 예수님이 천당에로 인도한다고 믿고, 별의별 부정을 다 저지르면서 평안히 살고 있습니다. 그리고 실제로 몇몇 목회자들이 아들에게 목회 세습을 하는 것을 보면 말은 천국 운운하면서도 이 세상에서의 안락과 평안, 권력과 영광이 더 탐나는 모양입니다. 아니면 양심적인 성도들의 항의를 어째서 듣지 않고 있는 것입니까?

오늘날 교회가 잘못되고 있고, 더 나아가서 사회가 옳게 잡혀지지 못하는 이유는 첫째는 목회자들에게 있지만 평신도들도 그 책임을 지고 있습니다. 왜냐? 교회 안에는 교수, 법관, 변호사, 회장, 사장 등 사회 지도급 인사들이 많이 있는데 그들이 어째서 잠잠하고 있는가 하는 것입니다. 목회자가 잘못하면 당당하게 옳은 말을 하고 권면하여 잘못되지 않도록 어째서 말하지 않는가 하는 얘깁니다. 이 점에서도 목회자의 신학이 그렇게 평신도들을 유도했다는 논거가 있습니다. 즉 교회와 사회를 갈라놓은 이원론적인 신학의 토대 위에서 설교를 들었고 성경을 배웠으니 교회 안에서는 무조건 순종하는 양순한 양이 될 수밖에 없도록 길들여졌다는 말입니다. 그리고 이런 식의 믿음의 내용을 가진 전문가들이 장관, 국장, 사장의 지위에서 일을 할 때 예수님의 말씀이 그 현장에 전혀 적응이 되지 않는다는 것입니다. 주일에 들은 설교는 이 세계를 넘어선 하나님 나라에 관한 것이기에 현실 사회에 적응하지 않는다는 것입니다. 불의를 보고도 못 본 체하고 더 나아가서는 부정과 불의에 동참하면서도 죄의식이 없습니다. 이미 주 안에서 구원받은 성도로서 저 천국을 향하는 거룩한 몸이니 현실 사회의 변화에는 아랑곳 하지 않아도 된다는 것입니다. 정말 큰 일입니다. 이 세상을 바로 세우시려고 오시는 예수님을 한가운데 모시는 우리 교회가 되십시다.

범박동 세입자들의 아픈 이야기를 알고 있습니다. 여러분들이 이렇게 고생하는 것은 돈 가진 자들의 욕심 때문입니다. 이 야욕을 분쇄하기 위하여 여러분과 주변의 선한 양심 세력들이 계속하여 노력하여야 합니다. 승리를 위해서 최선을 다하면서도 중요하게 생각할 것은 이 싸움의 과정입니다. 이 과정은 이 땅에 오신 예수님의 정신을 따른 것입니다. 하나님의 포도원을 빼앗을 자들에게 그 포도원을 빼앗아서 하나님께 돌려드리는 작업을 하는 일입니다. 여기 성탄의 예배를 드리는 우리 모두는 예수님이 하시려고 하셨던 대업에 참여하고 있다는 자긍심을 가지고 우리의 목숨이 다할 때까지 선한 싸움을 싸워야 합니다. 낙심하지 말고 주저하지 말고 싸워야 합니다. 예수님은 포도원을 찾으시려다가 33세의 나이로 죽었습니다. 여러분들도 죽을 각오를 하고 싸워서 이 세상을 하나님의 통치 밑에 두도록 하십시다. 그래서 우리의 후손만이라도 평화롭게 살도록 하여야 합니다.

세상 나라와 하나님의 통치

출 3:15–22, 마 22:15–22
2003. 8. 10.
해방기념주일

우리 민족이 일제의 36년간의 통치에서 벗어난 1945년 8월 15일 이른바 광복절 58돌을 기념하는 주일입니다. 오늘 우리나라의 교회들은 남북이 공동으로 기도문을 작성하여 함께 나라를 위해서 기도를 드리고 예배를 드리고 있습니다. 우리 기독교가 나라와 무슨 관계가 있어서 기념주일을 정하고 예배를 드리고 기도를 하고 있습니까? 기독교 신앙과 나라 즉 국가와의 관계는 어떤 것인가요? 국가가 우리들의 신앙의 삶 속에 어떤 위치를 차지하고 있습니까?

우선 교회의 주가 되시는 예수님의 국가에 대한 태도를 살펴보는 것이 순서입니다. 예수님은 언젠가 "내 나라는 이 세상 나라가 아니다. 나는 이 세상에 속하여 있지 않다"라고 말씀하셨습니다. 예수님은 하나님의 아들로서 만왕의 왕이요 만주의 주로 이 세계에 오셨습니다. 유대인들의 나라를 회복하기 위해서 오신 분이 아니었습니다. 예수님은 유대 민족의 독립운동을 구체적으로 지원한 적도 없습니다. 자기 동족들이 그토록 갈망하는 민족의 독립을 위하여 싸우는 열성당원들을 직접 지원하거나 격려해준 적도 없습니다. 한때는 그를 왕으로 추대하여 나라의 독립을 꾀하려는 사람들을 피하시기도 했습니다. 그는 정치적 선동도 아니 했고 권력에 대한 야욕도 전혀 없었습니다.

그렇다고 해서 국가나 민족을 무시한 적도 없습니다. 제자들이 세금 문제를 가지고 물었을 때 "가이사의 것은 가이사에게 하나님의 것은 하나님께 드리라"고 분명하게 말씀하심으로 두 나라를 모두 인정하였습니다. 즉 예수님은 그가 목적하고 오신 "하나님의 나라"와 그의 육신의 고향 "이 세상의 나라"를 모두 긍정하신 것입니다. 가이사의 것과 하나님의 것을 이원화하신 것을 보면 현실적으로 두 나라가 있음을 인정하신 것입니다. 그러나 예수님의 말씀들을 자세히 읽어보면 그가 제시하는 분명한 이상적인 사회와 국가의 모델이 있습니다. 그것이 다름 아닌 하나님이 다스리는 공동체입니다. 하나님의 나라란 한 마디로 하나님의 뜻으로 다스려지는 사회를 의미합니다. 육신으로 사는 이 세상이든, 사후에 영원히 사는 저 나라이든 구분 없이 언제나 하나님의 통치가 이룩되는 나라가 되기를 소망했습니다. 왕들이 다스리는 이 나라도 하나님의 뜻이 이뤄지는 곳이 되기를 소망했습니다.

예수님이 이 땅에 오셨을 시기는 로마 제국이 하나님의 통치를 거부하고 제 마음대로 세상을 통치할 때입니다. 이 땅의 왕들뿐만 아니라 심지어 종교 지도자들마저도 하나님의 뜻을 거부하고 자기네들의 이익을 위해서 사회제도를 저들 마음대로 뒤바꿔놓고서는 백성들을 짓누르고 재산을 착취하여 그 사회를 엉망으로 만들었던 때입니다. 그것을 보신 예수님은 사정없이 그들을 책망하시고 비판했습니다. "독사의 새끼들아!"라는 극언까지 쓰시면서 호되게 야단을 쳤습니다. 이들 독재자들 때문에 제 나라 없이 유리방황하는 자기 동족 유대인들을 보시면서 그들을 불쌍하고 측은하게 여기셨습니다.

예수님이 대망하던 하나님의 나라의 범위는 죽은 다음에 비로소 시작되는 그런 한정된 나라가 아니라, 인간의 육신의 생명이 시작되는 그 순간부터 시작되는 삶 전체입니다. 예수님이 친히 가르쳐주신 기도문과 같이 "뜻이 하늘에서 이룬 것 같이 땅에서도 이루어지이다" 그대로 입니다. 이 땅에서 하나님의 뜻이 이뤄지게 기도하라고 하셨습니다. 이것은 이 나라에서부터 하나님의 통치가 이룩되어야 한다는 예수님의 뜻을 분명히 하고 있습니다.

만약 하나님의 통치가 저 나라에서부터라고 한다면 이 땅은 사탄에게 맡겨지는 꼴이 됩니다. 하나님이 가장 아름답고 선하게 만든 이 창조의 세계가 마귀의 것이 되어야 하고 마귀의 조정을 받는 악한 세력의 밥이 되어야 합니까? 절대 그럴 수는 없습니다. 이 세계가 하나님의 것일진대 이 세계를 하나님이 다스리는 것은 너무나 당연합니다. 이것이 예수님의 소원이었습니다. "너희는 세상의 소금이다. 너희는 세상의 빛이다"라고 주장하신 이유 또한 거기 있었습니다. 우리 그리스도인들이 이 땅에 존재하는 이유가 땅에서의 빛과 소금의 역할을 다하기 위함에 있습니다. 우리는 이 혼탁한 세상을 참아 견디면서 죽은 후에 펼쳐질 영원한 하나님의 나라만을 동경하면서 살아서는 안 됩니다. 기독교 교회사를 보면 그런 분들이 종종 나타났습니다. 지금도 이 세상을 저주하며 죽은 후의 하늘나라만을 바라보면서 사는 분들이 있습니다. 스스로 모순의 삶을 살면서 말입니다. 시한부 종말론자들이 그런 자들입니다.

물론 우리 유한한 인간의 마지막 고향은 영원한 하늘나라입니다. 그러나 이 세계를 무시하거나 포기해서는 안 됩니다. 이 세상에서 이미 천국의 일부를 맛볼 수 있어야 합니다. 즉 이 세계를 하나님이 통치하게 해야 합니다. 이 말은 이 세계를 제 마음대로 다스리려 하는 사탄과 그 사탄의 조정을 받는 권세자들을 거부하고 부정해야 함을 의미합니다. 우리 선배 성도들이 일제와 싸웠던 것은 우리나라가 일본 왕의 통치가 아니라 하나님의 통치 아래 있도록 하기 위함이었습니다. 일본 천황에게 절하게 하여 우상을 섬기게 했던 일제의 통치에 반대하여 싸우다가 순교한 많은 믿음의 선배들이야말로 이 세상 속에서 하나님의 통치를 이룩하려고 애쓴 분들입니다. 만약 우리 선배 그리스도인들이 죽은 후의 나라만을 동경하면서 현실을 외면하고 살았다면 어떻게 되었을까요? 지금의 한국 기독교의 모습은 아주 초라했을 것입니다.

예수님이 언급하신 하나님 나라는 추상적이거나 형이상학적인 미래의 어떤 것이 아닙니다. 그것은 유대 민족들이 오랫동안 고대하고 기다렸던 구체적인 어떤 것입니다. 죽은 후에 나타나는 그런 나라가 아닙니다. 이스라엘 사람들이 그토록 고대하던 하나님의 나라는 12부족들이 애굽에서 해방되어 나와 한 공동체를 이룩하여 오순도순 살던 이상향입니다. 평화, 즉 샬롬의 나라입니다. 소외당하지 않고 착취당하지 않으며 굶지 않고 사는 복된 나라였습니다. 하지만 예수님이 지상에 나타났을 때 이스라엘 사람들은 이중적으로 고난을 당하고 있었습니다. 한편에는 강대국 로마의 철권 정치 밑에서 신음하고 있었고 또

한편에는 유대교의 율법주의가 저들을 억압하고 있었습니다. 순진하고 어진 백성들은 이중으로 짓눌리는 억압 속에서 숨도 제대로 못 쉬고 살았습니다. 산다고 하지만 실상은 죽은 삶이나 다를 바 없었습니다. 이렇게 된 이유가 하나님이 세상을 통치하지 못하고, 외세인 로마국과 그 외세와 야합한 이스라엘의 율법주의자들이 이스라엘 백성들을 지배하고 있었기 때문이었습니다.

엄청난 고통과 아픔을 당하고 있는 이스라엘 백성들의 한복판에 오셔서 제일 먼저 "하나님의 나라가 가까이 왔다"라고 외치신 것은 죽은 후의 나라가 가까이 오고 있으니 참으라는 뜻이 아니었습니다. "너희들이 이 땅에서 너무 고생하니 잘 참고 견디면 죽어서 천당으로 가서 살게 될 것이다"라는 뜻으로 말씀하신 것이 아닙니다. 예수님이 탄생하시고 발을 들여놓은 그 세상이 하나님이 통치하는 나라, 하나님의 나라가 되도록 하시겠다는 선포입니다. 실제로 예수님이 친히 저들과 함께 계시면서 사람답게 사는 분위기를 만들어갔습니다. 예수님이 계신 곳이 하나님의 샬롬이 이룩되는 현장이 되었습니다. 억압과 착취 아래에서 신음하던 백성들이 하나님의 통치 아래 있는 하나님의 나라를 맛보게 되었습니다. 예수님이 "하나님의 나라가 너희 가운데 있다"라고 말씀하신 그대로였습니다.

예수님은 하나님의 나라를 선포하시고는 친히 그 나라 건설을 위해서 일했습니다. 배고픈 사람들을 먹이셨고 병든 자들을 고치셨습니다. 절뚝발이와 소경들을 고쳐주셨고 소외되고 무시당하는 사람들, 즉 여인과 어린이들과 죄인들을 품에 안아주셨습니다. 그들과 대화를 나누시고 때론 밥상에 초대하여 함께 식사도 나눴습니다. 실로 예수님이 닿는 곳마다에 하나님의 나라가 이룩되었습니다. 인간들이 통치하는 바람에 엄청나게 꼬였던 사회관계, 인간관계들이 하나씩 하나씩 풀렸습니다. 꼬였던 관계들, 뒤틀렸던 사회가 제대로 펴지기 시작했습니다. 하나님의 뜻이 시행되는 올바른 사회로 차차 뒤바뀌었습니다. 하나님의 나라가 점점 가까이 다가왔습니다.

만약 예수님이 전하는 복음이 죽은 이후의 하나님 나라, 즉 천당뿐이었다면 육신의 문제는 전혀 고려하지 않았을 것입니다. 밑바닥 인생을 그대로 살게 놔두었을 것이고, 그 불합리한 현실 세계를 그대로 살도록 방치했을 것입니다. 죽은 후의 천당 이야기만 했을 것입니다. 그러나 예수님은 그 당대의 사회 현실에 고차원적인 방법으로 대항하였습니다. 이기적인 로마 정권과 거기에 아부하면서 세상의 이권을 탐했던 유대교를 질타했습니다. 그들 때문에 고생하는 무리들을 불쌍히 여기시면서 그들을 도우셨습니다. 로마 정권이 버린 사람들을 예수님은 받아들였습니다. 유대인들이 출교시킨 사람들을 예수님은 감쌌습니다. 당대의 권력자들과 기득권 세력들이 버린 사람들을 예수님은 품에 안았습니다. 이런 행위가 통치자들의 심기를 선드렸습니다.

인간의 통치 아래에서 신음하던 백성들이 하나님의 선한 통치를 맛보면서 저들의 머리와 마음은 달라졌습니다. 저들은 이제까지 맛보지 못했던 세계를 맛보게 되었습니다. 새로운 세계를 체험하게 되었습니다. 인간이 다스릴 때는 괴로운 일들만이 있는 세상이었는데 하나님이 다스리니 좋은 일만이 생기는 세상임을 알게 되었습니다. 인간들의 통치 아래에서는 사람이 사람대접을 못 받았는데 하나님이 통치하시니 사람이 사람대접을 받게 돼 너무나 기뻤습니다. 실로 신명나는 세계를 맛보게 되었습니다. 저 어진 백성들의 눈이 밝아졌습니다. 이제 저들은 자기들을 통치하던 사람들의 비리와 불의와 거짓과 위선을 보게 되었습니다. 예수님이 전하는 하나님 나라의 평화를 알게 되면서 그것과 정반대인 인간 통치의 악랄함과 거짓을 알게 되었던 것입니다. 이제 세상 통치자의 거짓이 백일하에 드러나게 되었습니다. 이렇게 되자 세상의 통치자들은 좌불안석이 되었습니다. 그리고 그들은 종국에는 백성들에게 하나님의 나라를 보게 한 진리의 사도 예수님을 미워하기 시작했습니다. 세상의 통치자들은 하나님의 나라를 거부하였고 결국 그 나라의 선포자 예수님을 십자가에 매달아 죽였습니다. 하지만 그를 따라나선 믿음의 사람들에 의하여 하나님의 나라는 이 세상 안에서 계속 확장되어갔고 지금도 계속되고 있습니다.

하나님 나라는 이 세상 나라의 불의와 거짓을 계속 고발하고 있습니다. 지난 2000년간 기독교가 이 세계를 향하여 공헌한 것이 바로 그것입니다. 그 한 가지 예가 일제에 항거한 한국 교회의 싸움이었습니다. 1919년 기미독립운동을 비롯하여 삼천리반도 곳곳에서 기독교인들이 민족의 독립을 위하여 싸운 일입니다. 일제에 항거할 수 있었던 것은 기독교인들이 하나님께서 통치하는 나라의 평화를 알았기 때문입니다. 기독교인들은 이 세상을 포기하지 않았습니다. 이 세상을 사탄에게나 사탄의 뜻을 대행하는 세상의 통치자들에게 맡길 수 없었습니다. 이 세상이 하나님에 의하여 창조된 이상, 하나님에 의하여 통치되어야 한다고 기독교인들은 믿어왔습니다. 그리스도인들의 마음속에는 하나님 나라의 이상이 늘 자리 잡고 있기 때문에 이 세상 나라에 대하여 예리한 시각을 가지고 세상을 바꿔갑니다.

정부와 교회는 각각의 사명이 있습니다. 가이사의 것과 하나님의 것은 따로 있습니다. 사도 바울의 증언대로 왕권도 하나님이 주셨습니다. 문제는 왕권을 받은 통치자들이 그것이 하나님으로부터 받은 청지기 소임임을 잊어버리고 스스로 주인으로 행세할 때 그리스도인들은 예언자의 소리를 발해야 합니다. 물론 교회는 국가의 시책에 대해서 협조해야 합니다. 가이사에게 세를 바쳐야 합니다. 인간이 다스리다 보니 완전한 정부는 없습니다. 그렇기 때문에 때론 참고 견디면서 나라의 시책에 협조해야 합니다. 그러나 국가가 양심의 소리, 진리의 소리에 계속 귀를 막고 교회의 주인이요 세상의 주인이신 예수 그리스도에 대한 충성을 가로채려고 할 때 교회는 분연히 일어나서 대항해야 합니다. 독일의 고백교회가 나치정권이 백성들을 학살할 때 분연히 일어나서 항거한 것처럼 말입니다.

교회는 하나님 나라의 축소판이어야 합니다. 빛과 소금이 된다는 뜻이 바로 그것입니다. 이 세상의 백성들이 교회를 보면서, 교인들을 보면서 하나님의 통치가 통하는 공동체요 하나님 나라 사람들이라는 인상을 줄 수 있어야 합니다. 교회와 성도들은 늘 하나님 나라의 실현을 위하여 존재해야 합니다. 나라와 정부에 큰 영향을 주어야 합니다. 이제 우리 성도들은 우리가 사는 남한 땅에 하나님의 평화가 임하도록 도와야 합니다. 한 핏줄이 사는 북쪽의 땅에도 하나님의 평화가 이룩되도록 도와야 합니다. 어느 곳에서도 백성을 억압하는 독재자가 발을 붙이지 못하게 하여야 합니다. 하나님의 선한 통치가 이룩되도록 기도로 돕고 행동으로 도와야 합니다. 우리 한반도가 하나님의 나라가 되도록, 즉 하나님의 뜻이 실현되는 땅이 되도록 우리 교회가 그리고 여러 성도들이 노력하여야 합니다. 민족의 독립과 해방과 자유를 위하여 분연히 일어났던 선배 성도들의 정신과 삶을 우리 후배 성도들도 닮아서 하나님의 나라가 우리 땅에 확장되도록 최선을 다하십시다.

추모

요 14:1-6
2004. 11. 25.
홍동근 목사 3주기 추도예배 설교

우리 인간 모두의 공통적인 경험 중의 하나가 가까운 사람을 갑자기 잃는 것입니다. 친애하는 이의 갑작스러운 죽음 앞에서 혼절하는 사람도 보게 되는데 슬픔의 도가 넘는 경우입니다. 슬픔은 매우 중요한 목적에 봉사하고 있습니다. 그것은 소중한 것을 잃음에 대한 반응이며, 동시에 살아남은 이가 겪을 삶의 불확실성을 그 배경에 깔고 있는 감정입니다. 포기되고 잃어지는 데에 우리 지신들이 노출되는 두려움이라고나 할까요? 이제까지 우리가 그것을 기초로 하여 살았던 신뢰와 믿음의 체계를 우리의 힘으로 마음대로 조정할 수 없다는 것을 갑자기 알게 되는 순간 찾아오는 슬픔과 두려움과 불안이 거기에 있습니다. 그런 부정적인 감정들을 가급적 기피하고 멀리하면서 살다가도 갑작스럽게 죽음의 그림자가 닥쳐오면 몹시도 당황해 합니다. 그런데 이런 슬픔의 감정을 제대로 감당하면 인간의 성숙은 물론이고 영적인 성숙을 맛보게 됩니다.

슬픔은 고쳐야 할 병이 아닙니다. 너무나 자연스러운 이별의 감정입니다. 슬픔의 깊이는 각기 그 내용에 따라서 다른데, 자신과 타자에게 일어나는 슬픔의 감정을 억제하는 것은 바람직하지 않습니다. 울고 싶을 때는 실컷 울도록 하여야 합니다. 슬픔을 억지로 가둬두지 말아야 합니다. 그것은 오히려 삶의 성숙을 막는 일입니다.

사랑하는 이가 죽었을 때 누구나 보다 나은 미래를 잃는 절망을 느낍니다. 내 삶의 한 부분이 떼어져나가는 데 대한 당연한 감정입니다. 절망만이 아니고 분노하고 혼란에 빠집니다. 그때서야 떠나간 사람에게 잘해주지 못한 것을 후회하고 사랑한다고 말해주지 못한 것을 안타까워합니다.

사랑하는 이가 아니더라도 내가 개인적으로 좋아하고 존경하던 인물이 죽었을 때도 슬픔퍼합니다. 우리나라 사람만이 아니고 외국의 사람들에게도 똑같은 감정을 갖습니다. 영국의 다이애나비가 교통사고로 죽었을 때 온 세계가 울었습니다. 그리고 잘 알지 못하고 얼굴을 한 번도 보지 못한 사람의 부음도 우리를 슬프게 합니다. 이유는 그것이 나의 죽음과 연결되기 때문입니다. 인생의 무상함을 알려주기에 슬픔의 감정을 갖게 됩니다. 더구나 동지의식을 가지고 함께 고락을 했던 분의 죽음 앞에서는 더욱 그렇습니다.

중요한 것은 이 슬픔을 서로 나누는 일입니다. 오늘 우리는 고 홍동근 목사님의 3주기를 맞아서 그 슬픔을 나누려고 모였습니다. 특히 조국의 평화와 통일을 위하여 앞장서서 뛰어다니시다가 졸지에 가셨기에 비록 우리는 그와 똑같은 보조로 달리지는 못했더라도, 걸어서라도 그 길 위에서 같은 방향으로 가던 우리이기에 허전하고 슬픕니다.

슬픔으로 성숙하기 위해 제일 먼저 할 일은 곁을 떠나간 그 사랑하는 사람에게 "안녕"이라고 이별의 인사를 하는 것입니다. 어떤 사람은 이 안녕이란 말을 하기 싫어서 끝까지 버티다가 더 큰 슬픔을 경험하는 것을 보았습니다. 이렇게 인사를 하고 그와 헤어질 수 있는 것은 육으로만 그가 존재하는 것이 아님을 믿기 때문입니다. 그는 단지 몸으로만 떠나 있다고 생각하면 "안녕"이라고 말하면서 먼저 보낼 수 있습니다. 오늘 본문에서 스승의 이별 앞에서 제자들이 슬퍼하고 있습니다. 그때 스승 예수님의 위로의 말씀이 선포됩니다.

"너희는 마음에 근심하지 말라. 하나님을 믿으니 또 나를 믿으라. 내 아버지 집에 거할 곳이 많다. 내가 먼저 가니 너희도 조만간 나 있는 곳에 오게 될 것이다. 자! 모두들 잠시 떠나 있는 것이다. 이별의 인사를 나누자."

우리의 기독교 문화는 이런 안녕의 자리를 임종예배, 입관예배, 장례식 예배를 통하여 장만합니다. 육으로 사랑하는 이와 인연을 끊는 순서들입니다. 사랑하는 이가 돌아가신 날이 되면 그가 또 그리워지지요. 그래서 추모예배를 통하여 또다시 안녕의 인사를 나누고 일 년을 살아갑니다. 이런 과정이 우리 모두에게 필요합니다. 육신적으로 안녕을 했지만 그의 영혼은 늘 살아서 우리와 함께하고 있다고 믿기에 촛불을 켜고 추모예배를 통하여 사랑하는 이와 잠시간이라도 만남의 시간을 갖고 그리고 육으로 안녕을 다시 반복하는 것입니다.

우리의 삶이 건강하려면 안녕을 제대로 해야 합니다. 인생의 장이 넘어갈 때는 주저하지 말고 넘겨야 합니다. 한쪽은 닫고 다른 쪽은 열어야 하기 때문이지요. 항상 모든 삶의 장이 열려져 있을 수는 없습니다. 그런고로 잃음을 통하여 슬픔이 찾아오면 그것을 그대로 받고 그리고 다음 장으로 넘어가야 합니다. 여름이 지나면 가을이 오고 가을이 지나면 겨울이 오듯이 인생의 길도 비슷합니다. 겨울이 오면 가을을 닫아야 합니다. 그래야 겨울 준비를 잘해서 겨울이 와도 얼지 않게 살 수 있습니다. 가을이 아름답다고 계속 닫지 않고 고집하면 어떻게 되겠습니까? 보낼 것은 보내야 합니다. 마찬가지로 인생도 닫을 때가 되면 닫아야 새로운 장을 마련할 수 있는 것입니다. 인생은 계속해서 다른 장으로 넘어가고 있습니다. 닫을 것은 닫고 열 것은 열어야 합니다. 항상 전부를 가지려고 하면 다 놓치고 맙니다. 그렇다고 쉽게 잊는 것도 문제겠지요.

우리 예장에서는 훌륭한 스승들이 없어서인지 먼저 가신 선배들에 대한 추모예배를 드린다는 말을 잘 듣지 못했습니다. 같은 뜻을 가지고 일하던 분들이 먼저 간 선배들을 기리면서 의미 있는 삶을 다짐하는 모임이 필요하다고 생각됩니다. 그래서 영국에서 일하는 금주섭 목사와 2년여 전에 서울에서 만나서 예배와 출판을 통하여 홍 목사님을 추모하는 뜻을 모았고 우리 연구소를 통하여 오늘 이렇게 결실을 보게 되었습니다.

홍동근 목사님의 소위 통일사업은 그의 부인 홍정자 여사가 이어서 열심히 하고 있다고 들었습니다. 홍 여사를 오늘의 추모모임에 초청하고 싶었는데 국가보안법 폐지논란으로 국론이 양분되어 너무나 정국이 어수선하여 추진을 못 하고 말았습니다. 홍 여사는 최근에는 평양에 머물고 있는 듯합니다. 오늘 고인의 3주기를 기념하면서 우리 후배들은 선배의 통일사업의 좋은 교훈을 받아서 더욱 열심히 노력함으로써 그를 진심으로 추도할 수 있다고 생각합니다. 우리 연구소가 평화선교에 더욱 정진함으로써 홍 목사님이 다하지 못하고 가신 통일운동에 계속 공헌할 수 있다고 믿습니다.

고맙습니다.

고 홍동근 목사 약력

홍동근 목사님은 1926년 5월 15일 평안북도 피현에서 출생하셨습니다. 홍 목사님은 신의주중학교에서 공부를 마치시고 평양신학교에 입학하여 예과를 졸업하신 후에 월남하여 장로회신학교에서 졸업을 했습니다. 그러고는 미국 뉴욕의 유니온신학대학에서 신학석사를 하시고 박사학위는 풀러신학교에서 했습니다. 그가 처음 발을 들여놓은 것은 광주신학교(지금의 호신대)였고 서울영락교회의 부름을 받고 1960년에서 1966년까지 부목사로 수고하셨습니다. 그 어간에 장신대에 출상하면서 기독교사회윤리를 가르쳤습니다. 저는 그때 장신대 학생으로서 그분의 사회선교에 관한 열정에 많은 영향을 받은 사람의 한 사람이 되었습니다. 일본 선교사로 가시어 경도교회를 담임하시면서 박정희독재정권에 항거하는 운동에 참여하였습니다. 더 이상 일본에 있을 수 없게 되자 1973년 미국 나성으로 가시어 선한사마리아교회를 창설하시고 목회를 하시면서 남한 정부의 반독재운동과 민족의 평화와 통일운동을 앞장서서 전개하였습니다. 그가 맡은 일들을 보면 그 내용이 잘 드러납니다. 조국자유수호 총무, 장준하기념사업회 회장, 남가주조국민주회복국민회의 공동의장, 통일신학동지회 회장, 민족통일북미주협회 고문, 재미민족통일범민족회의 고문 등의 경력이 그의 삶의 면모를 보여줍니다. 그의 혁혁한 통일운동과 인권운동을 높이 기리어 UCLA Asian Coalition에서 1984년에 인권상을 드렸습니다. 1988년에는 북에서 조국통일상을 수여받았으며 2000년 11월에는 김일성대학에서 명예박사학위를 수여받았습니다.

1990년부터는 평양 김일성대학 종교학과와 평양신학원 초청교수가 되어 기독교와 주체사상과의 만남을 위하여 크게 기여하였습니다. 매년 한두 차례 북에 가서서 단기강좌를 해오셨는데 금년에도 보름 강좌일정으로 지난 10월 31일 나성을 떠나 11월 3일 평양에 도착해 16일 강의를 마치고 18일 귀가할 계획이었습니다. 하지만 11일 뇌출혈로 갑작스레 운명하셨습니다.

지난 19일 그의 장례 후 그 유해가 북의 〈애국열사릉〉에 안장됐는데 재미 동포 중에서 처음 있는 일이었다고 합니다.

고인의 유가족으로는 미국에 부인 홍정자 여사와 장남 홍대우, 차남 홍대은, 장녀 홍혜련 씨 등 2남 1녀가 있고 이북에는 고인의 남동생 둘과 누이동생 등 3명이 있습니다.

고인의 저서로는《혁명시대의 교회》를 비롯하여《미완의 귀향일기》,《해방신학》,《주체사상과 기독교》(공저), 그리고 최근에는 김일성 주석의 생애, 혁명, 세계관, 덕성에 대해 연구하여 집필한《백두산의 노래》등이 있습니다. 이밖에《마틴 루터킹 투쟁사》,《장벽을 헤치고》,《우리는 어디로 가는가 - 혼돈이냐 공동체냐》등의 번역집필서 등 많은 글을 남기셨습니다.

(위의 글은 2001년 11월 26일 향린교회에서 거행된 고 홍동근 목사님의 추도예배 때 필자가 준비하여 읽은 약력입니다.)

_형님이 보고픕니다

고 홍동근 목사 3주기에 부친다

"동생 잘 있었나?" 하면서 만날 때마다 다정하게 부르시던 목소리가 지금도 귀에 쟁쟁하게 울립니다.

형님은 저보다 꼭 10년이 위입니다. 내가 형님을 처음 만난 것은 장신대에서 공부할 때입니다. 그러니까 형님이 영락교회 부목사로 봉직하면서 강사로 장신대에 출강을 할 때였습니다. 1965년이었으니 어느덧 40년 세월이 흘렀습니다. 그때 형님이 강의한 "기독교윤리학"을 통하여 나는 많은 감화와 도전을 받았습니다. 니버와 본회퍼를 열강하셨고 마틴 루터 킹에 대하여 말씀하실 땐 열변을 토하기도 했습니다. 그때 많은 학생들이 형님의 강의를 통하여 변화를 받았습니다. 나도 그 중의 한 명이었습니다.

대학원까지 끝내고 신학을 공부하는 이 동생을 발견하고는 나에게 조교 역할을 하게 하셨지요. 형님의 강의를 듣는 학생들의 윤리학 리포트를 나에게 맡겨서 채점을 하라고 하셨을 정도로 내가 형님을 좋아한 것만큼 형님도 나를 실력자로 대우해주던 것이 흐뭇했습니다. 형님은 내가 장신대 신대원 졸업반이었을 때 영락교회 교육부의 독일어 성경반을 맡기셨습니다. 매 주일 오후에 영락교회에 나가서 형님도 보고 독일어 성경반에서 가르치기도 하면서 형님을 가까이에서 뵐 수 있었습니다. 내가 학비 조달에 어려움을 겪는 걸 아시고는 영락교회 모 여전도회에 연결시켜주어서 장학금을 받게도 하였습니다. 그러고는 그 다음해인가 동신교회로 이동하셨고 곧 이어 일본으로 가시는 바람에 형님이 내게 베풀어준 그 고마움에 대하여 감사 표시를 할 기회도 얻지 못한 채 헤어져야 했습니다.

형님은 국외에 나가서서 통일운동과 반독재운동을 하셨기에 다시 조국으로 돌아올 수 없는 몸이 되었습니다. 형님은 이른바 반한인사라는 낙인이 찍혀서 비자를 받지 못하여 조국에 올 수가 없었습니다. 형님이 우리나라에 들어오실 수 없었기에 형님을 만날 기회를 오랫동안 갖지 못했습니다. 그리고 70년대 초에 나는 미국 동부 쪽으로 유학을 갔기에 서부에 계신 형님과는 떨어져 있어야 했고 거기 가서도 만날 기회가 없었습니다. 그러다가 나는 공부를 마치고 먼저 귀국을 했고 형님은 남한 정부의 감시로 조국의 품에 안길 수 없었습니다. 공부를 끝내고 조국으로 돌아오는 길에 잠시 나성에서 형님을 만날 수 있었던 것이 고작입니다.

나는 미국에 가서 북의 주체사상에 관한 연구를 좀 했기에 조국에 돌아와서 신학대학이나 목회자들의 모임에서 북한선교에 관한 강의를 하면서 의식 있는 후배들을 만날 수 있었고 그 결과로 〈제3세계신학연구소〉(평화와통일신학연구소로 개칭되었다가 얼마 전에는 한민족선교정책연구소와 통합)를 창설하여 남북의 통일과 민족의 평화를 위하여 조금의 공헌을 할 수 있었습니다. 그런 일들을 하는 가운데 잊을 수 없었던 것은 1988년도에 홍근수 목사님 등 몇 분과 뜻이 맞아서 조국의 평화와 통일을 위하여 일하는 해외 인사들을 초빙하여 통일세미나를 국내에서 개최하기로 정하고 그 대상 중의 한 분으로 형님을 모시게 되었던 일입니다. 형님은 조국을 떠난 지 20여 년 만에 그리운 조국에 일시 귀국할 수 있었고 그때 나는 형님을 다시 반갑게 만날 수 있었습니다.

형님은 10여 일간 서울에 머무시고는 다시 미국으로 떠나셨는데 그 이후 전화로만 계속 연락을 취하면서 통일논의를 함께 했습니다.

다행히도 90년도 초에 미국의 나성연합장로교회의 초빙을 받아서 나성으로 가게 되어 형님을 자주 만날 수 있었습니다. 내가 섬기던 교회는 형님이 목회하시던 선한사마리아교회(현 나성향린교회)와 같은 노회(미국장로교 태평양노회)에 가입한 교회여서 자주 만날 수 있었습니다. 그런데 미주 교포사회는 서울의 독재정권의 영향력을 벗어나지 못하고 있어서 이미 북에 다녀왔고 북을 이해하면서 조국의 평화와 통일운동에 앞장서시던 형님을 따뜻하게 환영하기는커녕 차갑게 등돌리는 분위기였습니다. 그래서 비록 소수지만 뜻이 통하는 목회자들과 장로님들과 일반 성도들이 남북의 평화를 위한 기도회를 만들어서 평화와 통일을 위한 모임을 갖기 시작했습니다. 제가 섬기던 교회 안에서도 자주 모임을 가졌었지요. 이런 일들을 통하여 형님과 자주 교분을 나눴고 조국의 평화와 통일을 위하여 같이 기도하고 같이 운동을 했습니다.

형님은 일 년에 몇 차례 평양을 다녀와서는 생생한 북의 수식을 전해주기도 하셨지요. 90년도부터는 평양 김일성대학 종교학과에 가셔서 기독교와 주체사상을 비교연구하면서 가르치고 오셨습니다. 그때 가르치신 교안도 제게 주셔서 간직하고 있었는데 몇 번 이사를 하는 사이에 어디에 두었는지 찾지를 못하고 있습니다.

나는 1994년도에 다시 한국으로 나왔습니다. 또다시 형님과 석별의 정을 나누게 되었지요. 떠나는 날 형님은 조용한 식당으로 나를 부르시더니 서울에서 인권운동과 통일운동을 하는 모 기관에 헌금을 부탁

하셔서 그것을 받아 전달한 기억이 납니다. 그 이별의 자리에서도 조국의 인권과 민주화와 통일을 위하여 눈물을 흘리시던 형님의 모습이 다시금 떠오릅니다.

그 이후 나성을 지날 때면 꼭 형님을 만나서 안부를 묻고 대화를 나누다 오곤 했습니다. 우리 연구소 연구원들이 연구한 업적들을 형님께 종종 소개하면서 남북의 소장 학자들이 미국에서나 제3국 혹은 남북 어디에서라도 같이 만나서 종교 문제를 심도 있게 연구하고 토론을 하는 자리를 마련해달라고 부탁을 하였습니다. 형님은 흔쾌히 허락하고 노력을 하겠다고 약속을 하셨는데 그 약속을 결국 이행하지 못하시고 형님은 먼저 하나님의 나라로 가셨습니다. 우리 연구소를 생각해서도 형님이 너무 일찍 가셨기에 매우 아쉽습니다.

형님이 2001년 11월에 강의차 평양에 가셨다가 소천하셨다는 소식을 들었을 때 나는 너무나 놀랐습니다. 그 몇 달 전 나성에서 뵈었을 때는 피곤한 기색이 전혀 없으셨고 건강한 모습이었기에 뒤통수를 맞은 듯했습니다. 형님이 그렇게 빨리 가실 줄이야……. 서울에서 통일신학동지회 회원들이 주축이 되어 추모예배를 드리면서 우리는 모두 가슴 아파했습니다. 형님이 조금 더 오래 살아서 민족의 통일을 보시고 눈을 감으셨어야 하는데 말입니다. 그렇게 원하셨던 조국의 평화와 통일, 남북의 분단 극복을 친히 보시고 눈을 감으셨어야 하는데 애이도록 아쉽게 먼저 가셨기에 너무나 억울하고 답답하고 가슴이 저렸습니다.

하지만 형님은 고향 땅에 묻혔습니다. 하나님은 형님의 마음과 일생 동안 하신 일들을 너무나 잘 아시고 마지막 육신의 안식처를 평양의

애국열사릉에 마련하셨군요. 지금 무한한 행복감에 젖어 계신 형님의 모습이 눈에 선합니다. 이제 후배들과 동생들이 형님의 뜻을 이어받아 남북을 오가면서 민족의 통일을 위하여 힘쓸 것입니다. 그러니 편히 눈을 감으시고 영원한 안식을 누리시기 바랍니다. 머지않은 날 얼굴과 얼굴을 대면하여 만날 날을 기약합니다. 이 땅에서 못다 나눈 이야기들을 모두 나눌 날이 오겠지요. "동생 잘 있었나?" 하시면서 다가서시는 형님의 모습을 다시 볼 것을 기대합니다. 멋진 생애를 사신 형님을 깊이 존경합니다. 이 동생도 남은 날을 형님의 본을 따라서 아름답게 장식하도록 최선을 다하겠습니다. 하나님의 영원한 안식을 누리소서!

2004년 11월 11일 고인의 3주기 추모일에

교회의 세 가지 기능

민 11:16-23, 엡 2: 11-22
2004. 5. 9.
수송교회 창립69주년

교회의 성격을 말해주는 단어들로서 성경 안에서 찾을 수 있는 것이 '집', '신부', '몸' 입니다. 얼른 연결이 안 되는 세 단어 같은데 이 세 낱말의 뜻을 깊이 이해한다면 교회의 참 모습을 알게 됩니다. 보통으로 교회를 "보이지 않는 교회"와 "보이는 교회"로 나누지만 여기서는 민수기 11장 17절에서 말하는 보이는 교회, 즉 장로 70인을 세워서 다스리는 조직인 지금 우리의 교회를 생각하시면 됩니다. 이 그리스도의 교회를 성경은 집, 신부, 몸이라는 단어를 써서 표현하고 있습니다. 서로 다른 개념인 세 낱말은 교회의 성격을 잘 나타내주고 있습니다. 교회 창립 일에 한번 생각해볼 내용입니다.

첫째, 교회는 집입니다. 오늘 신약의 본문 19절에 "너희는 사도들과 선지자들의 터 위에 세우심을 입은 자라"라고 바울이 에베소 교회에 전하고 있습니다. 터는 선지자들과 사도들이고 다음에 모퉁이 돌은 예수 그리스도라고 20절에 언급했습니다. 그러고는 건물이 세워져 가서 하나님이 거하실 집 즉 성전이 되어간다고 21절과 22절에 쓰고 있습니다. 교회는 집입니다. 예수님은 베드로의 신앙 고백을 들으시고는 그 고백 위에 자기의 교회를 세우시겠다고 확언하였습니다(마 16:18). 이 신앙의 반석 위에 세운 집이 교회입니다. 니콜라이 그룬드리히라는 분(1783-1872)의 시 한 편을 소개합니다.

반석 위에 세워져 튼튼하게 선 것, 교회

첨탑이 꺾여 떨어져도 선 것, 교회

사람의 손이 지은 집, 거기에 지고의 하나님이 거하시도다.

땅의 집들을 눈 아래 두고, 우뚝 솟은 것, 그의 성전

그러나

주는 하늘에도 좁아 계시지 않고 사람과 함께 살 곳을 택하셨도다.

우리 몸에 지은 그의 성선, 바로 여기에.

교회는 하나님을 가장으로 모시고 함께 사는 한 가족입니다. 권속입니다. 희랍말로 '오이코스'라고 하는 이 낱말은 오늘의 교회 운동을 지칭하는 핵심용어인 '에큐메니칼'의 어원입니다. 그것은 일치와 협동과 봉사를 의미합니다. 한 가족이기에 하나이고 서로 돕고 서로를 위하여 봉사합니다. 이것이 에큐메니칼 정신입니다. 많은 식구들을 거느리고 있기에 거기에는 다양성이 있습니다. 그럼에도 불구하고 다양성 속에 일치가 있습니다. 모두가 하나님의 한 식구이기 때문입니다. 이 다양한 사람들이 주안에서 하나를 이룩하여 움직입니다.

우리 교회도 에큐메니칼해야 합니다. 즉 하나가 되어야 하고 협동하

수송교회 창립기념주일 행사(2004년 5월 9일)

여야 하고 다양성 속의 일치를 이뤄내야 합니다. 오래된 교우들과 새로운 교우들 간의 일치와 협동, 나이가 많은 분들과 젊은 사람들과의 한 가족 의식을 가져야 합니다. 애기들도 우리의 한 가족이라는 사실을 잊어서는 안 됩니다.

모두가 한 식구요 우리가 깊이 관여하고 돌보고 관심을 가져야 할 대상입니다. 차별이 없습니다. 선후가 없습니다. 겉으로 나타나는 다양성이 서로 얽혀서 성전을 이룩해가는 것입니다. 모두가 소속감을 가져야 합니다. 모두가 나의 가족이요 나의 식구임을 명심하여야 합니다. 한 집안에서 따뜻한 가족으로 살아가야 합니다. 우리 수송교회의 특징이 가족적인 것입니다. 아직도 서로 간에 잘 모르는 분들이 계신가 본데 서로 알려고 노력하여야 합니다. 먼저 인사하시고 먼저 악수를 청하세요. 나의 가족들입니다. 직장이 근처여서 주일에 일하러 왔다가 우리 교회에 나오시는 분들, 잠시 손님으로 지나가는 분들은 어쩔 수 없지만 동네에 살면서도 등록을 아니 하시고 다니시는 분들은 속히 등록하시고 한 가족 같은 교회 모습을 회복할 수 있기를 바랍니다.

둘째, 교회는 신부입니다. 집은 객관적인 개념이라면 신부는 주관적인 개념입니다. 외적인 관계를 집으로 표현했다면 신부라는 교회 개념은 내적인 관계를 표현한 것입니다. 구약의 호세아서에 보면 하나님과 그의 백성의 관계를 부부로 표현했습니다. 결혼식의 설교를 위한 성경 본문으로 많이 애용되고 있는 에베소서 5장 25-27절에서도 그리스도와 교회의 관계를 남편과 아내의 관계로 표현하고 있습니다. 부부 관계는 가장 가까운 사이입니다. 무촌입니다. 둘 사이야말로 가장 깊게 아는 사이입니다. 그래서 성경은 부부를 한 몸이라고 표현하고 있습니다. 계시록 19장 5-8절에서와 21장 9, 10절에서도 그리스도와 교회의 최종적인 만남의 기쁨을 혼인 잔치로 그리고 있습니다. 이 땅의 교회, 즉 주님의 성도들은 언젠가는 신랑 되시는 그리스도를 만나서 영원한 동거의 기쁨을 누린다는 이미지가 바로 그것입니다. 옳습니다. 여러분들은 신부들입니다.

2000년 교회사에는 예수 그리스도를 사랑하되 신랑으로 사모하면서 살아간 성도들이 많았습니다. 에베소의 교인들에게 교회와 그리스도와의 관계를 부부관계로 설명했던 사도 바울 자신도 그 일생을 통하여 예수님만을 사랑하면서 살았습니다. 그의 마음은 예수님 사랑으로 철철 끓어 넘쳤습니다. 특히 여성도들 가운데는 일생을 수녀로 살면서 오직 예수님에게 자신의 순결한 사랑을 바친 분들이 많습니다. 예컨대 아빌라의 테레사 수녀 같은 분입니다. 카멜 수도원에서 20년을 수도하면서 그의 마음은 늘 예수님 사랑으로 끓어 넘쳤습니다. 그의 심원한 종교적 체험은 예수님 사랑으로 점철되어 있었습니다. 예수님은 실로 그의 영혼의 애인이었습니다. 기독교 미술로서 테레사의 고전적 상징이 되어 있는 그림이 하나 있는데 그것은 심장이 천사가 쏜 화살촉에 찢기고 상한 한 여인의 그림입니다. 그것은 곧 그리스도를 사랑하여 신비적 황홀경 속에 있는 여인 테레사의 모습입니다. 이런 신비적이고 인격적인 그리스도와의 만남에 대하여 이단시했던 구교의 태도 때문에 이런 경향은 자연히 신교 쪽으로 넘어오게 되었던 것 같습니다.

여성들만이 아닙니다. 남성들도 그런 분들이 많습니다. 사도 바울 외에도 17세기 초기 스코틀랜드의 대학 총장까지 지냈던 사무엘 라더포드 같은 남성 성도는 예수님께 대한 뜨거운 사랑을 체험하였습니다. "주여 내가 주님을 뜨겁게 사랑합니다. 주님 없이는 나는 살 수 없습니다. 사랑합니다. 주님!" 하고 고백했습니다. 초대 미국의 프린스턴 신학대학의 총장이었던 요나단 에드워드 같은 남성도 영혼의 뜨거운 사랑을 예수님께 바친 사람이었습니다. 지금도 많은 목회자들과 신학자들이 그의 신비적 신학을 연구하고 있습니다만 그는 자기의 신비적 체험을 이렇게 쓰고 있습니다.

"나는 내가 어떻게 다른 말로 표현 못할 영혼의 뜨거운 실체가 빈 공허가 되어, 먼지 위에 누운 것 같았으나 그리스도 그분만으로 채워지고, 거룩하고 참된 사랑으로 그분을 사랑하며 신뢰하며 기대 살며 섬기고 따르며 완전히 성화되고 순수하게 되어 하늘과 같은 순수성을 가지게 된 것처럼 느꼈다. 내가 신적인 무엇을 느꼈다는 생각이 들 때 갑작스럽게 내가 어떻게 표현할지 알지 못할 만큼 내 영혼 안에 뜨거운 불길을 지르고야 만다."

그토록 지성적인 한 남성이 예수님과의 관계에서 신부가 신랑을 사모하는 뜨거운 사랑을 체험하고 있음을 우리는 그의 고백에서 알게 됩니다. 이들은 신경성 환자도 아니고 머리가 좀 돈 사람도 아닙니다. 사회적으로나 인격적으로 매우 정상적인 분이었습니다. 그는 그 영혼에 있어서 예수님을 애인으로 사랑한 사람들이었습니다. 우리도 예수님을 신랑으로 뜨겁게 사랑하는 성도들이 될 수 있어야 합니다. 그리스도와 그의 교회 즉 우리들과의 관계는 맹숭맹숭한 관계여서는 안 됩니다. 이지적이고 냉랭한 관계로 끝나서는 아니 됩니다. 영혼이 그리스도의 사랑으로 불붙는 사랑의 관계여야 합니다. 교회생활을 오랫동안 하신 성도들 가운데는 인간 상호간의 친교 정도로 교회생활을 이해하는 분들이 있는데 절대로 그래서는 아니 됩니다. 그리스도와의 뜨거운 교제가 있어야 합니다. 보이는 수송교회를 사랑하면서 동시에 예수님을 사랑하는 마음으로 충일될 수 있어야 합니다.

셋째, 교회는 몸입니다. 처음에 말씀드렸던 '집'의 이미지는 객관적인 것입니다. 그리고 방금 말씀드린 '신부' 이미지는 주관적입니다. '몸'의 이미지는 위의 두 가지 이미지의 중간에 놓여 있습니다. 조금 다른 차원에서 집의 이미지는 교회가 세계적인 실재로서 세기를 두고 존재하는 사실을 상징하는 외적인 이미지이고 신부의 이미지는 종말에 가서 그리던 신랑을 맞이할 미래의 이미지이기도 한데 그 중간에 놓인 것이 몸이라는 이미지입니다. 몸은 현재 움직이는 실체입니다. 두뇌의 명령과 심장의 충동에 예민하게 반응하는 부분이 몸입니다. 운동을 하는 것이 몸입니다. 머리와 마음의 상태를 그대로 밖으로 표현하는 것이 몸입니다. 몸은 운동합니다. 손, 발 등의 모든 지체들이 운동을 할 때 건강한 삶을 누립니다. 운동을 못하는 지체가 있으면 병이 난 것을 의미합니다. 경기에서 일등을 하는 선수들을 보니 한결같이 건강이 좋습니다. 오랫동안 잘 단련된 몸매와 호흡의 조절을 통하여 체육계의 각 분야에서 뽐내는 사람들이 그들입니다. 천부적으로 잘 타고난 건강한 체질도 있지만 거의 대부분 고된 훈련을 통하여 얻은 것입니다. 그 몸의 유연함과 빠름이 오랜 동안의 고된 훈련을 통하여 얻어진 것입니다.

성경이 교회를 그리스도의 몸이라고 이름하는 것은 부활하신 그리스도의 활동을 이곳에서 진행되도록 하라는 뜻입니다. 지금은 그리스도가 지상에 몸으로 아니 계시기에 교회가, 아니 성도들이 그의 몸으로서 그 기능을 다하여야 한다는 말입니다. 교회가 주님이 활동하시는 무대가 되게 하라는 것입니다. 성도가 예수님의 몸의 기능을 다하라는 말씀입니다. 그래서 사도 바울은 에베소서 1장 23절에서 "교회는 그의 몸이니"라고 언급하고 있습니다. 고린도전서 6장 19절에선 고린도 교인들에게 "너희 몸이 성령의 전인 것을 알지 못하느냐?"라고 알려줍니다. 공동체로서의 교회, 혹은 개인으로서의 교회가 성령이 그의 뜻을 펴나갈 수 있는 활동무대가 되어야지, 추잡하고 이기적인 인간의 욕심이 판치는 인간의 활동무대가 되면 아니 된다는 것입니다. 교회는 예수님의 정신과 사랑과 교훈이 계속적으로 운동되는 곳이어야 합니다. 인간의 소일이나 사귐이나 기타 인간적인 욕심을 위하여 사람들이 움직이는 장소가 되어서는 아니 됩니다. 예수님을 위해서 움직이는 몸이어야 합니다.

몸은 항상 활동하고 있어야 합니다. 몸은 움직이는 실체입니다. 교회나 성도들은 무엇인가 주님을 위하여 바삐 움직여야 합니다. 조용하게 있는 몸은 병든 몸입니다. 계속 누우려고 하고 쉬려고 하는 몸은 이상이 생긴 것입니다. 점점 더 기력을 잃고 결국에는 아주 누워버립니다. 그리고 곧 죽습니다. 몸은 빨리 움직여야 합니다. 손과 발 등 사지백체를 바쁘게 움직일 때 건강합니다. 그런 몸이 오래오래 건강하게 삽니다. 하루 만 보를 걸어야 건강하게 오래 산다고 합니다. 계속 움직이면서 활동하라는 것입니다. 새벽에 교회에 나와서 기도하세요. 잠 많이 못 자서 죽지 않습니다. 새벽기도회 인도차 새벽부터 일어나서 움직이는 목회자들이 잠 못 자서 약해지지 않습니다. 오히려 더 건강하게 오래 삽니다. 새벽부터 일찍 일어나서 하나님을 위하여 운동을 하시면 건강하게 됩니다. 가재도구나 기계들을 쓰지 않고 오랫동안 방치하면 녹이 쓸어서 못쓰게 되는 것처럼 몸도 아니 쓰면 녹이 씁니다. 예수님의 몸의 지체들이 예수님을 위하여 움직이지 않으면 녹 쓸고 맙니다.

성도들이여! 그 몸을 주님을 위하여 바삐 쓰시기 바랍니다. 새벽부터 주님을 위하여 움직이시기 바랍니다. 수요예배에도 나오세요. 구역예배도 자주 드리시고요. 부활하신 예수님이 늘 활동하시게 해야 합니다. 여러분들을 통하여 예수님이 계속 움직이도록 하셔야 합니다.

이번에 자원봉사자를 신청받았는데 몇 분 아니 됩니다. 무엇에 그 많은 시간을 쓰시고 몸을 쓰십니까? 예수님을 위하여, 교회를 위하여 그 몸과 시간을 쓰시기 바랍니다.

우리는 하나님을 모신 집입니다. 멋지고 영구한 안정된 집을 가지고 있습니다. 그리고 우리는 신부들입니다. 신랑 예수님을 뜨겁게 사랑하면서 사십시다. 우리는 그리스도의 몸입니다. 성령이 거하시고 활동하시는 무대로 자신을 제공하시기 바랍니다. 자신만을 위하여 쓰는 몸 만들지 마십시다. 그리스도께 그 몸을 드리시기 바랍니다.

생명지킴이

창 1:26-31, 벧전 3:8-12
2004. 6. 13.

푸르름이 대지를 가득히 채우는 계절입니다. 생명의 신비감을 느끼게 하는 시절입니다. 생명 자체이신 하나님은 이 지구를 생명들로 가득히 채우셨습니다. 그리고는 아담과 하와를 세워서 생명의 지킴이로 임명하셨습니다. 그러나 사람들은 생명의 지킴이 역할을 못 할 뿐 아니라 오히려 생명을 죽이는 데 앞장을 서게 되었습니다.

그래서 1948년에 창설된 세계교회협의회의 창립총회의 목적에 "책임사회건설을 위한 사회 차원의 생명살리기운동 전개"가 들어 있습니다. 사회를 생명의 망으로 만드는 교회의 선교적 사명을 수행하고자 세계교회협의회를 세웠던 것입니다. 1983년에 밴쿠버에서 열렸던 제6차 총회의 표어는 "예수 그리스도, 세상의 생명"이었습니다. 여기서 결의된 것이 JPIC(정의, 평화, 창조질서의 보존)입니다. 1998년도 아프리카 하라레의 제8차 희년 총회에서 죽임의 문화를 살림의 문화로 바꾸기 위하여 머리를 맞대었는데 생명 죽임의 현장인 아프리카에서 그 총회를 연 뜻이 거기에 있었습니다. 그 총회에서 세계 교회의 지도자들은 죽임의 문화로 점철된 20세기를 접고 새로운 세기인 21세기에는 생명을 살리는 문화를 만들자고 외쳤습니다.

이에 발맞춰서 세계의 교회들이 죽임의 문화 핵심에 있는 죽음을 불러오는 폭력을 극복하고 생명을 살리는 운동에 동참하게 되었습니다. 아시아교회협의회도 2000년 11차 총회에서 "만물의 생명의 풍성함을 위한 때"라는 주제를 내걸고 새로운 세기에서 아시아 교회의 역할을 분명히 하였습니다. 아시아교회협의회는 "그리스도인의 일치기도주간"을 제정하여 "생명의 샘이 진정 주님께 있나이다"라는 표어를 내걸고 생명을 살리는 운동에 모든 교회들이 참여하도록 기도하자고 권하였습니다. 여기에 발맞춰서 세계개혁교회연맹 총회는 "만물의 생명이 풍성함을 얻게 하소서"라는 표어를 걸고 내년도에 가나의 아크라에서 모입니다. 2005년도에 모일 세계교회협의회의 세계 선교와 전도대회의 주제가 "만물의 생명의 풍성함을 위하여 그리스도 안에서 치유와 화해를 위해 부름받은 공동체"입니다. 이상에서 나열한 세계 교회들의 지향점은 우리 한국의 교회가 지향하여야 할 새 세기에서의 교회의 방향을 가늠하게 합니다.

우리 장로교회도 세계 교회의 움직임에 함께하여 생명을 살리고 생명을 지켜내는 운동에 동참하여야 합니다. 교회는 처음부터 생명을 살리기 위하여 존재했습니다. 창세기로부터 계시록에 실린 하나님의 계시에서 분명하게 드러나듯이 기독교의 하나님은 생명 자체이시고 그 생명을 이 땅에 창조하시고 보존하시고 지금도 생명살림의 섭리를 계속하고 있습니다. 그런데 지금 우리 주변에는 수많은 생명들이 죽어가고 있습니다. 교회는 그 원래의 사명으로 눈을 돌려서 생명을 살리는 일에 최선을 다하여야 합니다. 교회는 생명의 방주입니다. 영혼만이 아니라 몸도 살려내야 하는 구원의 방주입니다. 사람만이 아니고 동물과 식물 모두를 살려내는 방주가 되어야 합니다. 공기도 살리고 물도 살리고 나무도 살리고 곤충도 살려야 합니다. 그래서 이 땅에서 죽음을 몰아내고 생명이 충만한 지구촌으로 만들어가야 합니다. 교회의 존재 이유가 바로 여기에 있습니다.

독일의 한 교수가 우리 총회의 초청을 받고 와서 "창조의 보존과 생의 윤리"라는 제목으로 강연을 한 적이 있습니다. 나는 그분의 강연에 대한 논찬자로서 그분이 보내주신 원본을 열심히 읽고 논찬을 했는데 카일 교수가 삶의 근간들을 위협하는 몇 가지 요소들을 지적한 것을 보면, 1) 자연환경의 파괴(땅, 물, 공기, 온도의 변화, 오존층의 파괴 등), 2) 에너지 과소비로 오는 희생, 3) 유전자 기술로 인한 위험, 4) 파괴력을 지닌 무기(핵무기)의 축적, 5) 교통수단의 급증으로 인한 위험(독일에서만도 매년 8천 명에서 1만여 명이 죽음), 6) 동물들에 대한 학대 등입니다.

카일 교수가 날카롭게 지적하고 있는 기독교의 생명 파괴 역사는 예컨대 1) 십자군 같은 군사적인 행동을 일으켜서 많은 생명들을 죽인 일. 북아일랜드나 레바논에서 일어난 폭탄 테러 등의 인명 피해는 배후에 기독교인들이 있다고 지적하고 있습니다. 2) 기독교 선교사들과 그 뒤를 따라 들어간 상인들, 농부들, 기술자들이 피전도지의 아름다운 자연의 균형을 깼다는 것입니다. 3) 지금도 많은 기독교인들이 중단 없는 발전이라는 명목 아래에서 과학과 기술의 도구를 이용하여 계속하여 인명을 살상하고 자연을 파괴하는 일에 종사하고 있지 않은가 하고 반문합니다.

카일 교수는 이런 부정적인 기독교의 잘못을 반성하면서 자기의 교회인 독일의 교회가 5가지 일에 특별히 관심하고 연구하고 있다고 알려주었습니다. 그것들은 1) 수태에 관한 연구, 2) 임신 중에서의 태아의 생명에 관한 연구, 3) 장애자들의 삶에 대한 연구, 4) 장기 기증문제, 5) 죽음을 앞둔 사람들의 삶에 대한 연구 등입니다. 인간의 생명에 대한 연구를 하는 교회나 기독인들의 기본적인 자세는 인간이 하나님의 형상으로 지음받은 존재라는 창조의 질서에 기초하고 있습니다. 인간이 하나님의 형상이라고 믿는다면 위에서 열거한 그 어떤 것도 너무나 귀하고 값진 것입니다. 태아의 생명의 귀중성이 발견됩니다. 수태의 중요성이 돋보입니다. 비록 그 생명들이 아직은 밖으로 나타나지 않고 엄마의 배 안에 있더라도 그 생명은 하나님의 형상으로 지음받은 가장 귀하고 아름다운 생명입니다. 낙태가 죄악이 되는 이유가 여기에 있습니다. 물론 엄마의 생명이 수태로 인하여 위험하다고 판단되었을 때, 강간에 의하여 원치 않는 생명을 수태했을 때 등, 많은 문제들이 있기에 윤리적이고 성경적이고 의학적인 연구를 독일의 교회는 계속하고 있습니다.

앞서가는 교회들은 아직 태어나지 않은 생명에 대한 관심뿐만이 아니라 세상에 태어난 생명들에 대한 부단한 관심과 애정을 강조하고 있습니다. 유아원, 유치원, 탁아소, 아동보호소 등이 교회에 의하여 세워지는 이유가 여기에 있습니다. 생명의 보호를 위한 활동에 있어서는 신교보다는 구교가 훨씬 앞서 있습니다. 독일의 경우 신교 쪽에서는 아직 태어나지 않은 생명을 보호하기 위한 법적 장치를 만드는 데 덜 적극적인데 반하여 구교는 형법까지 구상하고 정치적인 압력을 가하고 있을 정도라고 합니다.

이 세상에 태어났어도 지체가 부자유하던가, 결손된 사람들에 대하여 교회는 이 세상의 누구보다도 많은 관심을 기울이고 있어야 합니다. 눈, 손, 발, 기타 어느 지체든지, 기능이 마비되었거나 저하된 생명들에게, 지체가 온전한 사람들에게 갖는 것과 똑같은 관심을 가져야 합니다. 하나님의 형상이라는 점에서는 모두가 똑같이 귀중하기 때문입니다.

남여의 차별도 반성경적인 행위입니다. 태아감별도 하나님의 뜻에 어긋나는 행위입니다. 인종차별, 직업차별 모두가 하나님의 창조질서에 대한 반역입니다. 결코 밖으로 나타나고 보이는 어떤 것으로 인하여 한 인간을 차별해서는 안 됩니다.

아직 태어나지 않은 생명에 대하여 깊은 관심을 가져야 함과 같이 이제 곧 꺼질 생명에 대해서도 깊은 관심을 가져야 합니다. 그런 뜻에서 죽어가는 생명을 위하여 도움을 주는 호스피스는 매우 중요한 교회의 일입니다. 죽어가는 자를 불쌍한 마음에서가 아니라 한 생명의 존귀함을 전제하면서 그를 존경하는 마음으로 도움을 주는 말과 행동을 함에서 죽어가는 사람은 마지막 시간까지 생명의 존엄성을 지니게 됩니다. 죽어가는 사람에 대한 존경과 관심은 자연히 나이 많아 세상을 등지는 날을 기다리는 노인들에 대한 깊은 배려와 사랑을 갖게 합니다. 우리 교회가 〈늘푸른학교〉를 설립한 뜻이 여기에 있습니다.

요즈음 사람들이 죽으면서 자기의 장기를 필요한 사람에게 주고 갑니다. 자기는 먼저 떠나지만 다른 사람의 생명을 조금이라도 더 연장해주려는 아름다운 마음이 거기에 담겼습니다. 그런데 앞으로 인간이 복제가 되어 인간의 자연사마저 억지로 연장시킴에서 또다시 하나님의 창조의 질서를 거역할까 두렵습니다. 인간이 스스로 하나님의 자리로 올라가려고 현대판 바벨탑을 쌓고 있습니다. 윌무트 박사 팀에 따르면 "돌리"라는 양이 복제되었을 때 사람들은 이 사건을 제2의 창조라고 떠들었습니다. 머지않아 인간복제도 시간문제라는 것입니다. 여기서 생기는 문제가 어떻게 전개될까요?

첫째, 하나님의 형상의 유무 문제가 제기됩니다. 수정란 배자복제라면 일란성을 2개나 4개로 쪼개서 복제가 되니 하나님의 형상의 근간은 있을 터인데 세포에서 복제가 된다면 문제입니다. 육체에서 육체를 만들어냈으니 영혼의 문제, 하나님의 형상이 있을 자리가 없습니다. 하나님의 형상은 복제가 아니 되니까요.

둘째, 인간의 존엄성이 그가 하나님의 창조물이라는 데 있는 것인데 복제인간은 인간의 창조물이니 심각한 존엄성의 문제가 야기됩니다. 생명의 신비는 더 이상 유지될 수 없습니다.

셋째, 인간이 유일무이한 존재라는 존엄성과 가치는 사라져버립니다. 인간은 스스로를 실존적이라고 믿어왔습니다. 아무리 얼굴이 똑같은 쌍둥이라도 각각의 실존은 다릅니다. 자기적인 개성과 인격이 주어져 있습니다. 하지만 복제인간이 만들어진다면 실존적이지 못하게 됩니다. 그 무엇과도 바꿀 수 없는 존재가 아니라 언제나 필요하면 바꿔치기 할 수 있는 인간, 아니 물건이 됩니다.

여기서 야기되는 문제가 복제공장입니다. 예컨대 내 아들이 다섯 살인데 불치의 병에 걸렸습니다. 3년 이상을 더 못 산다는 진단이 나왔습니다. 만약 이 경우 그 아이와 똑같은 인간을 복제한다면 그 복제인간에게서 내 아들의 약한 부분(심장, 간 등)을 떼어내고 복제인간의 그것을 이식하면 내 아들은 삽니다. 복제인간은 그 간이나 심장을 떼 냄으로써 죽어 없어지는 것입니다. 이렇게 된다면 인간 복제공장이 많이 세워질 것입니다. 다른 예로 80세가 된 노인이 자기 몸의 노화된 부분들을, 복제된 20세 정도의 몸의 장기와 지체들로 바꿔치기 한다고 생각해보세요. 그렇게 하면 그는 죽지 않고 영생불멸도 할 것입니다. 하나님의 창조의 질서를("흙으로 돌아가라") 어기는 것입니다. 이렇게 되면 성경은 더 이상 읽지 않게 될 것입니다. 한편 세상을 살다가 싫증이 나면 미리 복제된 나를 내가 직접 양육하다가 그 나에게 나의 모든 재산을 상속해주고 죽을 수도 있습니다.

인간 복제는 한 남자와 한 여자가 하나의 가정을 이루고 그 사랑의 하나 됨에서 주어지는 선물로서의 인간의 존귀성을 완전히 파괴시키는 것입니다. 남녀의 결혼을 통한 자녀 출산이 아닌 인간 생산은 인간을 물건이나 동물화할 위험성이 있습니다.

이미 시행되고 있는 낙태수술이나 인공수정, 시험관 아기, 대리모 등도 하나님의 창조의 질서를 거역하는 행위라고 강하게 주장하는 분들이 많습니다. 자연 수태는 하나님의 선물입니다.

하나님의 창조질서가 파괴되면 세상이 더 자유롭게 될 것 같지만 실제로는 그 반대입니다. 하나님의 창조질서는 이 세상을 이제까지 오랫동안 유지해온 최고의 원리입니다. 그러나 인간의 과학이나 기술이 만들어낸 질서는 세상과 우주와 인간의 생명을 단축시킬 것이 확실합니다. 앞으로의 세상은 더 엉망이 될 것이 명약관화합니다.

인간이 생명을 출산하고 또한 생명을 연장하는 길은 하나님이 주신 자연의 축복을 최대로 이용하는 것입니다. 하지만 자연을 파괴하는 공해와 환경오염, 핵의 오염 등으로 인하여 나도 모르는 사이에 내 신체의 일부가 상하여 제 기능을 못 하게 됩니다. 오늘날 갖가지 병마들이, 불치의 암들이 생기는 원인이 거기에 있습니다. 나도 모르는 사이에 방사능에 오염되어 기형아를 낳는 여성, 아니 수태하지 못하는 여성들이 많다고 합니다.

복제인간을 만들어서 장기이식을 하려고 하지 말고 주어진 나의 몸, 나의 가정, 나의 자연환경을 아름답게 가꿔서 생명을 출산하고 생명을 연장하는 것이 급선무입니다.

오늘 말씀드리는 구약의 본문은 하나님이 태초에 우주와 인간을 창조하신 내용입니다. 엿새 동안 만물을 만드시고는 좋다 하셨고 그 좋은 세상을 우리 인간에게 맡기시면서 잘 다스리고 생육하고 번성하라 하셨습니다. 이 말씀만을 잘 순종하면 우리의 생명, 우주의 생명은 깁니다. 하지만 인간들이 욕심 사납게 자연을 마음대로 지배하고 파괴하여 결국은 자연도 오래가지 못하게 했고 인간도 거기서 받는 보복으로 무서운 생명의 손상을 입게 되었습니다.

신약의 본문은 생명을 사랑하는 자의 태도를 알려줍니다. 나와 함께 사는 모든 생명에 대해서 경외와 존경심을 가질 때 모두가 평화로운 삶을 살 수 있습니다. 생명을 사랑하는 자들이 되어야 합니다. 작은 미물에서부터 나무와 풀과 흙까지도 사랑하는 마음을 지녀야 하겠습니다.

생명의 친구들이 되면 삶은 아름다워집니다. 눈에 보이든 보이지 않든 상관없이 모든 생명을 사랑하는 생명의 친구들이 되시기 바랍니다. 우리의 혀가, 우리의 손이, 우리의 기술과 우리의 태도가 생명을 죽이는 일이 없도록 하십시다. 아니 반대로 우리의 말이 전해지고, 우리의 손길이 닿는 곳마다에 생명이 움터나도록 하십시다. 창조의 질서를 지킴으로써 우리는 생명의 지킴이가 되고 그 결과로 지구촌의 모든 생명들이 그 존엄성을 계속 유지할 수 있습니다.

민족의 자유

출 7:1-7, 요 8:31-38
2005. 8. 14.
해방60주년기념

내일 8월 15일은 우리나라가 일제로부터 해방된 지 만 60년이 되는 날입니다. 오늘 이 뜻 깊은 해방 60주년을 기념하면서 민족의 자유가 얼마나 중요한 것이며 그것을 얻기 위하여 우리의 선조들, 특히 그리스도인 선배들이 얼마나 모진 고난을 당하였는가를 다시 한 번 생각해보십시다.

1910년 8월 22일 일본이 마침내 조선을 통째로 삼켜버렸을 때, 온 국민은 비탄에 빠졌습니다. 당시의 한 조선인 지식인의 탄식을 들어보세요.

"슬프다 동포여! 아는가 모르는가? 꿈을 깨었는가? 수 삼 평의 가옥도 나의 집이 아니며 몇 평의 산전도 나의 땅이 아니며, 문전의 뽕나무 그루도 나의 초목이 아니며, 시냇가에 흐르는 물도 나의 물이 아니구나. 내 몸이 죽어서 묻힐 땅이 없으며 나의 자손이 자라서 거할 방이 없으니 눈

을 들어 하늘을 우러러봄에 눈물을 금할 길 없으며, 검을 빼어 땅을 가른 듯이 속의 울분을 제할 수 있겠는가?"

이와 같은 비탄과 울분은 당시 거의 모든 조선인들의 마음속에서 터져 나왔습니다. 당대의 조선 그리스도인들도 예외는 아니었습니다. 그리스도인들도 비탄과 울분의 마음을 똑같이 지니고 뜨거운 눈물을 흘렸습니다. 이 소식을 알게 된 세계의 교회와 그리스도인들도 찬란한 문화와 미덕의 나라, 역사가 긴 나라가 사라져가는 모습을 울먹이면서 멀리서 바라보고 있었습니다. 미국의 선교사 게일은 감동 어린 필치로 이 아픔을 그렸습니다.

"코리아! 그것은 이제 사라졌는가? 먼 옛날 중국인마저도 어르신네의 고장이라 불렀던 나라, 선비와 책과 붓의 나라, 아름다운 노래와 글의 나라, 시와 수화의 나라, 효자와 열녀의 나라, 숨은 도인의 나라, 하나님을 바라보는 종교적인 환상의 나라, 조선이 이제 사라졌는가?"

나라의 상실은 교회의 비애와 시련으로 연결되었습니다. 한일병탄의 비극을 가장 처절하게 체험한 사람들은 그리스도인들이었습니다. 그 이유는 당대 조선에서는 민족적인 단체로서 전국적인 조직체를 가진 그룹은 거의 없었고 교회만이 느슨하지만 전국 곳곳에 산재하여 있어서 전국적인 조직체를 가지고 있었기 때문입니다. 그리고 당대의 교회 안에는 민족적인 인사들이 많이 있었기 때문입니다. 실로 당대의 교회는 민족적인 공동체로서 전국적인 조직체를 가지고 있었기에 일본인들이 두려워한 것입니다. 일인들은 이런 교회조직을 제거하고 와해하려고 시도했습니다.

이미 기독교 신앙을 가진 분들이 1905년 을사늑약 이후 맹렬하게 반일운동에 앞장을 서고 있었습니다. 한일병탄 바로 전해인 1909년 10월 26일에는 기독교 신앙을 가졌던 안중근 의사에 의하여 하얼빈에서 원한의 적 이등박문이 격살된 사건도 있었습니다. 일인들은 그리스도인들의 조직적인 반일운동을 두려워한 나머지 이른바 "105인사건"을 계획적으로 조작했습니다. 소위 "안악사건"이라는 것을 미끼로 160명을 검거했습니다. 그 가운데는 기독교인들이 김구 선생을 비롯하여 105인이 있었습니다. 이 사건은 합병 후 처음으로 일본과 조선이 대결한 조용한 싸움이었습니다.

실로 당대의 교회 지도자들은 민족의 편에 서서 억압당하고 눌림받는 백성들의 슬픔을 대신하였습니다. 과연 이들 105인은 백성의 아픔을 대신하다가 일경에 붙잡혔습니다. 이들은 침묵 속에서 민족의 자유, 양심의 자유, 생존권의 보장을 단호하게 요구하면서 감옥 생활을 감내하였습니다. 한참 후 감옥에서 풀려나온 이분들이 평양역에 도착했을 때 시민 9천여 명이 역 광장에 운집하여 맨손으로 민족의 자유와 존엄을 대변했던 저들을 눈물을 흘리면서 환영했다고 합니다. 이 사실 하나만 보더라도 당시의 교회와 성도들은 백성들과 민족 전체와 호흡을 같이하고 있었음을 증명하고도 남습니다.

그러나 당시의 조직교회의 책임자들은 매우 비겁하였습니다. 당시 우리 장로교회는 독노회라는 조직을 가지고 있었습니다. 총회의 전신입니다. 그 독노회록에는 한일병탄에 대한 반대성명이 한 자도 기록되지 않았습니다. 이 침묵은 조직교회 지도자들의 비양심과 비겁함을 말해주고 있습니다. 하지만 조직 밖의 기독교 양심 인사들과 일반 성도들은 끊임없이 일제의 야욕에 맞서서 대항하였습니다. 여러 가지 어려운 난관을 마다하지 않고 민족의 고난에 동참하는 교회와 교우들의 장한 결의가 행동으로 다짐되곤 했습니다.

민족의 십자가를 짊어지던 날의 우리 교회는 비단 밖에서 오는 시련에만 시달린 것이 아니라, 전국에 흩어져 사는 찢어지게 가난한 백성들을 위하여 중보의 기도를 쉬지 않았던 것입니다. 너무나 가난하여 입에 풀칠조차 할 수 없게 되자 가족들을 이끌고 남부여대하여 시베리아, 남만주, 일본 등으로 어쩔 수 없이 고향을 등지고 이민의 길을 떠나가는 250만 명의 뼈아픈 동족들. 그들의 고통에 함께 흐느꼈으며 하루도 기도하지 않은 날이 없었습니다. 조국의 해방과 자유를 위해서 기도하고 일제의 만행에 죽어가는 동족들을 위하여 기도하고 먹을 것이 없어서 떠나가는 동족들을 위하여 남은 성도들은 뜨겁게 기도하였습니다. 한국 교회의 새벽기도회는 이렇게 하여 시작이 되었습니다. 지금의 우리 형편을 생각할 때 여러분들의 기도운동은 너무나 미약합니다. 그토록 잠을 다 자고 자기 일을 다 하고서 어떻게 이 난국을 극복할 수 있겠습니까? 새벽기도회의 자리가 그렇게 비어 있어서야 어떻게 이 민족의 어려움이 극복되겠습니까? 저 초대교회 조선의 성도들처럼 기도를 뜨겁게 하셔야 합니다. 새벽기도회에 나오셔서 기도하시기 바랍니다.

당대의 조선의 기독교회와 그 성도들을 통하여 연연히 이어지던 그 절실한 해방과 자유에의 의지는 성도들 각자의 신앙운동을 일으켰고 교회의 부흥을 가져왔습니다. 그것은 결국 삼일운동의 봉화에 불을 붙이는 역할을 감당했던 것입니다. 무거운 멍에를 메고 노예의 종살이에 허덕이던 이스라엘 백성들을 그냥 보고만 있을 수 없어서 앞장서서 자기 동족의 해방과 자유를 외쳤던 모세, 결국엔 자기 동족들을 애굽의 종살이에서 해방시킨 하나님의 사자 모세의 뒤를 이어 조선의 뜻 있는 그리스도인들은 민족을 얽어맨 쇠사슬을 끊기 위하여 해방과 자유의 의지를 잠시도 늦춘 적이 없습니다.

이토록 거세게 항거하는 조선의 교회와 성도들이었기에 일제는 광범위하고 조직적으로 교계를 탄압하였습니다. 일인의 무서운 총칼 아래에서 더 이상 정치적 경제적 해방과 자유를 외칠 수 없을 때 교회는 우리 백성들의 영혼만이라도 자유로운 삶을 누리도록 하기 위하여 죄와 사망에서 해방시켜주시는 그리스도를 전하기에 온 정성을 쏟았습니다. 당대의 성도들의 신앙 깊이를 어느 역사가는 이렇게 쓰고 있습니다.

> "1910년 한일합방 이후 한국 교회는 그 신앙의 심각성에 있어서나 그 수적인 성장에 있어서 한국 교회 역사상 가장 찬란한 결실을 거두고 있었다."

가장 억눌렸던 시대에 교회만이 자유의 의식을 고취시켰으며 무거운 멍에를 메고 신음하는 많은 사람들을 교회로 나오게 하여 자유의 은총을 누리게 하였습니다. 그리고 이러한 교회의 역할 감당은 머지않은 장래에 민족의 해방의 날을 준비케 하였던 것입니다. 실로 수많은 억눌린 백성들이 교회에 들어와서 참 자유와 해방의 은총을 맛보았습니다.

자유와 해방은 성경의 주제입니다. 인간과 만물의 해방은 기독교 케리그마, 즉 복음의 본질에 속합니다. 위대한 사도 바울은 증언합니다.

> "그리스도께서 우리로 자유케 하려고 자유를 주셨으니 그러므로 굳세게 서서 다시는 종의 멍에를 메지 말라."

기독교는 그 초기부터 자유와 해방의 언어를 가지고 출발하였습니다. 예수 그리스도가 지상에서 하신 첫 번째 설교는 해방과 자유의 언어로 충일합니다. "나를 보내사 포로 된 자에게 자유를, 눈먼 자에게 다시 보게 함을 전파하며 눌린 자를 자유케 하며 주의 은혜의 해를 전파하게 하려 함이라"(눅 4:18-19). 오늘의 본문 요한복음 8장 36절에서도 예수님은 "아들이 너희를 자유케 하면 너희가 참으로 자유하리라"라고 선언합니다. 사도 바울은 이상의 예수 그리스도의 선언에 근거하고 그의 구체적인 해방의 역사에 기초하여 그리스도께서 우리를 부르시는 목적이 자유롭게 하고 해방시키려는 것임을 분명히 밝혔습니다.

과연 예수 그리스도께서 이 땅에 오신 목적은 인간을 속박하고 압박하는 그 어떤 세력도 거부하고 인간에게 참 평안을 전하시기 위함입니다. "수고하고 무거운 짐진 자들은 다 내게로 오라. 내가 너희를 편히 쉬게 하리라." 이렇게 외치시면서 예수님의 지상의 사역은 계속되었습니다. 실로 그가 가는 곳마다 가난에서의 해방, 신체의 부자유에서의 자유, 병고에서의 놓임, 형식과 외식의 율법으로부터의 탈출, 그리고 궁극적으로 죄와 사망으로부터의 해방과 자유가 선포되었습니다. 그리고 그런 것들이 구체적으로 성취되었습니다. 예수 그리스도가 사역을 했던 3년간의 지상의 삶은 온통 자유와 해방의 사역들로 가득 찼습니다. 그는 전 생애를 그 자유와 해방을 위하여 바쳤습니다.

일제가 우리 한민족을 정치적으로 경제적으로 사회적으로 억압할 때 그리스도의 교회는 가만히 보고만 있을 수 없었습니다. 모세가 바로 앞에서 "내 백성을 보내라. 내 백성을 해방하라. 내 백성을 가게 하라"라고 외친 것처럼 당시의 그리스도인들도 일제에 대항하여 그렇게 외쳤던 것입니다. "우리 한민족을 자유케 하라. 우리 백성들을 해방하라"라고 크게 크게 외쳤습니다. 교회의 복음인 해방과 자유가 저들 압제자 앞에 선포됨으로써 일인들의 가슴이 서늘하게 되었던 것입니다.

결국 하나님은 우리 성도들의 저 외침과 기도를 들으시고 8 · 15해방의 은총을 허락하셨습니다. 겉으로 나타난 한민족의 독립 그 이상으로 받은 놀라운 축복은 하나님의 백성들을 많이 교회로 보내주셨다는 사실입니다. 그 가운데는 훌륭한 독립운동가들이 많이 계셔서 그들이 나라의 큰 일꾼으로 일하면서 건국에 동참했습니다. 하지만 동구와 서구의 이데올로기 싸움에 말려들어 이 작은 한반도도 해방과 더불어 이데올로기 싸움에 휩쓸렸고 그 결과 이 땅은 피비린내 나는 동족상잔의 처참한 전쟁을 치렀습니다. 지금도 남북이 양단된 채 세계 유일의 분단국가의 치욕적인 아픔을 지니고 있습니다.

우리 7000만 동포들이 남북으로 양단되어 있는 한 우리 민족의 해방과 자유는 빈말에 불과합니다. 같은 나라가 두 동강이 났고 한 가족이 서로 나뉘어져서 살면서 어떻게 평화와 자유를 누린다고 말할 수 있습니까? 어떻게 평안하다고 말합니까? 나의 한쪽 식구들이 어떻게 사는지도 모르고 더욱이나 깜깜한 속에서 가난하게 살고 있는데 나 혼자 밥 잘 먹으면서 지내면 편안한 것입니까? 절대로 그럴 수 없는 것과 같이 우리가 남과 북으로 갈라져 있고 핏줄들이 헤어져 있는 한 해방과 자유는 없습니다. 평등도 없습니다.

민족의 해방과 자유를 위하여 지난 60년 동안 교회는 무엇을 했습니까? 겨우 십수 년 전에 한국기독교교회협의회 성명서를 통하여 분단의 죄를 참회하기는 했으나 아직도 우리 남한의 교회는 정신을 못 차리고 있습니다. 민족의 통일을 위하여 애쓰고 있지 못합니다. 오히려 분단을 고착시키는 데 공헌했다는 평가를 받고 있을 뿐입니다. 아직도 남쪽의 많은 그리스도인들이 남한의 교인들만 잘살면 된다는 생각을 하고 있습니다. 북쪽의 동포에 대한 사랑의 마음이 없습니다. 가끔 쌀을 보내기 위하여 걷는 구호헌금을 마치 거지 동냥하는 식으로 조금 하고서는 만족해 할 뿐입니다.

북한의 동족들은 지금도 아픔과 억압과 어두움 속에 살고 있습니다. 나의 동족이요 식구들이 고통 속에 60여 년을 살고 있습니다. 일제의 36년도 길었는데 북한의 동족들은 거의 그 배입니다. 일제 강점기 우리 선배 성도님들의 그 해방과 자유에의 열정을 절반만 가졌어도 남북통일은 벌써 되었을 것입니다. 조금 잘살게 되면서 자기만 배부르면 된다는 심리가 발동하여 오만하고 불손하게 되었습니다. 물질이 생기니 욕심이 더 생겨서 가진 것을 나누려고 하지 않습니다. 그러니 통일이 될까 봐 걱정하는 사람들조차 생겼습니다. 혹시라도 통일이 되면 나의 재산이 축나는 것이 아닌가 불안해하면서 통일에 반대하는 마음도 있습니다.

이제 우리 남한의 교회와 성도들이 민족의 자유와 해방을 위하여 일어나야 합니다. 세상의 권력자들과 돈 가진 자들은 그것이 줄거나 없어질까 봐 민족의 통일을 원치 않을 때 우리 그리스도인들은 일제 강점기의 선조들처럼 분연히 앞장서서 민족의 자유를 위하여 일하여야 합니다. 뜨겁게 기도하면서 앞장서서 실천하십시다. 그리하여 완전한 평화통일을 이룩하여 참 자유를 누리는 백성들이 되십시다.

파토스적인 삶

눅 7:31-35
2006. 6. 2.
중앙고급공무원 훈련원 신우회

세상이 점점 각박해지는 것을 느낍니다. 개인적으로나 사회적으로나 국가적으로 서로의 관계들이 매우 냉랭하고 매정해집니다. 크게는 아랍인들의 9.11테러, 이어서 일어난 이라크 침공 등이 사회의 세태나 개인의 인심이 점점 더 사나와지고 무서워지고 있다는 증거라고 봅니다. 세계 도처에서 살벌한 분위기를 감지할 수 있습니다. 그리고 젊은 층일수록 그 정도가 점점 더 심각해지고 있는 듯합니다. 최근에 20여 명 이상을 살해한 34세의 젊은이 이야기를 기억하시지요? 여러 해 전에는 지존파 사건이나 막가파 사건들이 이어졌는데 계속하여 비슷한 사건들이 꼬리를 물고 일어나곤 합니다. 어째서 이런 무서운 일들이 일어나는 것일까요? 한마디로 인간의 정이 메말라지고 있는 증거입니다. 사람들의 마음이 냉담해지고 무감각해지고 있기 때문입니다. 다른 사람에게 따뜻한 마음과 존경심을 갖고 있지 않기 때문입니다. 이런 세대를 향하여 미친 세대라고 하고 거기에 가담한 사람들을 보고는 미친놈이라고 합니다. 미쳤다는 것은 제정신이 아니라는 말입니다. 정신병 환자란 말입니다.

이런 자들은 다른 이들의 생명에 대해서 무관심한 나머지 그들의 죽음에도 관심이 없습니다. 죽여 놓고도 그 시신 앞에서 무표정한 얼굴을 짓습니다. 아까 말한 34세의 살인마가 현장을 재현하면서 갖는 태도를 보면 자기가 죽여 놓고 그 죽음에 대하여 아무 감정이 없는 것을 알 수 있습니다. 이런 사회 분위기를 반영하듯 웬만한 사람들은 대형 사고가 나서 몇 백 명, 몇 천 명 죽었다고 기사가 크게 나면 좀 놀랄 정도이고 한두 사람 죽는 소식에는 거의 마음이 동요하지 않게 되었습니다. 감정이 메말라가는 증거입니다. 남의 슬픔이나 아픔에 대해서 같이 아파하지를 않기 때문입니다. 길가에서 누가 통곡을 하여도 못 본 척 지나가고, 옆집에서 누가 죽어도 모른 척 넘어갑니다. 동정이 없습니다. 함께 울어주고 함께 아파해주는 마음이 없습니다. 가슴이 막힌 세대, 눈물이 마른 세대입니다.

오늘의 본문에 보면 당대의 사람들에게서 비슷한 현상을 예수님이 발견하시고는 한탄하시는 장면이 나옵니다.

"아이들이 장터에 앉아서 피리를 불어도 함께 춤을 추는 자도 없고 애곡을 해도 함께 울어주는 자가 없구나. 어찌 이토록 메말라졌는가? 내가 와서 소외당하는 죄인들과 함께 밥을 먹으면서 저들을 위로하고 저들의 아픔에 참여할라치면 나를 오히려 비난하면서 죄인들과 밥을 먹는다고 비판만 하니 도대체 이 세대 사람들이 이토록 무감각하고 무감동한 사람들인가? 피리가 즐거운 소리를 내면 같이 춤을 추고 우는 자가 있으면 같이 울어주어야 하는데!"

　예수님은 당대의 사람들의 무감동, 무표정, 무관심의 모습을 너무나 안타깝게 여기시면서 "즐거운 피리 소리가 울리거든 춤을 춰라. 누가 울거든 같이 울어주어라"고 권면하였습니다.

　예수님 당대의 유대주의적인 문화, 즉 율법주의와 권위주의에 오랫동안 길들여진 율법사들, 바리새인들의 마음은 굳어질 대로 굳어져서 감동하거나 감격할 수 없도록 마비된 지 오래되었던 것입니다. 로마 정권의 학정 밑에서 신음하는 자기 동족의 비참한 삶을 보면서도 비통해 할 줄 모르는 마음들, 끼니를 잇지 못하고 입에 풀칠조차 하지 못하는 이웃을 보면서 불쌍히 여기는 마음조차 가지지 않는 마음들, 각가지 질병으로 죽어가는 동족들을 보면서도 일말의 동정도 없는 저 딱딱한 얼굴들을 보시면서 예수님의 마음은 너무나 아팠던 것입니다. 가슴도 마르고 눈물도 말라버린 유대 종교인들을 보시면서 한탄하셨습니다.

　저는 20여 년 전에 소련의 망명 작가였던 솔제니친이 미국에 와서 처음 한 말을 지금도 기억하고 있습니다. 그것은 그가 하버드대학의 졸업식에 연사로 초대되어 미국의 최고의 지성인들 앞에서 한 연설내용입니다. 솔제니친은 처음 미국에 와서 큰 충격을 받은 것이 감정이 말라버린 미국 청년들의 모습이었다는 내용으로 연설을 했습니다. 그때 그의 연설이 미국 사회, 특히 청년들에게 큰 충격을 주었습니다. "미국 청년들은 뜨거운 가슴이 없다. 용기가 없다. 파토스가 없다. 열정이 없다" 그런 내용이었습니다. 그때는 제가 미국 동부에서 공부하고 있었을 때인데 솔제니친이 신선한 충격을 그 사회에 던졌던 기억이 지금도 새롭습니다. 실제로 당시의 미국 젊은이들 대부분이 삶의 의욕을 잃어버리고 표류하고 있었습니다. 물론 기성세대에게 그 일차적인 책임이 있었습니다. 월남전 등에 젊은이들이 강제로 징병을 당하면서 일종의 데카당적 환멸과 좌절에 빠지는 분위기였습니다. 의욕도 상실되었고 정열도 잃어버렸습니다. 그런 때에 솔제니친의 말이 저들의 머리를 강타한 셈이 되었습니다. 당시 미국의 대도시 길가에는 겉으로 보기에도 미쳐버린 젊은이들이 부지기수였습니다. 부드러운 감정과 감동을 잃어버리더니 결국에는 삶의 의욕을 상실했고 그러고는 미쳐버린 것입니다.

정신과 의사의 말에 따르면 무감동, 무관심, 냉담 등이 정신병의 징조라고 합니다. 무감동, 무감각한 환자는 겉으로 봐서도 모든 것에 지쳐버린 모습을 보입니다. 정신병환자란 자기에게 닥치는 어떤 일에도 관심을 나타내지 않는 사람입니다. 자기 주변에서 일어나는 일에 전혀 무관심합니다. 어떤 일에도 참견하지 않습니다. 그의 지각도 희미하며 그의 감정 또한 메말라 있기 때문이지요. 자기를 방문해줘도 고마워할 줄 모릅니다. 이야기를 걸어도 반응이 없습니다. 바로 이런 증상이 현대인들의 병입니다. 오직 자기라는 작은 상자 속에 자신을 가둬둔 채 외부의 작용에 일체 응답할 줄 모르는 기형인이 되었습니다.

이런 사람들은 아름다운 것을 보면서도 아름답다고 느끼지 못합니다. 사랑스러운 것을 보면서도 사랑스럽다고 여기질 않습니다. 이웃의 아픔을 보면서도 아프다고 느끼지를 못합니다. 이웃의 눈에서 흐르는 눈물을 보면서도 같이 울어주질 못합니다. 무감각, 무감동하기 때문입니다. 춤을 추는 친구의 모습을 보면서도 같이 기뻐하지 못합니다.

무감각, 무표정, 무감동은 어원적으로 보면 "아픔으로부터의 자유"를 의미합니다. 아-파토스(A-pathos) 혹은 apathy는 파토스적이 아닌 것이지요. 아파토스는 고대와 중세에 걸쳐서 가장 고상한 덕목이었습니다. 그래서 위대한 신은 무감동했습니다. 인간들도 무감각, 무감동해야 위대하게 여겨졌습니다. 이런 사상을 기독교에서도 받아들여서 중세교회에서는 하나님은 완전하기 때문에 고통이나 아픔을 받지 않는 존재라고 설파했습니다. 하나님은 영원하기에 죽지 않는 존재이고 따라서 죽음의 그림자도 가까이 할 수 없기에 아픔, 슬픔, 고통 등의 영향하에 있을 수 없다는 논리입니다. 그래서 신은 파토스가 없어야 한다는 논리입니다. 오직 아파토스적인 신만이 참 신일 수 있다는 이야기입니다. 파토스적인 신은 신일 수 없다는 이야기입니다. 아파토스, 즉 무감동, 무감각이 신의 본질이라는 것입니다.

따라서 신의 완전성을 추구하는 인간들도 모름지기 무감동을 익혀야 합니다. 어떤 욕망이나 욕구를 가져서는 안 됩니다. 어떤 외부의 영향에 대해서 초월할 때 완전에 가까이 있는 자가 됩니다. 모든 외부의 영향에서 초연하여 전혀 마음에 동요 없이 설 수 있는 사람이 되어야 완전한 덕을 갖춘 위대한 인간이 된다는 것입니다. 화도 내서는 안 됩니다. 사랑을 주거나 받아서도 안 됩니다. 고통을 느껴서도 안 됩니다. 기쁨에 감흥되어서도 안 됩니다. 오직 무감동 무감각해야 비로소 위대한 인간이 됩니다.

그러나 세상의 창조주요 우리의 구세주 예수님은 그 반대의 인간이 참 인간임을 오늘의 본문에서 알려줍니다. 파토스적인 인간이 진짜 하나님의 뜻을 따라 제대로 사는 인생임을 알려줍니다. 예수님은 지상에서 죄인들과 같이 밥상공동체를 개설함에서 감동하고 감격하며 함께 울고 함께 웃는 삶의 진실성을 보여주었습니다. 구약의 하나님 역시 인간들의 아픔에 동참하신 신이었습니다. 여호와 하나님은 애굽의 노예 생활에 짓눌려 부르짖던 이스라엘 백성들의 아우성에 감동하여 그들을 애굽에서 탈출시킨 신이었습니다. 고대의 신과는 정 반대였습니다. 우리가 믿는 아브라함, 이삭, 야곱의 하나님은 그의 백성들과 함께 울고 웃는 신이었습니다. 때로는 진노하여 벌하시기도 하였고 때로는 기뻐하여 축복하기도 하였으며 때로는 아파하시며 울기도 하신 신이 바로 야웨 하나님이십니다. 그 하나님은 실로 '파토스적' 입니다.

신약의 중심 이야기는 하나님의 아픔의 이야기입니다. 독생자 예수 그리스도의 성육신 사건 자체가 파토스적인 하나님의 모습을 보여주고 있습니다. 죄악 속에서 영원히 멸망받을 인간을 보시고 마음이 크게 움직여서 친히 인간의 세계로 달려오신 하나님의 이야기! 죽음의 세력에서 인간을 해방시키기 위하여 스스로 자신을 십자가에 내던지신 구속의 사건은 하나님의 파토스적인 마음을 보여줍니다. "하나님이 세상을 이처럼 사랑하사 독생자를 주셨으니……." 요한의 증언 그대로 예수님은 사형 선고를 받아 영원히 죽게 된 인간들이 너무도 불쌍해서 그 죽음에서 인간을 구원해내지 않고는 견딜 수 없었습니다. 그리하여 이 세상에 오셔서 십자가를 지시고 죽으신 그러한 감동적인 마음을 소유한 신이 예수님이었습니다.

우리의 구세주 예수님은 인간의 사후의 멸망만을 안타까워하신 것이 아닙니다. 인간의 죽음 이전의 이 땅 위에서의 삶에 대해서도 늘 아파하시고 관심을 가지셨습니다. 그의 지상의 삶은 고통당하고 아파하는 사람들 속에 기쁨을 만들어가는 일이었습니다. 그 때문에 그의 발길이 닿는 곳마다 우울한 삶이 변하여 기쁨의 삶으로 바뀌곤 했습니다. 그가 가는 곳마다 충만한 삶, 사랑스러운 삶, 기쁨의 삶이 창조되었습니다. 병자들이 고침을 받았습니다. 눈먼 자들이 눈을 떴습니다. 중풍 병자들이 일어나 걸었습니다. 눌린 자들이 해방되었습니다. 어두움 속에 갇혔던 자들이 빛을 보게 되었습니다. 예수님은 가는 곳마다 그 백성들의 아픔에 동참했습니다. 피리 소리가 나면 춤을 추었고, 애곡하는 소리가 나면 함께 울었습니다. 죽음의 냄새가 나는 곳을 마다하지 않고 찾아가서 죽음을 몰아내주셨습니다. 실로 예수님은 파토스적인 분이었습니다.

파토스적인 삶에는 반드시 희생이 따릅니다. "파토스"에서 나온 말 passion은 아픔, 고통이란 뜻입니다. 파토스적인 삶이 쉽지 않은 이유가 여기에 있습니다. 감동하지 않으려는 것은 희생하지 않기 위해서입니다. 감동하면 가슴이 찡하고 아픕니다. 그 순간 가슴 한 구석이 썩습니다. 그러나 이런 희생이 있고 썩음이 있을 때 새로운 삶이 탄생됩니다. 파토스적인 삶에서 새 생명은 탄생됩니다. 예수께서 말씀하셨습니다. "한 알의 밀알이 썩지 않으면 그대로 있고 썩어야 많은 열매를 얻는다." 아무 영향도 안 받고 홀로 서 있을 때 즉 아파토스적일 때 새 생명은 탄생하지 않습니다.

"remaining alone"은 아무런 영향도 받지 않겠다는 것입니다. 그런 홀로의 이기적인 삶에서 생명은 탄생되지 않습니다. 아니, 생명은 나오지 않습니다. 썩음이 먼저 있어야 생명이 이어집니다.

오늘날 우리 주변에는 저 홀로만 살려는 자들이 많습니다. 이웃이 어려움을 당하는 데도 못 본 척합니다. 조금만 힘든 일이 앞에 있으면 슬쩍 피해가려고 합니다. 교회공동체가 어려움을 당하면 함께 풀어줄 마음은 없이 도망가려고 합니다. 마음의 상처를 조금도 받지 않으려고 피해갑니다. 그런 태도는 결국 정신병을 유발합니다. 아니 이미 정신병에 걸려든 증상입니다. 무감동, 무감각은 정신병의 근원입니다. 그런 사람들이 있는 한 그 가정, 그 단체, 그 사회, 그 교회는 건전해질 수 없습니다. 그 공동체의 발전을 기약할 수 없습니다. 무감동, 무감각의 정신병자들이 있는 한 새로운 역사가 일어날 수 없으며 오히려 기존의 질서와 성취마저도 쉽게 파괴되어버립니다.

아픔 없이는 새 생명이 탄생하지 않습니다. 엄마의 해산의 고통을 통하여 한 생명이 이 땅에 태어납니다. 감동하고 감격하고 아파하는 파토스적인 삶을 사는 자들을 통하여 교회는 성장해왔습니다. 그런 사람들이 많으면 많을수록 여러분의 교회는 더 아름답고 활기찬 공동체로 자라 갈 것입니다. 올바른 예수님의 마음과 정신을 가진 사람들은 홀로 고고히 살아남으려고, 죽지 않으려고 도망가는 사람이 아닙니다. 반대로 자신을 밀알처럼 썩도록 내어주는 사람입니다. 한 사람이 썩는 밀알이 되면 30배, 60배, 100배의 결실을 맺습니다. 썩어야 새로운 생명이 탄생됩니다. 예화를 하나 듭니다.

눈이 펑펑 쏟아지는 산길에 한 사람이 쓰러져 있습니다. 먼저 그것을 발견한 사람은 그 고난에 동참하기를 꺼려 피해갔습니다. 그 다음에 지나가던 사람이 그 쓰러진 사람을 발견하고 등에 업고 눈발과 미끄러움을 견디면서 앞으로 나아갔습니다. 한참 가다 보니 한 사람이 얼어 죽어 있는데 그가 바로 먼저 그 쓰러진 자를 발견하고도 피해갔던 사람이었습니다. 결국 죽지 않겠다고 피해간 자는 죽고 죽기를 각오하고 또 한사람을 등에 업고 고난의 길을 간 사람은 살았습니다.

사랑하는 성도 여러분! 파토스적인 삶을 사시기 바랍니다. 오늘의 이 잘못된 아파토스적인 삶, 저만 홀로 살려고 하는 풍토, 남이야 죽든 말든 눈 하나 깜짝하지 않고 아픔의 현장을 피해가는 이기적인 사람들을 절대로 닮지 마시기 바랍니다. 그러면 모두가 다 죽고 맙니다. 여러분들이 만나서 도와줄 사람들이 매우 다양할 것입니다. 특히 사회에서 소외당하는 서민들과 피부색이 전혀 다른 사람들 등 여러분들의 사랑의 관심을 기다리는 사람들이 많을 것입니다. 한 나라의 고급공무원으로서 그리스도인들의 사명이 큽니다.

오늘이 그대의 마지막 날

마 6: 25-34, 전 3: 1-8
2007. 3. 4.
무학교회 설교

21년 만에 무학교회에서 예배를 드리게 되니 감개가 무량합니다. 신학대학 교수로 임직을 받아서 무학교회를 떠난 기억이 엊그제 같은데 이토록 세월이 많이 흘렀고 내 나이 70이 되어 목회도 은퇴를 했습니다. 창립 60주년의 뜻 깊은 날에 지나간 목사를 불러주셔서 여러분과 함께 예배를 드리게 되니 기쁩니다. 김창근 목사님과 준비위원들과 당회에 감사를 드립니다.

21년 만에 성도들에게 전할 말씀의 제목을 찾기가 쉽지 않았습니다. 그러다가 "오늘이 그대의 마지막 날"이라는 제목을 정했는데 좀 섬뜩한 주제라고 느끼는 분들이 계실 것입니다. 그런데 이 말은 탈무드에 있는 것을 그대로 인용한 것뿐입니다. "오늘이 그대의 마지막 날이라고 생각하라. 오늘이 그대의 첫 번째 날이라고 생각하라"를 전부 다 인용하여 설교 제목으로 잡기는 너무 길어서 전반부만 썼습니다.

이 탈무드의 명언은 매우 모순된 말처럼 들립니다. 끝과 시작이 엉

겨 있습니다. 졸업식을 영어로 커먼스먼트(commencement)라고 하는데 "시작"이라는 뜻입니다. 졸업이라면 끝인데 시작이라는 단어를 쓰는 묘미가 여기에 있습니다. 탈무드의 사상과 맥을 같이합니다. 오늘이 무학교회의 60년 생일인데 60년의 끝날이면서 동시에 무학교회의 시작이라고 생각해보세요. 비전이 여기서 생깁니다. 이 문제에 관한 한 본 교회 담임목사님께서 계속 설교하실 것입니다.

이 시간에는 성도 여러분들 각자의 삶을 생각해보십시다. 오늘이 그대의 마지막 날이라고 생각해보세요. 동시에 오늘이 삶의 첫날이라고 생각해보세요. 오늘이 마지막 날이라고 생각하면 엄청 긴장되겠지요? 삶의 끝을 아름답게 만들고 싶은 것이 모든 사람들의 꿈입니다. 동시에 오늘이 시작의 날이라고 생각하면 그 삶이 얼마나 신날까요? 미국의 한 유명한 설교자가 목사님들 앞에서 강연을 하면서 이번 설교가 마지막 설교라고 생각하면서 설교 준비하고 말씀을 전하라고 했는데 설교 준비를 할 때마다 늘 그 말이 떠오르곤 했습니다. "끝"이라고 생각을 해야 "시작"의 의미를 압니다. 그래서 탈무드에서도 "오늘이 그대의 마지막 날이다"라고 말하고는 다음에 "오늘이 그대의 첫 번째 날이라고 생각하라"고 했습니다. 오늘이, 어제가 아니라, 내일이 아니라 바로 오늘이 얼마나 중요한 가를 가르치고 있습니다.

한 인간의 일생은 오늘이 쌓아져서 이룩되는 것입니다. 매일매일, 하루하루의 과정을 거치다 보면 한 주간이 지나고 한 달이 되고 일 년이 되고 그리고 10년이 되고 30년이 되고 60년이 되고 70, 80, 90년이 됩니다. 천이나 만을 얻으려면 하나에서 시작하는 원리와 같습니다. 1을 계속 모아가야 1000이 모아지고 10000이 모아지는 법입니다. 일확

천금을 노리는 사람은 성공하지 못합니다. 성공한 상인들의 머릿속에서는 늘 1(하나)을 중시하기에 돈이 아무리 많아도 1원 쓰기를 겁내는 것입니다. 그래서 구두쇠 소리를 듣게 됩니다. 지극히 작은 것을 아끼는 자가 큰 것도 아낍니다. 지극히 작은 것에 충성하는 자가 큰 것에도 충성하는 법입니다. 우리 일생을 아주 넉넉하게 잡아서 100년이라고 치면 1년 365일, 10년 3650일, 100년 36500일입니다. 하루하루가 쌓여서 36500일이 지나가면 100세가 됩니다. 별로 많은 날이 아닙니다. 인간이 평균 7, 80년을 살고 많이는 90년, 100년을 사는데 이 기간을 한 번에 사는 것이 아니고 오늘을 살아서 이룩됩니다.

작년에 모 일간지에 128번째의 생일 파티를 하는 엘살바도르의 여성(크루즈 에르난데스)이 가족이 입에 넣어주는 생일 케이크를 받아먹는 장면이 났습니다. 그런데 그 나이는 아직 비공식인데, 기네스북에 실린 최고령자의 나이는 116세(2007년 기준 117세)인 에콰도르의 여성(마리아 이스더 데카파빌라)이라고 합니다. 이토록 세계에서 제일 오랫동안 살고 있는 분들도 하루하루를 살아서 116세가 되고 128세가 된 것입니다. 그렇습니다. 오늘이 내 삶의 끝이요, 오늘이 내 삶의 시작입니다. 모세가 시편 90편에서 인생을 한 점으로 설명한 그 심정을 알 만합니다. 나의 일생을 되돌아보아도 지난 72년이 한 점같이 느껴집니다. 저의 어머님이 지금 96세신데 70세가 되시던 해에 제가 불효자식 같은 말을 한 번 했습니다. "어머니 70년의 생애를 사셨는데 지루하지 않으세요?" 그때 제 나이 46세였습니다. 지내놓고 보니 46세에서 나의 지난 일생도 한 경점이고 72세에서 지난 세월도 한 경점입니다. 삶이 길게 느껴지지 않습니다. 짧게만 느껴집니다. 그러기에 탈무드의 말이 명언입니다. 오늘이 마지막 날이고 오늘이 시작입니다. 오늘이 가장 중요합니다. 성 어거스틴의 유명한 말이 생각납니다.

"과거는 없다. 그것은 지나갔으니까! 내일은 없다 그것은 아직 오지 않았으니까! 오직 있는 것은 현재라는 순간뿐이다."

명언이지요? 그러나 여기에 더 멋진 명언이 있습니다. 오늘의 본문에서 예수님은 말씀합니다.

"내일 일을 걱정하지 말아라. 내일 일은 내일 걱정하라. 한 날의 괴로움은 그 날에 겪는 것으로 족하다."

오늘이 마지막 날이라고 생각하면 걱정할 수 없습니다. 오늘이 시작이라고 알면 걱정할 수 없습니다. 그 귀한 하루를 근심과 걱정으로 보낼 수가 없습니다. 그 중요한 날을 아름답게 멋지게 살아야 하기 때문입니다. 오늘의 삶이 여러분의 삶을 만들어가고 있습니다. 오늘이 마지막 날이오 첫날이라고 알고 살아야 합니다. 오늘이 그대 삶의 시작이라고 생각하면 기대가 크고 또한 신나게 삽니다. 오늘이 그대 삶의 끝이라고 생각하면 진지하게 살게 됩니다. 한눈 팔 수 없습니다.

20여 년 전(1984년) 도쿄 국제마라톤대회에서 야마모토라는 무명의 선수가 신기록을 세우면서 일등을 했는데 어떻게 준비를 했느냐는 기자들의 질문에 "지혜입니다"라고 대답했습니다. 2년 후에 이태리 밀

라노에서 열린 국제마라톤대회에서 그가 또 일등을 했습니다. 그때도 "지혜 덕분입니다"라고 아리송하게 대답했습니다. 이 지혜의 내용을 그 이후 10여 년이 지나서 그의 자서전에서 밝혔는데 마라톤을 처음 시작했을 때는 오로지 결승점만을 목표로 하고 달렸는데 10여 킬로 정도 달리면 피로가 왔다고 합니다. 목표 지점에서 30킬로나 떨어져 있다고 생각하면 심리적인 부담이 와서 더 힘들었다고 합니다. 그래서 경주 방식을 바꿨는데 달리는 거리를 사전에 조사하여 눈에 잘 띄는 건물이나 광고판 등을 적당한 거리거리에 정하여놓고 한 코스 한 코스를 새로운 마음으로 출발점과 종점으로 삼고 달렸더니 피로도 덜하고 심리적인 압박감 없이 잘 달릴 수 있었다고 합니다. 코스마다 그것이 끝이고 그것이 시작이라는 마음으로 달리니 신나게 달릴 수 있었다는 말입니다. 마찬가지로 하루하루가 마지막이요 동시에 새롭게 시작하는 날로 알고 살면 일생을 멋지게 살게 됩니다.

서양의 "스핑크스 수수께끼"에 보면 인간이 육신이라는 탈것을 타고 지상의 입구에 내렸을 때 스핑크스 괴물이 길을 막고 질문을 던졌습니다. "당신이 이제 시간의 덫에 걸린 것을 아는가?"라고. 인간은 시간의 덫에 걸려서 육신의 수레에 의지한 채 한 필의 삶의 피륙을 짜는 존재가 되었습니다. 구약의 전도서 3장에서는 "태어날 때가 있고 죽을 때가 있고…… 울 때가 있고 웃을 때가 있다. 통곡할 때가 있고 기뻐 춤출 때가 있다"고 했습니다. 그날 그날이라는 시간의 덫 속에서 살아야 하는 존재인 그대들은 바로 오늘이 마지막 날이오 시작의 날로 알고 사셔야 합니다.

이런 자세를 가진 자는 매일매일 한결같습니다. 주어진 일에 하루하

루 충실합니다. 아침에 눈을 뜨며 오늘이 새로운 삶의 시작이라고 생각하면 기분이 상쾌합니다. 그리고 하루하루가 각기 특색을 가지고 맞아줍니다. 고맙게도 우리가 사는 삼천리강산은 사계절을 통하여 우리들의 하루하루를 즐겁고 복되게 만들어줍니다. 마찬가지로 인간의 삶에도 계절이 바뀝니다. 봄, 여름, 가을, 겨울이라고 이름하는 각 계절은 각기 특색이 있고 아름다움이 있습니다. 만물이 소생하는 봄에는 생물들이 다시 활기를 찾아서 죽었던 것들이 다시 살아납니다. 여름에는 무더위로 좀 지겹고 짜증나는 때도 있지만 땀을 뻘뻘 흘리면서도 시원한 계곡이나, 울창한 숲 속, 혹은 바닷가의 즐거움을 누립니다. 여름이 지나가면 가을이 성큼 다가오는데 그땐 총천연색의 단풍을 즐깁니다. 늦가을에는 낙엽을 밟으면서 사색에 깊이 잠기게 됩니다. 겨울 역시 좋습니다. 대지를 하얗게 덮어버린 눈 속을 거닐면서 시원함과 신선함을 느낍니다.

하나님은 여러분 각자의 삶에 다양성을 주셨습니다. 하나님이 정한 계절들 때문에 그대의 오늘이 계속 변화무쌍합니다. 그 각기 다른 계절들 속에서 그대의 오늘이 그 해당한 가치관, 우선순위, 태도, 활동 내용, 스타일 등을 갖습니다. 따라서 삶의 각 단계에서 거기에 해당된 요구들이 충족되어야 하고, 주어진 의무들이 수행되어야 하고 또한 해당된 문제들을 만나야 합니다. 이것이 인생 각자의 요람에서부터 무덤까지의 여행에 하나님이 정한 법칙(룰)입니다. 우리 모든 인생들은 하나님이 정하신 이 기한과 한계를 솔직히 인정하고 순종하면서 오늘을 즐겨야 합니다.

봄은 생성의 계절입니다. 사람이 태어나서 자라 소년 소녀가 되고 미혼 청년기가 되는 시기를 말합니다. 그 길고 무더운 계절인 여름은 여러 가지 놀랍고 신기한 일들이 생기는 계절입니다. 결혼을 하고 아기를 낳아 기르고 직업을 갖거나 사업을 일으키는 기간입니다. 삶의 생명력을 한껏 발휘하는 계절입니다. 여름은 낮의 그 뜨거움과 벅찬 일 때문에 피곤해지고 불안한 시기입니다. 사회 각계의 중진 자리에서 보람 있는 일에 종사하는 시기입니다. 가정적으로는 안정감을 갖습니다. 하고픈 일을 어느 수준까지 올려놓는 시기입니다. 중년 후반기에 들어서면서, 인생의 가을의 찬바람이 조금씩 느껴집니다. 이른바 삶의 은퇴기입니다. 그러나 이 가을 역시 아름다운 계절이요 여유 있는 계절입니다. 이때는 일에서 해방되는 시기입니다. 후배들과 자식들이 대신 그 자리를 메워주고 열심히 일해주기 때문입니다. 오랜 동안 꽉 조였던 허리띠를 늦추고 편안한 마음을 가지고 일찍이 심었던 인생의 씨앗을 수확하면서 여유 있는 삶을 삽니다. 손자 손녀들이 생겨서 주변을 맴돕니다. 그러나 그들을 길러야 할 책임은 없습니다. 오직 그들을 즐기기만 하면 됩니다. 한창의 여름, 일거리가 너무 많아서 쉬지 못하고 뛰신 분들은 가을이 되면 푹 쉽니다. 여기에 가을의 아름다움이 있습니다. 배꽃의 아름다움도 좋지만 그 아름다웠던 배꽃이 떨어진 다음에 영그는 열매를 먹는 것은 더 좋습니다.

가을이 지나면 곧 겨울이 닥칩니다. 추위를 잘 타시는 노인들은 겨울이면 바깥출입을 거의 안 합니다. 새들은 더위를 찾아 남쪽으로 이주하고 나뭇잎은 떨어져 앙상하게 되고 모두가 활동을 중지하는 듯합니다. 봄에 올라왔던 싹들이 여름에는 그토록 무성하게 푸르더니 어느새 색깔이 변하고 그러고는 곧 시들어 겨울에는 모두 죽어버리고 맙니다.

자연의 사계절도 하나님의 섭리라면 삶의 사계절도 하나님의 섭리입니다. 그러므로 우리 모두는 이 삶의 사계절을 겸손히 받고 순종하여 한 계절에서 다른 계절로 즐겁게 옮겨가야 합니다. 마치 우리가 자연의 사계절에 차례로 적응해가듯, 인간 삶의 한 계절 한 계절에 기쁘게 적응해가야 합니다. 한 계절의 기한과 목적이 끝나면 다른 계절로 옮겨가야 한다는 진리를 우리 모두 겸손히 받아들여야 합니다. 그런 자세를 지닌 자에게 오늘이 삶의 마지막이 되고 동시에 시작이 됩니다.

그러나 불행하게도 하나님이 정해주신 이 기한과 목적을 거부하는 사람들이 많습니다. 그런 사람들은 하나님이 정하신 질서에 따라서 움직이지 않는 분들입니다. 다른 계절에의 진입을 거부하는 사람들입니다. 그래서 오늘을 즐기지 못하는 불행자가 됩니다. 예를 들면 항상 어린아이로 머물러 있으려는 청년들은 늘 봄에만 살려는 사람들입니다. 다 커서도 부모에게 의지하는 젊은이들은 다음 계절로 들어가기를 원치 않는 사람들입니다. 그 결과로 오늘을 즐기지 못합니다. 어떤 사람은 여름을 계속 연장하려고 합니다. 외모에 있어서, 활동에 있어서, 가치관에 있어서, 삶의 스타일에 있어서 자기 나이에 걸맞지 않는 태도를 고집합니다. 이것은 마치 가을이 왔는데도 가을 옷 입기를 거부하고 여름옷을 고집하는 것과 같고 겨울이 왔는데도 가을 옷을 고집하는 사람들과 같습니다. 결국엔 오늘을 즐기지 못하는 사람이 됩니다. 오늘을 살지 못하는 불행한 자입니다.

하나님은 우리 인생들 모두에게 각 계절에 따라서 필요한 은총을 주셨습니다. 인생의 전반부에서는 야망, 에네르기, 기회 등을 주셔서 가정을 구성케 하고, 직장생활이나 사업을 시작하게 하고, 아이들을 낳아 기르게 하십니다. 나머지 후반부에서는 또 다른 선물들로 채워주시는데 예컨대 생존경쟁에서 등한히 했고 잊었던 우정, 가족들에 대한 관심, 숨어 있던 재능들을 다시 가동시켜서 마음과 정신이 높이 고양되어 삶을 더욱 풍부하게 합니다. 우리 삶의 전반과 후반은 각기 그 나름대로 삶의 스타일이 있습니다. 양자가 뒤섞여질 때 노이로제 현상이 생긴다고 합니다. 하나님의 창조질서를 따라서 전반부 삶의 스타일을 과감하게 버리고 후반부의 새로운 삶의 방식을 취하여야 합니다. 그런 사람에게 각 계절에서 도전과 기회가 주어집니다. 고로 당당하고 자신 있게 한 계절에서 다음의 계절로 건너가시기 바랍니다. 어제를 과감하게 버리고 오늘로 건너와서 오늘을 사셔야 합니다. 어제에 살면 안 됩니다.

오늘의 도전과 기회를 적절하게 이용하지 못하게 하는 두 가지 방해 요소가 있습니다. 첫째는 지나간 과거에 머물고 싶어 하는 마음입니다. 지금보다 즐거웠고 생산적이었고 충만했던 계절들을 부러워합니다. 그 좋고 아름다웠던 과거사를 지금의 상념과 대화 속에 계속 전시하고픈 유혹을 받습니다. 인생의 가을이나 초겨울에 들어선 사람들이 곧잘 빠지는 유혹입니다. 그렇게 되면 가을이나 겨울에 누릴 인생 성숙의 아름다움을 맛보지 못하고 맙니다.

두 번째의 방해 요소는 미래에 살고자 하는 유혹입니다. 정작 주변의 아름다움에는 관심이 없고 쌍안경을 가지고 멀리만을 보려는 사람과 같습니다. 어떤 심리학자가 설문을 했더니 90%에 해당하는 사람들이 내일을 기대하며 산다고 대답했다는 것입니다. 오늘의 어떤 것이 아니라 내일만을 생각하는 이들은, 예를 들면 더 좋은 일자리, 결혼, 승진, 아이들의 미래 등을 생각하거나 은퇴를 바란다거나 심지어 죽음을 기다리면서 산다는 분들도 있었다고 합니다. 이런 사람들은 지금 지나가고 있는 그 오늘을 전혀 즐기지 못합니다. 오늘이 그대 삶의 끝이요 시작이라는 것을 모르는 사람입니다.

겨울에 춥다고 여름을 동경하거나 아니면 봄만을 그리워하면서 산다면 그는 인생의 주요 부분을 놓치는 것입니다. 여름을 만났으면 그 뜨거움을 즐기셔야 합니다. 겨울이 오면 오싹오싹 추운 겨울의 맛, 하얀 눈이 소복이 쌓이는 겨울의 오늘을 즐기십시다. 추위도 싸워 이겨야 합니다. 그것이 도전 정신을 주고 용기를 줍니다.

　사람들이 새로운 오늘로 진입하기를 두려워하는 까닭은 앞날에 대한 두려움 때문입니다. 특히 겨울의 오늘을 싫어하는 이유는 잎이 모두 떨어진 앙상한 나무들을 보기 싫어서입니다. 삶의 끝을 보고 싶어 하지 않기 때문입니다. 여호수아처럼 하늘의 태양이라도 멈추게 하고 싶은 것입니다. 늙고 싶지 않고, 죽고 싶지 않아서 입니다. 그러나 성경은 분명하게 알려줍니다. 늙는 때가 있고 죽는 때가 있다고. 이것이 우리 인생에 정하신 하나님의 뜻입니다.

　그런데 성경은 인생이 죽음으로 끝나는 것이 아님을 선포하고 있습니다. 영원한 봄이 온다는 확신을 줍니다. "겨울이 오면 봄이 멀지 않으리"라는 시구처럼 앙상한 겨울 이후에는 영원한 봄이 기다리고 있음을 믿으시기 바랍니다. 현재 어느 계절의 오늘에 살고 계신가요? 그 계절의 오늘을 즐기세요. 신바람 나게 즐기세요. 겨울이라도 즐기세요. 그리고 겨울이 끝나면 영원한 봄을 누릴 준비를 하시기 바랍니다.

　과거에 살지 마세요. 오늘에 살아야 합니다. 무학의 성도님들! 지금 어느 계절을 지나고 있습니까? 바로 그 지금의 계절의 오늘을 여러분 삶의 마지막으로 알고 사세요. 오늘이 삶의 시작으로 믿고 사시기 바랍니다. 그 오늘을 가정과 교회와 국가와 민족 앞에 바치기 바랍니다. 오늘이 가장 중요합니다. 오늘을 즐기세요. 어제와 내일의 근심 걱정은 지우시고 오늘을 만끽하세요. 오늘이 그대의 마지막 날입니다. 오늘이 그대의 시작의 날입니다.

기독교 신앙은 사회적 사건으로 드러나야

요한 10:16
2007. 7. 16.
이랜드비정규직 농성장 기도회 설교, 상암축구장 농성장에서

여러 날 고생 많이 하십니다. 이랜드 사장께서 교회에 다니면서 하나님을 믿고 예수님을 믿는 사람인데 어째서 여러분들을 고생시키고 있는지 여러분 자신들도 의아해 하고 있겠지만 우리 목사들도 너무 답답하여 오늘 여러분과 함께 기도회에 참여하고 있습니다. 같은 하나님을 믿고 있다고 하면서 한쪽에서는 노동자들을 수탈하고 내리누르는 사람이 있고 또 그런 사람들을 옹호하는 편에 서 있는 사람들이 있는 데 반하여, 나나 여기 함께한 여러 목사님들 같은 사람들은 그 반대 입장에 서 있으니 어느 쪽에 하나님이 손을 들어줄 것인가? 여러분들도 농성을 하면서 헷갈리지요? 여기에는 교회에 나가는 분들도 많이 계실 것입니다. 대다수 한국의 교회와 목사들이 이렇게 현실을 외면하면서 전전 주일에는 이곳 상암경기장에서 대평양부흥운동 100주년 축하예배를 드렸습니다. 약 8만 명이 모였다는데 오늘 여러분들의 아픔에 참여하는 목사나 성도들은 너무나 적습니다. 어째서

이런가요?

이랜드 사장님이나 저 많은 기독교인들이 믿는 하나님이 우리와 다른가요? 하나님을 제대로 이해하고 있느냐에 따라서 그 삶의 내용, 생각의 내용들이 달라지는 것입니다. 이솝우화에 나오는 시각장애인들이 코끼리를 만지는 것과 비슷합니다. 어느 한 부분만을 만져보고는 코끼리가 이렇다 저렇다 말하는 것과 같습니다.

우리나라의 토착 신들 중에 "물귀신", "집 귀신", "산신령"이란 게 있는데 그 특징을 보면 어느 한곳에 매여 있는 한계적이고 국지적인 신입니다. 물귀신은 물에서만 힘을 가진 신이지요. 뭍에, 육지에 있는 사람은 못 건드립니다. 산신령은 산에서만 활동하고 도시에서는 맥을 못 추는 신입니다. 집 귀신은 그 한 집에서만 힘을 갖습니다. 어떤 귀신은 한 사람에게만 힘을 쓰지요. 다른 사람에게는 힘을 못 씁니다. 어느 한곳에 한정되어 있는 귀신을 몰아내는 것이 무당의 굿입니다. 신체의 일부에만 있고 일정한 장소에만 머무르는 신이기에 이런 신은 몰아내기가 쉬운 것 같습니다. 성경에서 예수님이 마귀에게 "나가라" 소리 지르자 마귀는 떠나갔습니다. 사람의 몸에서 나와서 돼지에게로 들어가기도 했습니다. 성경의 귀신이나 마귀란 국지적입니다. 성경을 일생 읽으면서 얻은 결론은 하나님은 절대로 국지적인 신이 아니라는 것입니다. 국지적인 신이 있다면 그것은 좋은 신이 아니고 귀신입니다. 인간이 만든 신 즉 우상일 뿐입니다.

그런데 놀랍게도 한국의 대다수 그리스도인들은 성경의 하나님을 국지적으로 이해하고 있습니다. 여러 잡신들 중의 하나로 믿고 있습니다. 즉 하나님은 "교회" 안에만 계신다고 생각을 하는 분들이 있습니다. 하나님은 가정이나 직장에는 아니 계신 것처럼 착각하는 성도들이 제법 많습니다. 하나님은 세상에는 아니 계시고 교회 건물 안에만 계시다고 여기는 듯합니다.

어떤 교인은 하나님이 안식일인 주일에만 일하고 다른 6일간에는 조용히 쉬고 있다고 생각합니다. 하나님을 시간적으로나 공간적으로 매우 국지적으로, 한계적으로 알고 있습니다. 그래서 하나님이 계신 교회에는 수천, 수억 원의 헌금을 내면서 세상 한복판에서 아파하고 사는 자기 직원들에는 인색하기 짝이 없는 기독교인 기업가들이 많습니다. 약 40년 전에 YH사건 아시지요. 그때 비난의 대상이 되었던 기업 사장들 중에는 기독인들이 많았습니다. 그리고 그 나쁜 사장들에게 똥물을 퍼부은 사람들 중에는 목사들이 있었습니다. 그중에 한 분이 조화순 목사님이시지요.

하나님이 우리가 매일 일하고 있는 이 세상 안에는 계시지 않다고 생각한다면 하나님이 이 세상의 어떤 공간은 통치하지 못한다는 말이 아닌가요? 주일만이 하나님의 날이고 다른 6일간은 하나님의 힘이 미치지 못하는 날이라고 알고 있는 분이 계시면 하나님이 시간을 모두 다스리지 못한다는 잘못된 생각을 하고 있는 것입니다. 창세기의 말씀과는 반대로 이해하고 있는 것이지요. 하나님은 6일간 열심히 일하시고 제7일에는 쉬었습니다. 하나님은 주일에만, 그리고 교회 안에서만 힘을 쓴다고 믿으면 그 하나님은 국지적이고 한계적인 다른 신들과 다름이 없습니다. 하나님이 기독교 간판을 단 학교에만 계시고 세속의 학교에는 없다고 알고 있기에 목사들이 머리 깎고 야단법석을 떨었습니다.

어떤 기사를 보니 이랜드 사장이 교회 장로인데 교회에는 엄청난 십일조를 바치면서 노동자에게는 80만 원을 지급하고 있다고 하더군요. 더구나 그런 열악한 환경 속에서 일하고 있는 자들을 정규로 채용하지는 못할망정 그 일자리마저 잘라내려고 한다고요? 이 사장이야 말로 국지적인 하나님을 믿고 있어요. 성경적 하나님에 대한 신앙이 없는 자가 아닌가요? 하나님을 두려워하지 않고 있는 사장입니다.

한국의 그리스도인들이 하나님 이해에서 이원론적인 사고를 하고 있는 것이 문제입니다. 영과 육을 가르고, 세상과 교회를 나누고, 현세와 내세를 분리하고, 세상 속에서의 일터와 교회 안에서의 봉사를 달리 생각합니다. 하나님은 영적인 신령한 분이어서 세상사와는 관계 없다고 믿는다면 하나님의 통치 범위를 매우 축소시키는 잘못을 범하는 것입니다. 이원론은 국지적이고 한계적인 신 이해 위에 세워져 있습니다.

이런 신관을 가지고 있다면 당연히 세상의 사람들과는 다른 삶을 살아야 하는데 실제로는 더 세속적인 데 문제가 있습니다. '경건과 거룩'을 중심에 놓고 말은 그럴 듯하게 하면서도 실제로는 세속적으로 사는 교인들이 많습니다. 교회가 잘못 가르쳐서 그들을 이원론자로 만들었습니다. 교회가 좀 커서 돈이 많으면 큰 자가용을 굴리는 목사들을 많이 봅니다. 신학적 이론에서는 이원론인데 실제 생활에서는 일원론으로 삽니다. 매우 모순된 신앙이 아닐 수 없습니다.

예수님은 밥을 아주 중요하게 여겼습니다. 그가 배워준 주기도문에 "일용할 양식"을 위해서 기도하라고 했습니다. 그리고 예수님은 민중들이 배가 고플 때 밥을 장만해주셨고 몸이 아프면 고쳐주었습니다.

예수님은 민중들의 땅위에서의 삶에 최대의 관심을 기울였습니다. 예수님이 이해한 하늘 아버지 하나님은 하늘에만 계시는 분이 아닙니다. 세상의 한복판에 계시는 분입니다. 그래서 하나님의 아들이 세상에 온 것입니다. 예수님의 삶에는 이원론이 없습니다. 이 세상과 저 세상은 모두 하나님의 통치영역에 있습니다. 이원론은 하나님의 통치영역을 한정하는 것입니다. 이런 자는 국지적인 신으로 하나님을 끌어내리는 잘못을 범하는 자입니다. 성경의 하나님은 우주적인 신입니다. 우리가 믿는 그리스도는 우주적인 분입니다.

이원론자들은 육에는, 보이는 것에는 거룩성과 경건성이 없기에 하나님이 계시지 않다고 믿었습니다. 성, 물질, 직업 등에 하나님이 관여하지 않는다는 말이지요. 하나님이 계신 곳에 하나님의 통치가 이뤄지고 하나님의 가치가 주어지는 것인데 세상과 육체에 하나님이 안 계시니 그것들은 전혀 무가치한 것이 되고 맙니다. 정치 경제 사회 교육 등 모두가 무가치한 것으로 되어버리고 맙니다.

성경의 하나님을 국지적인 존재로 이해할 때 이원론적 신관을 갖게 되고 삶은 뒤죽박죽으로 됩니다. 세상 속에서의 사회적이고 물질적인 활동에 기독교적 가치를 주고, 주일 외에 주간 6일간에 기독교적 가치를 줄 때 비로소 신앙인의 일상의 삶이 참 가치를 인정받게 되고 매일 매일의 삶이 보람되게 되고 적극적으로 인정받게 됩니다.

주일에만 하나님이 계시니 주일 예배만 잘하면 된다고 생각하고 세상 안에서의 일상 활동 속에서 하나님을 제거시킨 결과로 결국 한국의 개신교회에 위기가 왔습니다. 교회 안에만 하나님이 계시고 예배 가운데만 신이 임재한다는 잘못된 신 이해 때문에 한국의 교회는 섹트가 되어버리고 있습니다. 우리 교단의 모 고등학교에서 한 학생이 채플을 거부하여 퇴학당하고 교목이 그 학생을 돕다가 잘리는 일이 있었지요? 예배시간에만 하나님이 계시고 수학시간에는 하나님이 없다는 말인가요? 체육시간에는 하나님이 없다는 이야기인가요? 휴식하는 시간엔 하나님이 없다는 말인가요? 하나님은 어디에나 계시고 어디에서나 역사합니다. 꼭 예배 보는 곳에 와서야 하나님을 예배하는 것이 아닌데 어디에나 계신 우주적인 하나님 신앙이 그 학교 교장이나 이사들에게 있었다면 그렇게 치졸하게 처리하지 않았을 것입니다. 기독교 학교와 비기독교 학교를 가르는 그 자체가 하나님을 국지화시키는 것입니다.

지금 우리에게 가장 중요한 신학이나 신앙은 교회 안에서가 아니라 사회 속에서 하나님의 존재를 인식하고 그의 영향력을 행사하는 일입니다. 이 세상에서 하나님이 왕 노릇하게 할 때 교회의 위기는 극복됩니다. 하나님의 통치의 영역을 모든 분야로 넓히는 일이 급선무입니다. 주일을 거룩하게 지키고 교회에 헌금을 봉헌하는 것으로 만족하지 말고 세상의 구석구석에 하나님의 가치를 충만하게 하여야 합니다. 매일매일의 일상성 속에서, 세상 속에서 하나님의 가치를 심는 일을 하셔야 합니다. 하나님의 통치가 교회 밖에서도 널리 퍼지게 하셔야 합니다. 그때 교회는 양적으로나 질적으로 부흥합니다. 그때 사회 사람들이 교회를 인정하고 교회로 발길을 돌릴 것입니다. 땅 끝 선교는 이 세상 모든 영역에 하나님의 임재를 확인시키는 일입니다.

독일의 순교자 본회퍼 목사님은 "성숙한 시대에서는 성숙한 신앙인이 되어야 한다"고 말합니다. 이 말은 하나님을 삶의 가장자리에서가

아니라 사람의 한 중심, 한가운데에서 만나야 한다는 뜻입니다. 세상의 한복판에서 하나님을 만나야 함을 의미합니다. 건강한 신 인식, 성숙한 신 인식은 우리 삶의 모든 면에 현존하는 신 인식입니다. 이랜드 사장님이 이런 신앙, 신학을 받아서 이 이랜드 회사가 하나님의 교회임을 알고 여기서 일하는 모든 분들이 하나님의 사람들로 안다면 오늘 여러분들이 이런 처참한 꼴을 당하지 않았을 것입니다.

우리가 믿는 하나님의 통치는 우주적입니다. 무소부재하신 분입니다. 교회에도, 사회에도 어디나 계시기에 하나님 선교는 사회선교와 직결되고 있습니다. 대선교학자 레슬리 뉴비긴은《하나님의 나라의 표식》이라는 책에서 잘못된 선교를 비판합니다. 그가 "교회선교"라는 단어를 피하고 "하나님 선교"라는 용어를 쓴 이유가 교회와 사회를 갈라내지 않고 그 모두에서 하나님의 통치가 이뤄지도록 하자는 데 있었습니다. 하나님 선교는 하나님 나라 확장이고 하나님 나라 확장은 교회 안과 밖 전체를 모두 포함하고 있어야 한다는 말입니다. 즉 국지적인 하나님이 아니고 우주적인 하나님 인식에 그의 선교학이 서 있습니다.

최근에 몇몇 교회를 자유롭게 다니고 있는데 목회자들의 마음에 제 교회에만 하나님을 가둬두려는 경향이 농후하더군요. 작은 교회나 큰 교회 나름대로 그 공동체 안에다가 하나님을 가둬두려고 노력하는 모습을 보았습니다. 6000명, 5000명 교회 안에 가둬버리면 밖이 보이지 않겠더라고요.

우리 신학의 핵심은 하나님의 선교인데 하나님-세상-교회이지 하나님-교회-세상이 아닙니다. 호켄다이크는 선교를 사회적 사건으로 이해했습니다. 일상의 삶에서 하나님이 역사하심을 강조하고 있습니다. 그가 든 예에는 산업선교, 제(諸) 운동, 민족해방운동도 있습니다. 우리 식으로 말하면 통일운동도 민족 속에서의 하나님이 펼치는 사건입니다. 민족을 분단시킨 것이 악이라면 그 악을 제거하는 것이 하나님의 선교입니다. 복음을 교회 안에만 가둬두면 경제, 정치, 사회, 문화 등의 삶의 현장을 포기하라는 것인데 그것은 큰 모순입니다. 우리 한반도 남과 북 전체를 하나님이 통치하고 있음을 믿으면 평화통일운동에도 매진하지 않을 수 없습니다.

비행기를 타면서, TV를 보면서, 휴대전화를 쓰면서 그 만든 사람들에게 고마움을 느낍니다. 연구한 분, 만든 분, 일생을 희생하여 한 가지 기구를 만들어서 사람의 삶에 편의를 주니 이 얼마나 아름다운 일인가요? 기도하면서, 정성을 다했을 것입니다. 그래서 좋은 물건들이 나왔습니다. 새로 산 자동차가 고장이 난다면 그것은 월요병 환자 일꾼이 졸면서 만들었기에 그런 결과가 생기는 것입니다. 이 세상 무슨 일이든지 남을 생각하면서, 사람을 생각하면서 일하고 하나님을 생각하면 일하면 거기가 바로 하나님의 나라입니다. 그곳이 바로 교회입니다.

이랜드 사장님이 이런 새로운 인식을 가지고 이랜드 회사가 곧 하나님이 거하시는 교회로 믿고 거기서 일하는 모든 직원들을 교인으로 받는다면 거기가 바로 천국입니다. 그가 다니는 교회를 나는 모르지만 그 교회에 내는 십일조를 이랜드 회사 직원들을 위해서 쓴다면 하나님이 기뻐하실 것입니다. 하나님이 너무 기뻐서 더 아름다운 기업으로 일궈낼 것입니다. 여러분 힘내세요. 그런 기업 만들 각오하시고요. 사장님 미워하지 마시고 기도하세요. 그래서 여기에 하나님의 멋진 교회가 이룩되도록 합시다. 그러면 이랜드 사장님은 이랜드교회 목사가 되는 것입니다. 그렇게 되도록 기도합시다.

3부 강연록

민족의 평화통일과 교회

한반도 통일과 기독교의 과제 | 북한 교회와의 신학적 연대를 위하여 | 21세기 교회 인권
나그네(난민, 외국인)에 대한 봉사 목회 | 새 천년을 위한 목회자의 역할과 사회적 기대 | 21세기의 생명운동
민족 평화통일운동에서 교회의 역할 | 북의 동포들과의 어우러짐을 위하여

한반도 통일과 기독교의 과제

1987. 9.
제3세계신학연구소 지방순회 강연

Ⅰ. 문제 제기

1985년 2월 28일 KNCC는 제34차 총회에서 "한국교회 평화통일 선언"을 발표했다.

"오늘 우리는…… 하나님의 형상으로 창조 받은 공동체로서의 삶을 억압하고 착취하며 분열시키고 노예로 만드는 모든 악의 근본이 조국과 민족의 분단에 있음을 인식한다. (중략) 민중주체의 평화통일이 곧 분단극복과 통일운동의 주체가 되어야 할 것이다. (하략)"

이는 분단의 극복과 통일이라는 문제에 대한 인식이 새로운 단계로 접어들었다는 것을 뜻하는데, 구체적으로는 한반도의 분단이 민중의 삶의 요구를 정치·경제·사회·문화적으로 실현시킬 수 없게 하는 모순의 복합체이며 나아가 민족의 생존 자체를 위협하는 것이고, 분단의 극복이라는 문제를 풀어나가는 운동의 주체는 곧 민중이라는 것을 선언하고 있다.

이 선언은 우리에게 세 가지 의미가 있다. 첫째, 통일문제가 이제 당위성의 차원을 넘는 현실적인 문제로 대두됨을 뜻한다. 둘째, 분단이라는 현실을 현상으로만 파악하는 낭만주의자들에게 과학성을 요구하는 것이다. 셋째, 분단의 고착화에서 이권을 획득하는 집단의 정당성을 그 뿌리로부터 부정하는 것이다.

II. 분단의 성격 규명

위의 분석을 통해 우리는 분단이 2차 세계대전 후 냉전체제의 긴장 속에서 강대국(미·소)의 세계 분할통치 정책이 한국 내에 반민족적 반민중적 세력을 통해 관철되었음을 인식할 수 있고, 이를 통해 한반도의 정치·경제적 예속과 체제모순의 격화 그리고 반민주성을 노정시켰다고 보았다. 이것을 제 측면 별로 다시 요약해보면 다음과 같다.

첫째, 경제적 측면으로, 민족 경제를 양단시켜서 경제구조를 파행시키고 체제 모순의 한 표현인 6·25동란을 통해서 해외 의존도를 상승시켜 경제·정치의 예속성을 심화시켰다.

둘째, 정치적 측면으로, 안보 이데올로기를 내세워 국민의 민주적 제 권리가 부정되고, 정치권력의 비민주적 요소가 확산되는 것을 정당화하는 등 민주주의 자체가 부정되고, 상대를 '괴뢰'로 규정하여 자신의 파시즘을 민족주의로 미화하는 한편, 모든 문화·언론·교육을 독점하면서 자신의 권력 유지를 위한 도구로 전락시켰다.

셋째, 군사적 측면으로, 남한은 한-미-일 군사안보협정을 체결하고 북한은 소련-중공과 방위조약을 체결함으로써 남북이 각각 제국주의 군사전략권에 흡수되어 예속을 가속시키며, 이에 따른 군사비의 증가 (남한은 국가 전 예산의 35%, GNP의 6~10%, 북한은 국가예산의 70%〔국토통일원 자료, 대략 외국에서는 40%가량〕가 국방비로 소모되고 있다)는 민중의 삶을 피폐케 하고, 그 귀결로서 군부의 성장, 군부독재가 계속되어왔다. 게다가 한국은 미국의 자유의지대로 핵무기가 배치될 수 있는 유일한 국가가 되었고, 결국 이는 한반도의 핵지대화를 추진하게 된다.

넷째, 사회적 측면으로, 반공이데올로기라는 허위의식으로 노동자, 농민, 도시빈민의 생존권과 생활권 확보를 위한 싸움을 "용공"으로 매도하였고, 반대로 특권계급을 형성시켜 반봉건(半封建)성을 사회에 온존시켰다.

다섯째, 문화적인 측면에서, 분단에 따른 종속성은 민중·민족 문화를 단절시켜 건전한 문화 창조를 저지하고, 소비적·매판적·사대적·향락적인 외래문화를 무비판적으로 수용하여 한국 문화를 타락과 부패의 길로 몰아갔다.

여섯째, 윤리적 차원에서, 극단적인 반공이데올로기를 매개로 하여 민족 간의 적대감 확산, 사회 내의 이분법적 사고유지, 사상적 경직화 그리고 이기적인 사고구조를 팽배하게 하여 사회발전을 정체시켰다.

이렇게 볼 때 분단의 극복과 통일을 방해하는 세력은 크게 셋으로 볼 수 있는데, 첫째 4강이라는 외세, 둘째 외세와 연관되어 기득권을 확보한 집단, 그리고 분단에 관한 과학적 이해를 결여하고 분단의식에 젖어 있는 사람들—이들은 우리의 활동에 따라 우리 세력이 될 수 있다—이 바로 그것이다. 교회의 과제는 바로 여기에 있는바 얼마나 사회적 공간을 확보하고 이들을 통일논의의 장으로 끌어들이느냐가 관건이다.

III. 기독교의 통일논의의 전개와 귀결

1. 통일에 관한 기독교적 관점의 변천

(1) 50년대의 자유당 정권하의 관점

6·25동란은 한국 기독교를 분열시키고 한국 기독교의 저변에 반공의식을 고취한 근원이 되었다. 6·25동란을 통해 한국 기독교가 입은 피해는 매우 심각한 것으로 북한을 기독교권에서 잃어버리게 되었고, 건물 피해는 완전소각이 273개소, 파괴가 723개소로 1천여 개의 성소가 파괴되었으며, 집단 학살을 통해 지울 수 없는 악몽을 만들었다. 또한 순교·납치를 통해 장로교 177명, 감리교 44명, 성결교 11명의 지도자를 잃게 하였다.

이런 체험은 한국 기독교가 왜 이런 대접을 공산주의자들에게 받아야 하는지를 생각하기 이전에 공산주의를 기독교의 적으로 생각하게 하였다. 이때의 통일론은 구체적으로 표현되지 못했지만, 기독교 인사들의 저술이나 성명을 통해 단면이 표출되었는데, 김인서는 "…북진할 기회는 왔다…"고 주장하는가 하면, 외국(UN)에 의한 비자주적 통일을 지향하기도 하여 대한예수교장로회 제34차 총회는 'UN총회에 보내는 메시지'를 채택하였으며 이런 논리의 저변에 흐르는 생각은 "…멸공의식을 일층 앙양하여…" 운운한 '통일촉성이북인대회'의 성명에서 명확히 볼 수 있다. 결론지어 말하면 자유당의 북진통일론에 궤를 같이하면서 외세 의존적이고 비자주적인 그리고 한쪽을 죽이자는 통일시각을 가졌다고 볼 수 있다.

(2) 60년대 중립화 통일론의 대두와 기독교의 관점

4·19학생의거 이후 민족 문제가 대두하면서 학생층과 혁신정당에서는 맨스필드위원회의 "오스트리아식 중립화 통일"의 용의를 시사함에 자극되어 중립화 통일론에 대한 논의를 진행시키자 기독교는 그에 직접 참여하지 못하고 다만 공산주의에 대한 우려와 반공노선의 견지를 표명하면서 공산주의와의 대결에서 새 차원을 모색하여 "가난하고 버림받은 사람들에게 눈을 돌리자", "기독교가 민중의 소망이 되도록 하자"라는 말만 되풀이하였다. 한편으로는 "무력을 기반으로 평화유지"를 전제하고 "평화공존, 교회갱신" 등을 이야기하기도 하였다. 이들 중 일종의 원시적 통일론도 제시되었는데, 강원용은 "남북한 총선거, 적당한 시기에 미군철수" 등을 제안하면서 "공산주의와 대결하는 동시에 우익독재나 독점자본주의와 대결"하는 것이 교회의 과제라고 하였다.

결국 이 시기의 관점도 기독교는 반공노선을 견지하였고 이데올로기의 한계를 극복하지 못하였다.

(3) 7·4남북성명 전후 기독교의 관점

세계적인 체제모순의 해빙기류는 제국주의로 하여금 한반도의 긴장 완화를 추진케 하였다. 하지만 강대국의 의도와는 달리 통일에 대한 한반도 민중의 기대와 열망은 대단한 것이었다. 이런 기대와 열망에도 불구하고 강대국과 군부정치 세력은 이를 결렬시킴으로써 자신들의 논리를 관철시켰다. 이런 결과는 당연한 노정이었다.

7·4남북성명은 기독교에서도 민감한 반응을 불러일으켰는데, 가장 먼저 기장 교사위는 7·4성명과 관련해서 "자유민주주의의 가치는 강조되어야" 한다는 소극적 견해를 피력하였고, 문익환은 사회의 양극화 현상을 지적하면서 이의 시정이 통일의 전제가 된다는 선민주 후 통일론의 단초를 열었다. "사회의 부익부, 빈익빈의 부조리를 과감하게 시정해나가면 분명히 공산주의자들을 앞설 수 있다"[19]는 것이 그의 주장이다.

이와 비슷한 견해는 이미 7·4성명 이전에 박형규 목사에 의해 제기되었는데, "사회정의의 실현… 민중의 자주·자결의 역량을 키우는 일… 교회는 언제나 민중의 편이 되고 민중과 함께 생각하고 행동하는 조직이 되어야 한다"는 것이었다. 이외에도 통일과 함께 선교전략을 생각하는 낭만적(비과학적 아카데미즘) 견해도 "공산주의와 기독교인의 대화를 모색"하자고 하는 한철하에 의해 제시되기도 했다.

교계의 일반적인 태도는 첫째, 대화를 통한 평화적인 통일을 환영하는 것이었다. 둘째, 그러나 공산주의자들과 대화가 잘될 수 있을까? 하는 의구심이 깔려 있었다. 셋째, 자유민주주의 구축에 매진해야 한다. 넷째, 교회는 공산주의와의 대결 대화를 준비해야 한다는 것이었다.

이 시기는 통일론의 등장보다는, 공산주의와의 대결에서 오직 민중의 획득만이 승리의 길이라는 선의의 경쟁론(?)이 우세하였고 민족민주의 과제를 과학적 시각에서 조명하지 못하는 그릇된 인식을 노출하였다.

(4) 1970년대의 민주화 운동과 선민주 후통일론

1970년대의 한국 기독교는 박정희군사정권의 선성장 후통일론에 대응하면서 '선성장'의 과정에서 파생할 수밖에 없었던(?) 노동문제와 인권문제에 적극적 개입이 이루어졌다. 즉 남한에 인권과 사회정의가 이루어지는 민주주의가 강하게 구축되고 뿌리를 깊게 내려야 북한 공산주의자들과 평화적 대결이 가능하다는 대전제를 가지게 되었고 통일에의 염원도 모두 민주화로 분출되었다.

하지만 1970년대 말에 이르러 인권선교와 민중선교의 성숙 속에서 이데올로기의 극복 문제가 구체화되었다. 이는 1979년 9월 '산업선교의 용공시비'에 이르러 첨예화되었다. 그리하여 한국 기독교는 반공에 강조점을 두는 쪽과 민주주의 사회정의에 초점을 두는 두 갈래로 분리되었고, 이들은 각각 다른 경향을 보이기 시작했다.

(5) 1980년대의 기독교 통일 논의

1980년대 초에 있었던 민족 역사상 하나의 전환적인 사건인 광주민중봉기를 경험하면서 한국 기독교는 분단 문제에 대한 보다 차원 높은 인식에 도달하게 된다. 우선 첫째로 한국 교회는 민주화와 사회정의의 가장 큰 걸림돌이 되었던 유신체제가 붕괴되었음에도 불구하고 온 국민의 민주화에의 열망이 실현되기는커녕 오히려 안보의 위협을 구실로 한 비민주적 정치체제와 권력구조가 다시 등장하는 것을 목도하였다. 이에 민족 분단을 극복하고 통일을 이룩하는 것이 진정한 민주화를 위해서도 필수적으로 요청된다는 사실을 절실하게 깨닫게 된 것이다.

둘째, 이러한 분단은 보다 직접적으로 안보이데올로기를 매개로 하여 민중의 생존권 및 생활권을 박탈할 뿐 아니라 민족 전체의 생명을 위협하는 핵무기의 도입까지 유도하게 되었다. 그리하여 이제 분단 극복은 단순히 흩어진 민족이 재결합한다는 정도를 넘어 민족 생존을 위해서 반드시 해결해야 할 과제라는 것이 절박하게 실감되기 시작했다. 민족의 사활이 걸린 분단문제의 극복을 위해서는 전 민족적인 참여가 요구된다 함은 주지의 사실일 것이다. 그리고 보다 구체적으로 삶의 현실 속에서 안보의 이름 아래 생명을 위협받는 민중 스스로가 이러한 분단 극복의 적극적인 담당 주체가 되어야 한다는 것 또한 자명해졌다 할 것이다.

셋째, 1980년 초의 경험은 한국 교회로 하여금 분단 극복을 위한 민족의 주체적인 노력이 국내의 분단세력과 이를 뒷받침하는 강대국들의 현상유지 논리에 의해 얼마든지 좌절될 수 있다는 것을 분명히 깨닫게 해주었다. 따라서 분단 극복을 위한 민족의 주체적인 힘의 결집은 통일운동의 선결과제이며 통일을 저해하는 여러 장애요인의 극복은 민족·민주라는 양측면에서 투시되고 과제로 제시되어야 한다는 인식이 심화되었다.

넷째, 따라서 통일운동의 궁극적 목표는 평화, 정의, 화해 세 가지로 주어진다. 통일은 단순히 군사분계선의 폐지가 아니라 이 땅에서 생활하는 민족·민중의 삶 속에서 참다운 평화와 정의, 화해를 실현하려는 적극적인 목표를 갖는 것이다. 이 점은 한국 기독교의 과제 부분에서 다시 언급할 것이다.

2. 한국 기독교 통일론의 수렴된 원칙

위의 한국 기독교 통일론의 귀결로 한국 교회는 통일에 대한 4가지 원칙으로 그 논의가 귀결된다.

첫째, 평화와 화해의 원칙이다.

주재용 교수는 자신의 통일론을 샬롬의 신학이라고 표현하고 있다. 그는 여기에 '일치'(integrity: 통전이라고도 번역)와 '만남'의 신학을 추가시킨다. 물론 그의 통일논의가 아카데미즘이라는 비판도 가능하지만 나름대로 중요한 관점을 제시한다. 이 원칙의 구체적인 표현으로는 하나님의 형상으로 창조된 인간의 모습을 파괴하고 일그러뜨리는 전쟁의 반대, 핵무장 반대, 군비경쟁 반대로 나타나고 이에 따른 평화조약의 체결, 계산된 방법으로의 군비 축소, 외국 군대의 철수 등을 단계적 과제로 설정할 수 있다.

둘째, 자주의 원칙이다.

이는 민족적 자주성과 민중적 주체성을 확립해야 한다는 말이다. 자주성의 확립에서 중용한 것은 경제적 종속관계의 극복인바, 자립경제의 건설은 외세 배격의 외길이다.

셋째, 민중·민주의 원칙이다.

이는 자주의 원칙을 위한 전제조건이라 할 수 있다. 안병무 박사는 통일논의의 가장 기본적인 입장으로 "민에 의한 통일" 개념을 제시한 바 있다. 결국 통일운동의 과제는 통일지향적인 민주주의의 수립이다. 따라서 민주화와 통일은 하나라고 볼 수 있다. 하지만 우리가 요구하는 민주주의는 무엇인가? 민주주의의 내용은 무엇인가? 결국 민중의 삶의 요구가 관철되는 민주주의이다. 따라서 민중이 없는 민주는 허위일 뿐이다.

넷째, 생명과 상생(相生)의 원칙이다.

땅위의 모든 이데올로기와 사상체계는 불완전한 것일 수밖에 없고 어느 것이나 진리의 부분적인 표현이지 절대적인 것이 아니다. 우리는 이것을 인정하면서도 우리가 가진 이데올로기는 제외시킨다. 우리가 이분법적 도식에 의한 획일적 사고를 극복해야 한다. 정신과 물질, 육체와 영혼, 노동과 예술, 전체와 개체, 자유와 평등, 유물론과 유심론, 사회주의와 자본주의의 구별이라는 이원론적 사고를 극복하고, 이데올로기라는 부분에서도 체제 이데올로기를 '이것만이 옳은 것'이라는 당위적 선택을 넘어서 서로 인정하고 보완하는 상생의 원리만이 통일을 가능케 할 것이다. 왜냐하면 생명은 어느 하나만을 이야기하는 부분적인 것이 아니라 전체적인 것이기 때문이다.

3. 한국 기독교의 통일시각에서 본 남북한 통일정책

그러면 남북한의 통일정책을 이러한 한국 기독교의 원칙들의 시각에서 간단히 검토해보자. 여기서 남북 양 정부의 것을 모두 검토하기는 어렵고 우리가 제안하고 있는 민족화합 민주통일론을 우선 보면 다음과 같은 비판이 가능하다. 첫째, 이 제안은 통일을 위한 전제 차원에 머무르고 있는 아주 막연한 제안들이다. 둘째, 통일에 대한 시한 설정이 되어 있지 않고 대체로 아주 느린 속도의 진행을 전제하고 있는 제안이다. 셋째, 사실상 분단을 고정화하는 방안이다. 이것은 이 제안이 동서독 기본관계조약을 원형으로 삼고 있다는 데에서 잘 나타난다. "독일의 기본관계조약이 통일을 하지 말자는 것이므로 이것을 모방한 통일방안이란 실제로는 불통일 방안이다"라고 일찍이 리영희 선생도 이야기한 바 있다. 또한 이 모델에서 '쌍방'이라는 호칭을 사용하고 서로의 국호를 명시하지 않는 것은 상대방을 인정하지 않는 것이라는 점도 주목해야 할 것이다. 그리고 현재 휴전협정이 평화협정으로 바뀌지 않고 있는 것은 아직 전쟁을 일으킬 수 있는 권리를 유보하고 있음을 뜻하기 때문에 문제가 있는 것인데 우리나라의 통일방안에는 이 부분에 대한 아무런 언급이 없다.

최근에 야권의 지도자 중 한 사람이 제시한 공화국연방제안에 대해서도 잠깐 짚고 넘어갈 필요가 있다고 본다. 이것은 1연방 2체제 구상인데 내용은 두 가지 전제조건에 입각해 있다. 하나는 단계적인 통일론이라는 것이며 둘째는 4대국 평화보장이라는 것이다. 이러한 전제조건 위에서 제시되는 내용은 이런 것이다. 남북한 양 지역에서 이념과 체제를 달리하는 완전한 독립정부가 존재함을 인정한다. 그리고 이 양 독립정부 위에다 권한이 아주 제약되는 상징적인 중앙연방기구를 설립한다는 것이다. 이 연방기구는 양 독립정부가 대표를 파견해서 구성되는 것이 하나와 남북의 민간대표로 구성되는 연방의회 하나, 두 가지로 나뉜다. 이 중에서 연방정부는 경제, 문화, 학술, 체육, 언론, 인도적 교류 등 모든 문제를 다룬다. 그리고 연방의회는 민족 화해와 동질성 회복의 방안을 같이 논의한다. 한 가지 중요한 점은 연방정부에는 국방이나 외교와 같은 문제를 다룰 권한이 주어지지 않는다는 것이다. 그렇기에 이 안은 북한이 제시한 고려연방제안과 결정적으로 다르다. 또한 이 안의 특징적인 성격의 하나는 과정적인 성격으로서 궁극적으로는 연방정부를 통일정부로 바꿔나간다는 의미가 내포되어 있다는 것이다. 이 안은 실제로 상당히 현실적인 안으로 보인다. 또 한 가지 이 안이 갖고 있는 중요한 전제는 일단 남한에 있어서의 민주적인 정부의 수립이다. 그렇게 되어서 국민의 자발적이고 전면적인 지지를 받을 때 북한 공산주의자들도 남한 공산화의 야심을 포기하게 될 것이라고 예상한다. 이것 역시 아주 현명한 판단이라 할 수 있다.

IV. 통일을 향한 한국 기독교의 과제(결론)

1. 한국 민중의 변혁운동에 참여

첫째, 한국 기독교는 자기 본연의 신학적 입장을 견지하면서도 사회과학과 적극적으로 대화해야 한다.

사회의 현실적·역사적 실상에 대한 분석을 결여하고 있는 막연한 통일논의는 지배이데올로기에 의해 이용당하기도 쉽거니와 분단의 복합적 모순구조 안에서 적절한 자기 역할을 감당하기도 어렵게 한다. 엄밀한 의미에서 신학이란 현실의 복합적 모순구조 안에서 일어나는 고난에 대한 응답인 것이다.

둘째, 신앙의 내적 근거를 확보해야 한다.

이에 대해 강원돈 목사는 '새로운 아이덴티티(identity)'라고 정의하였다. 이는 반민중성, 반민주성, 반민족성, 종속성이라고 성격화한 한국 교회의 '전통적 아이덴티티'에 대응하는 것으로 민족성, 민주성, 민중성이 그 성격이라고 한다.

신앙의 내적 근거 확보는 우리의 특수한 과제이다. 고 서남동 교수는 "성서와 기독교의 민중전통과 한국의 민중전통이라는 두 맥락이 오늘 여기에서 만난다"고 하여 이 개념을 이야기했다. 여기서 "오늘 여기"라는 말은 곧 민중 현장이며 두 이야기가 합류하려면 이론(Theory)과 실제(Praxis)의 변증법적 합일이 필수적이라고 함으로써 앞으로의 우리 신학이 테이블의 신학일 수 없고 운동 속에서 창출되는 '운동의 신학'임을 예견했다.

셋째, 민족 주체적·민주적 삶을 체질화해야 한다.

이것은 사회에 대한 인식과 과학화의 결과로 도출되는 것으로서 이러한 역량의 비축은 종래에 미·소·중·일과 대등한 외교관계를 형성하는 밑거름이 된다. 먼저 교회는 외세에 의존하지 말고 자주적이며 민주적인 운영을 할 필요가 있다. 이에 대한 첫걸음이 바로 숭미이데올로기의 극복이다.

2. 기독교 내부의 갱신(새로운 정체성 확보)

기독교 내부의 갱신을 위해 교회가 먼저 해야 할 일은 전 교회적인 죄의 고백이다. 기독교는 정교분리라는 비신학적이고 불신앙적인 교리에 매여 근본주의 신학을 수용하고 대부흥운동 속에서 민족문제를 외면하였다. 또한 정치적 중립노선과 교권주의 그리고 1970년대의 민족적, 민중적 수난을 도외시한 70년대 부흥운동으로 연결되는 부끄러운 과거도 지니고 있다. 그러나 이런 교회사를 공식적인 회개 한번 없이 덮어두고 있는바, 앞으로의 참모습을 구현할 교회는 필히 죄책의 고백이 선행되어야 할 것이다.

둘째, 한국 기독교는 예수 메시지의 중심 내용이기도 했던 민중적 시좌(視座)를 회복하여야 한다. 민중의 고난에 대한 예민한 감각은 성서 안의 민중적 전통의 재발견 속에서 재생되고 있는 곧 민중적 삶, 예수의 삶에 교회의 삶을 일치시키는 것으로 발전되어갈 것이다.

셋째, 교회 구조에 민주화가 실현되어야 한다. 한국 기독교인의 대다수가 기층 민중임에도 불구하고 아직도 기층 민중의 진출이 눈에 많이 띄지 않는다. 오히려 부유한 사람들이 구조 전체를 장악하고 있다. 게다가 민주주의의 모체였던 개신교가 이제는 민주주의를 억압하는 구조가 되었다. 특히 교회 내의 청년, 여성들의 위치는 그야말로 인원 수를 채우는 정도로 전락하고 말았다. 따라서 앞으로의 교회는 공동의회를 민주적으로 강화하고 당회나 제직회에도 청년과 여성들의 참여가 일반화되어야 할 것이다.

넷째, 교회는 기존 이데올로기의 허위를 폭로하는 역할을 감당하여야 한다. 교회가 체제와 손을 잡고 지배이데올로기를 보강해주었던 과거를 회개하고 이제는 진정 사회의 양심세력으로서 예언자적 기능을 다하여야 한다. 이런 과제에 관한 구체적인 작업 내용은 지배이데올로기 비판, 지배문화 비판, 반공이데올로기 비판, 숭미이데올로기 비판 등으로 나타나야 한다.

다섯째, 교회는 민족적·민중적 문화의 산실로 바뀌어야 한다. 한국 기독교는 이제껏 선진문화를 운운하면서 동적이고 생명적인 민중문화를 압살하여왔다. 그러나 새로운 교회는 민중의 민주적이며 동적인 건강한 민중의 축제 문화를 계승받아야 할 것이다.

여섯째, 한국 교회는 대형화·물량화의 성장론을 지양하고 교회의 성숙을 배태하는 노동교회, 농민교회, 도시빈민 교회, 작은 교회로 방향을 전환하고 이런 신선한 선교적 노력을 적극 지원해야 할 것이다.

일곱째, 한국 교회는 통일운동에 대하여 너무 욕심을 부리지 말고 그 신학적 정당성 확보에 주력해야 하며 또한 신학적 정립을 위한 기반을 마련해야 한다. 그리하여 민중·민주·민족 통일 논의의 뒷바라지를 할 수 있어야 한다.

이렇게 갱신하는 이유는 분명 미래의 시대에 기독교의 존폐를 결정하는 것이 민족·민중·민주이기 때문이며, 또한 이것이 하나님의 뜻이기 때문이다.

3. 기독교의 실천적 과제

본 항에서는 앞에서 간헐적으로 지적하였던 역사적 과제들을 기독교가 어느 부분의 기여로 풀려나갈 단초를 마련할 수 있느냐에 초점을 두어 통일을 향한 기독교의 현 단계적 과제를 모으려 시도해볼 것이다. 따라서 현 단계에서 시도 가능하고 꼭 필요한 과제들을 열거하는 것이다. 한국 기독교가 통일을 향하여 구체적으로 실현할 과제는 다음과 같다.

첫째, 통일논의의 장을 확보하는 것이다.

이는 장소만을 제공하자는 것을 넘어서서 통일논의를 가능케 하는 사회적 공간을 확보하고 사회적인 신뢰도를 확보하자는 것이다. 그동안 통일논의는 지배세력이 독점해왔다. 한국 기독교는 지배세력의 통일논의 독점권을 폐기시키고 이 문제를 연구하는 기관도 창출해야 한다.

둘째, 이념적인 공간의 확보가 시급하다. 지배세력은 냉전이데올로기, 안보이데올로기 등을 통해 사상적 균형을 파괴해왔다. 하지만 통일을 원하는 민중의 여망에 힘입어 분단이데올로기로 형성된 분단의식을 극복하고 반공이데올로기의 허구를 들추어내며 체제에 관한 이데올로기도 불식시켜야 한다. 이데올로기보다 중요한 것이 하나님이요, 인간이기에 민족문제는 체제이데올로기를 앞선다.

셋째, 사회적 금기를 제거해야 한다. 북한에 관한 이야기, 세계 제국주의의 비판, 군사적인 문제, 통일된 조국의 미래상에 관한 언급 등은 우리 사회에서 금기로 되어 있다. 하지만 통일을 위한 과정에서 이 문제들은 주요한 함수관계를 가지므로 꼭 풀어야 할 요소이다. 우리의 구체적인 과제로는 북한 자료의 공유, 군사동맹 반대, 미국이 가지고 있는 한반도의 군사작전권을 한국에 이양하는 문제, 그리고 궁극적으로는 외국 군대(미국)의 감축 및 철수 요구, 반핵 평화운동으로 나타나야 한다. 구체적으로 외국에서 있었던 국제 프로그램을 국내에 소개하며 선전을 하면서 시작할 수 있다. 그 좋은 자료로는 NCC¡"USA총회에서 채택된 "한반도 평화와 통일", "군사훈련의 축소 내지 중지", "군비 축소", "작전권 이양" 등의 문제가 언급되어 있다.

넷째, 기독교인의 교류를 통한 민족동질성의 확보이다.

최근 미국의 많은 교회 지도자가 북한을 방문하여 그곳 기독인과 감격적인 해후를 하였다. 북한에도 신·구약성경이 반포되었고 기독인 연맹도 있으며 가정교회를 통하여 예배를 드리고 있다. 또한 중국 기독교 등 공산국 속의 기독교와 교류하기도 한다. 우리는 먼저 이들 북한 기독교인에 대한 '신앙의 의심'을 배제하고 비판을 뛰어넘어야 한다. 하나님의 역사는 우리나라 어느 곳에서도 동등하며 남한에 살아 계신 하나님께서도 미국에도 남미에도 그리고 북한에도 살아 계신다. 그들이 공산세계 속에서 신앙을 지켜왔다는 것은 우리보다 더 큰 어려움을 견디어온 것이다. 서방세계의 기독교만이 참기독교라는 생각을 버리고 진정 기독인의 뜨거운 마음으로 주 안에서 한 형제인 북한 기독인과 교류하여야 한다. 이는 곧 한반도 남북교류의 초석이 될 것이다.

다섯째, 기독교 정신에 따른 평화운동과 평화교육을 전개해야 한다.

평화를 파괴하는 전쟁의 준비, 핵무장, 전쟁연습 등을 반대하고 인간의 생명을 앗아가는 무기 개발 반대, 군비 축소 등에 교회가 앞장서야 한다. 이는 예수 그리스도의 가르침이고 원수 사랑의 절대명령이기도 하며, 우리 기독인의 생존권을 확보하는 일이기 때문이다.

북한 교회와의 신학적 연대를 위하여

1994. 12. 5.
목회교육연구원 주최로 열린 원주지역 목회자연구모임 강연

도무지 종잡을 수 없을 정도로 정치 상황이 춤을 추고 있다. 남북의 통일이 민족 지상 과제라고 외치면서 민족 우선의 기치를 높이 들었던 김영삼 대통령이 북한의 최고 책임자 김일성을 주석이라고 호칭하면서 남북정상회담을 약속한 것이 엊그제이다. 하지만 당사자 김일성이 사망하자마자 주사파 논쟁이 꼬리를 물어서 감히 주체사상의 '주' 자도 꺼내지 못하는 분위기를 만들었다. 더 가관은 얼마 전 한때 반정부적인 야당 인사요 이른바 주체사상의 민중노선을 비슷하게 따라간다고 비판받던 민중당 간부였던 분들이 여당인 민자당에 입당하는 일까지 벌어지고 있다. 정치의 변덕스러움을 말하려는 것이 아니라 우리 교회 지도자들이 이러한 정치적 변덕에 희생될까 두려워 북한의 사상에 대해 전혀 언급도 못하고 연구도 하지 않는 상황이 못내 아쉽다는 이야기다. 실로 기독교는 어떤 정치적 상황 속에서도 복음을 전했고 그리고 순교했다. 하물며 분단된 조국의 아픔을 간직한

우리 남한의 그리스도인들이 정치적 탄압이 두렵다고 당면한 민족의 통일 문제에 이토록 냉담해도 좋을까?

지금 우리 남한의 교회는 현재 북에 있는 교회와의 대화를 계속하기 위해서나 앞으로 올 남북통일 후의 북한 선교전략을 위해서도 지금의 북한 사상인 주체사상에 대해 연구하지 않으면 안 된다. 호랑이를 잡으려면 호랑이의 굴에 들어가는 방법이 최선인데 그러기 위해서는 호랑이의 생리를 깊이 있게 공부해야 하듯이 북한을 설득하고 개방시키려면 그들의 사상을 깊이 있게 연구하지 않을 수 없을 것이다.

소련의 공산당이 무너졌고 동구권이 쓰러졌으니 북한도 머지않아서 쓰러지고 말 것이라서 조용히 앉아 기다리면 된다는 논자들이 있는데 정말 그렇게 될 수 있을까? 최근의 북의 글들을 읽으면 북에서는 여전히 아니 더 세차게 주체사상 무장이 고조되고 있다는 인상을 받는다. 1993년 3월 1일자 〈근로자〉(조선노동당 중앙위원회 기관지)에 실린 김정일의 글 "사회주의에 대한 훼방은 허용될 수 없다"를 읽으면서 주체사상에 기초한 사회주의가 더욱 강조되고 있음을 알게 된다. 몇 줄을 인용하면,

"위대한 수령 김일성 동지께서는 주체사상을 창시하시고 그에 기초하여 사회주의 사상을 새롭게 발전 완성시키시었다. 주체의 사회주의 사상은 사회주의가 인민 대중이 모든 것의 주인으로 되고 모든 것이 인민 대중을 위하여 복무하며 인민 대중의 단결된 힘에 의하여 끊임없이 발전하는 가장 선진적인 사회라는 것을 밝히었다. … 우리 인민은 주체의 사회주의 위업의 정당성을 자기의 확고한 신념으로 간직하고 있기에 그 어떤

반사회주의 광풍 속에서도 흔들리지 않고 사회주의 길로 힘차게 전진하
고 있다."

김정일은 계속하여 동구의 사회주의가 무너진 것은 동구의 인민들
을 튼튼하게 무장시키지 못한 결과라고 비판했다. 그러면서 다음과 같
이 다짐하고 있다.

"우리는 일부 나라들에서 사회주의가 좌절된 데서 응당한 교훈을 찾고
사회주의에 대한 어중이떠중이들의 온갖 훼방을 단호히 배격하면서 화를
복으로 전환시키는 데 지혜와 용감성을 발휘해야 할 것이다."

이상의 글에서 명백하게 드러나고 있는 것처럼 비록 다른 나라에서
사회주의가 무너졌다고 하더라도 거기서 좌절해서는 안 되고 오히려
더욱 세차게 주체의 사회주의를 북에서는 추진해가야 하겠다는 김정
일의 강한 의지를 우리는 깊이 명심할 필요가 있다. 필자가 나성에서
목회하는 동안인 약 3년간 수십 명의 교포가 이북에 다녀와서 공개석
상에서나 사석에서 나눈 이야기들을 종합해보면 대체로 북의 주체의
사회주의가 견고하다는 내용이었다. 개중에 소수는 별것 아니라고 과
소평가하는 분들도 있었지만 대다수의 사람들은 북쪽 사람들이 일당
백의 정신 무장을 하고 있음을 알려주었다. 어떤 침례교 선교사가 여
러 차례 북에 다녀와서 북의 사람 한 명이 남의 사람 열 명은 실히 담
당할 수 있는 정신과 사상 무장이 되어 있다고 아주 힘주어 역설하는
것을 인상 깊게 들은 적도 있다. 이것은 북의 주체사상이 일종의 유행

성 사조가 아니라는 것을 말한다. 주체사상은 정치적인 이데올로기 이전에 북의 사람들 삶을 지배하는 지주가 되어 있다는 증거이다. 즉 주체사상은 북의 사람들의 생활을 지배하는 그 어떤 것으로 정착하고 있다는 인상을 깊이 받았다.

주체사상이 북의 사람들의 생활윤리로서 이미 체계화되었다는 사실도 1990년 5월 20일자에 사회과학출판사가 평양에서 출판한 《공산주의 생활륜리》를 읽으면서 알게 되었다. 250여 쪽의 단행본으로 출판된 그 책 서두에 "영생불멸의 주체사상은 사회적 존재인 사람의 본질적 특성과 세계에서 사람이 차지하는 주인의 지위와 역할에 기초하여 공산주의 생활륜리의 본질과 특징, 기본원칙을 과학적으로 밝혀주고 있다"라고 말하고 있는 것으로 보아 북 인민의 생활륜리란 곧 주체사상에 기초하여 실생활에 적용되는 윤리임을 명백히 하고 있다.

주체사상에서의 윤리란 사회적인 존재인 사람들이 정치생활과 경제 및 문화생활을 하는 과정에서 동시에 진행되는 도덕생활을 말한다. 그리고 사회적인 존재인 사람들의 생활윤리란 노동계급의 윤리일 수밖에 없다. 우리 남쪽에서 이숙한 개인 윤리 차원과는 전혀 다른 사회적 차원에서의 윤리가 저들의 윤리의 본질로 설명되고 있다. 그렇다고 해서 개인의 자주성이나 창조성이 무시되는 것은 아니다. 그 윤리의 특징을 설명하면서 "공산주의 윤리의 특징은 한 마디로 말하여 사람의 본질적인 특성인 자주성, 창조성을 옹호하는 모든 사람들이 다 지켜야 할 가장 보편적인 도덕"이라고 언급하고 있다. 주체사상 윤리의 기본원칙은 집단주의이다. 그 이유는 그 윤리가 노동계급의 생활윤리이기 때문이라는 것이다. 이 집단생활윤리는 "하나는 전체를 위하여, 전체는 하나를 위하여"라는 김일성의 집단주의 원칙에 기초하고 있다. 결코 하나가 하나를 위해서는 안 되며 하나 즉 개인은 전체를 위하여 살아야 한다. 집단의 이익과 공동의 자산을 사랑하여야 하며 결코 개인의 이익과 재산을 생각해서는 안 된다. 이 윤리는 개인 이기주의를 무섭게 비판하고 있다. "착취계급의 도덕 원칙인 개인리기주의는 로동계급의 도덕 원칙인 집단주의 사상과 한 자리에 있을 수 없다"라고 선포한다.

이 윤리는 혁명적 동지애를 강조한다. 사회 정치적 집단의 생명을 위하여 동지들은 일사불란하게 동지애로 단결하여야 한다. 물론 그 중심에는 수령이 있다. 수령을 중심으로 뭉쳐진 동지애는 사회적 생명을 영구히 발전시켜나간다. 비록 동지들 사이에는 상급과 하급의 구별이 있다. 혁명적 임무 수행에 있어서 분담 관계가 구별되기 때문에 어쩔 수 없는 것이다. 그러나 그것은 결코 지배하는 사람과 지배받는 사이의 관계가 아니다. 보다 중요한 혁명 임무를 수행하는 동지와 그 아래 기관에서 일하는 동지와의 관계일 뿐이다. 모두가 전체를 위하여 평등한 관계 속에서 개인에게 주어진 임무를 수행할 뿐이다.

주체사상의 윤리에 의하면 가족관계도 사회적 관계로 이해한다. 가족들 사이에도 해당 사회에 공통적으로 작용하는 도덕적인 원리가 작용한다는 것이다. 기독교가 즐겨 많이 쓰고 있는 단어인 "사랑", "존경", "화목"이란 술어들을 써가면서 가정의 윤리를 설명하고 있다. 그러나 하나의 가정은 전체 사회를 위한 하나의 작은 사회일 뿐이다. "공산주의 사회에서 사람들은 결코 자기 아들딸만 사랑하지 않을 것입니다. … 온 사회가 하나의 가정으로 됩니다.…" 그 윤리는 부모를 사랑하고 존경하는 것은 인간의 초보적 도리임을 강조한 김정일의 글을 인용하고 있다. 그러나 그것은 정치적 생명보다 육체적 생명이 더 귀중하다는 것을 의미하지 않는다고 힘주어 강조한다. 주체사상에서는 개인보다는 가정이, 가정보다는 사회가, 사회보다는 민족 전체가 우선순위임이 강조되고 있다. 따라서 보다 나은 미래를 위해서 가정을 혁명화해야 한다. "가정을 혁명화한다는 것은 가정 내 모든 성원들을 주체사상으로 철저히 무장한 공산주의적 조직으로 키우며 가정을 사회발전에 적극 이바지하는 혁명적 인간으로 만든다는 것이다."

〈사회 공동생활 윤리〉라는 항목에서 주체사상 윤리가 강조하는 것은 "로동생활"이다. "로동에 성실히 참가하는 것은 사회적 인간의 신성한 도덕적 의무입니다"라는 김정일의 말을 인용하면서 사회 공동생활에서 중요한 것이 노동생활임을 강조한다. 이미 위에서 언급한 이른바 "집단주의 륜리"가 주체사상의 공산주의 윤리인 만큼 노동생활의 중요성이 강조되는 것은 자연스러운 것이다. 그리고 노동은 자본주의 사회에서처럼 돈을 벌기 위한 수단이 아니다. 명예나 보수를 위한 직업이 아니고 보다 높은 사회적 인간의 도덕적 의무라는 것이다. "사회주의 사회에서 직업은 보수나 명예를 위한 자리가 아니며 권세와 세도를 위한 수단도 아니다"라는 김정일의 이야기를 인용하고 있다. 그렇다고 보수를 받지 않는다는 말은 아니다. "사회주의 사회에서는 일을 한 만큼 보수를 받는 것이 도덕적인 행동"이라고 주체의 윤리는 쓰고 있다.

이 책 끝부분에서 〈일상생활륜리〉가 다뤄졌다. 사회주의 국가에서는 거의 모든 재산이 국가 소유인 까닭에 더욱 아끼고 보호해야 한다는 것이다. 사회가 공동으로 소유하고 있는 만큼 서로 아껴 씀으로써 사회 발전과 국가 발전을 더욱 촉진시킬 수 있다. 따라서 일상생활은 검박하고 소박해야 한다. 옷도 늘 깨끗하게 입되 사치스럽게 단장해서는 안 된다. 사치는 부패와 타락을 가져오며 결과적으로 인민의 고혈을 짜는 것이다. 겸손하고 솔직하게 살아가는 일상의 생활을 주체사상 윤리는 강조하고 있다.

이상에서 보는 대로 주체사상은 더 이상 이데올로기로만 다룰 수 없다. 주체사상은 이미 북의 사람들의 생활양식으로 정착하고 있다. 따라서 우리는 주체사상을 문화로 다뤄야 한다고 생각한다. 문화란 무엇인가? 리처드 니버의 말을 인용해보자.

"문화란 물질적 삶의 발전을 위하여 자생적으로 생겨나고 또한 영적이요 도덕적인 삶의 표현으로 일어난 것의 총체이다. 여기에는 모든 사회 교섭, 기술, 예술들과 문학과 과학이 포함된다."

문화란 사람이 살아남기 위하여 주어진 자연을 인위적으로 바꿔가는 제2의 환경인바 거기에는 언어, 습관, 아이디어, 지식 등이 포함된다. 니버는 문명과 문화란 단어를 혼합해서 쓰고 있는 듯하다. 하여간 문화란 인간의 성취로서 자기들의 삶을 보다 안정적으로 영위하기 위한 자구적인 노력인 것이다. 그 가운데서 그들 나름대로의 가치관이 형성되고 생활 태도나 세계관이 형성된다. 이 문화는 지역에 따라서 인종에 따라서 그리고 시간에 따라서 다양하게 표출되었다.

고로 북의 주체사상을 문화로 이해함이 합당할 것이다. 그리고 그 문화의 내용들을 일단 긍정적으로 평가함이 옳은 태도일 것이다. "모든 문화는 똑같이 타당하다." 이 말은 오랫동안 보수적인 학교로 소문이 나 있는 미국 파사데나에 위치한 풀러선교대학원의 교수들 입에서 나온 말이다. 이제는 미국의 보수주의 교단의 선교사들도 선교지의 문화를 일단 긍정적으로 이해하고자 노력들을 하고 있다. 왜냐하면 문화란 그들의 삶의 자리임을 알았기 때문이다. 마찬가지로 북에 복음을 전하고자 하는 사람들은 북의 가치관을 떠받치고 있는 주체사상을 일단 그들의 삶의 자리의 하나로 받아들여야 한다. 북의 가치관을 떠받치고 있는 주체사상을 북의 사람들은 자기들에게는 가장 타당한 것으로 받고 있다는 사실을 우선 인정하지 않고서는 그들과 마주 앉을 수 없다.

최근에 와서 서구에서의 선교학 연구가 과거처럼 서구 문화 중심에서 벗어나서 복음을 전하려는 상대의 문화 연구 토대 위에서 진행되고 있음은 매우 고무적인 현상이다. 서구에서는 지금 한창 불교, 유교, 유대교, 이슬람교, 부족 종교들을 타 문화권으로 인지하고 그것들을 활발하게 연구하고 있고 더 나아가서 한 사회의 문화를 세분하여 농경사회, 부족사회, 산업사회, 후산업사회 등으로 쪼개어 연구를 깊게 하고 있다. 그런데 공산주의 사회, 사회주의 사회에 대한 문화적인 선교 접근은 거의 시도되지 않고 있음은 매우 유감이다. 이것은 기독교가 공산주의나 사회주의를 유물론적 무신론으로 못 박아 놓고는 오로지 반공적인 자세로 그것들을 저주만 했기 때문이다. 미국의 매카시즘은 특히 보수적인 교단들에게 그런 부정적인 방향에서 영향을 끼쳤고 그것은 우리나라 교회에 직수입되었다고 본다.

　물론 기독교 측에서 공산주의에 대해 저주의 화살을 퍼부을 만한 이유가 없다는 이야기가 아니다. 1844년 마르크스와 엥겔스가 기독교를 종교의 하나로 치부하고는 기독교 역시 미신이요 따라서 민중의 아편이라고 비판하면서 공산주의를 내걸었던 것이다. "기독교 사회원리들은 고대 노예제도를 정당화했고 중세의 농노제도를 찬양했다. … 기독교의 사회원리들은 지배하고 억압하는 계급의 필요성을 설교한다." "한 마디로 기독교는 인간의 발전과 자기실현에 정면으로 반대하는 반동세력을 대표한다. … 고로 기독교를 해체해야 한다." 이렇게 신랄하게 기독교를 비판하였으니 1800년간 서구를 지도하던 기독교가 잠잠할 수 없었을 것이다. 그러다가 그들이 공개적으로 '공산당 선언'(1848년)을 하면서 정치 일선에 나선 이후 교회와 공산주의는 서로 원수가 될 수밖에 없었다. 더구나 볼세비키 혁명을 일으킨 레닌에 의하여 기독교가 조직적으로 부정되고 파괴될 때에 기독교는 반공적이 될 수밖에 다른 도리가 없었을 것이다. 이러한 공산주의 소련과 맞서 싸우던 미국의 반공 노선인 매카시즘은 이상의 빛에 의하여 이해될 수 있다. 그리고 그 두 나라의 싸움에 두 동강 났고 이어서 6·25라는 국제적 규모의 참혹한 전쟁으로 이어진 동족상잔을 겪은 남과 북은 서로를 저주하면서 50여 년간을 지내왔다. 바로 그런 이유 때문에 남쪽의 기독교는 오랫동안 북의 공산주의 사회를 반기독교적 무신론 사회로 매도하여왔다.

　북한에서 공산당에게 억울하게 당하고 월남한 남한 교계 지도자들은 고향에서 내쫓긴 아픔을 쉽게 잊을 수가 없었고 거기다가 정권이 정치적 이데올로기로서 반공주의를 앞세웠으니 남한의 교회도 반공주의에 휩싸일 수밖에 없었다. 따라서 한국의 기독교는 개인적인 감정과 정치적인 분위기로부터 초연하여 오직 복음의 빛에 의하여 북쪽을 바라볼 수 있는 기회를 가질 수가 없었다. 다시 말해서 예수의 대위임인 "땅 끝까지" 선교의 관점에서 북쪽을 바라보는 여유를 가질 수가 없었다. 아직도 대다수의 남쪽 그리스도인들은 주체사상이란 말만 들어도 알레르기 반응을 일으키고 있다. 이런 분위기 속에서는 북의 사상을 문화적으로 이해하고 접근하려는 발상이 나올 수 없다. 둘째로는 한국 교회가 선교의 개념 이해에 있어서 너무 제한적인 한계성을 지녔기 때문이다. 대다수의 남한의 기독교인들은 선교를 "개종"(conversion)의 관점에서만 이해하고 있다. 개종이란 매우 개인적인 것이다. 예수 그리스도를 구주로 고백하고 세례를 받아 그리스도인이 되게 하는 것이 전도라고 이해하는 개인적 개종이 한국 교회가 이해하고 있는 선교의 핵심이기 때문에 집단주의를 내용으로 하는 주체사상의 사회주의 나라 북에 접근하기란 거의 불가능하다. 개인의 생명보다는 집단의 생명, 육의 생명보다는 사회적 생명을 우선시하는 주체사상에서는 개인의 개종을 핵심으로 하는 선교를 외면할 수밖에 없을 것이다.

위에서 지적한 감정적이고 정치적인 문제는 시간이 지나갈수록 차츰 유연하게 풀어져가고 있어서 다행이다. 하지만 두 번째의 걸림돌은 깊은 신학적 통찰을 요구한다. 바로 이 시점에서 중국 공산주의 사회에서의 선교 개념을 검토할 필요를 느낀다. 1949년 중국의 마오쩌둥 혁명 이전까지의 중국의 교회들이 지녀왔던 3자 원칙, 즉 자치(self-governing), 자조(self-supporting), 자전(self-propagation) 가운데서 세 번째인 자전의 개념이 새로운 공산주의 사회가 태동하자 새롭게 해석되기 시작했다. 자전이란 중국적 선교, 전도, 설교 등을 의미하는 것이다. 혁명 이전까지의 자전은 중국인들을 위한 것이 아니고 오히려 제국주의 미국인들을 위한 것이라는 반성이 일기 시작했다. 당시 중국 교회 선교사, 중국인 전도인, 교회 목사들이 가르친 "신앙과 경건"은 서양 국가들에게 순종하도록 중국인 교인들을 의식화시키고 세뇌시켰다고 재해석되었다. 선교사들이 가르쳐준 신앙은 개인적이고 타계적이어서 중국 민족의 현실을 못 보게 만들었다는 것이다. 추상적이고 관념적인 신앙의 주입으로 제국주의자들의 침략 행위를 볼 수 없는 사람들로 기독교 신자들을 만들었다는 것이다.

마오쩌뚱 혁명 이후 1950년대 초기부터 전도, 선교, 설교의 의미에 대해서 새로운 시각에서 논의되기 시작했다. 서양 선교사들이 가르쳐준 자전의 개념을 포기하고 진짜 중국적 자전의 개념을 가다듬기 시작했다. 자전은 무슨 목적으로 하느냐에 초점이 맞춰졌다. 팅 주교는 "우리의 선교적 목적이 신앙을 세우자는 거냐. 아니면 거꾸로 파괴하자는 거냐?"라는 질문을 중국의 새로운 상황, 즉 중국의 공산주의 혁명적 상황을 충분히 고려하는 가운데 던졌다. 팅 주교의 질문은 기독교의 증거 즉 전도가 중국 혁명의 과정 속에 있는 중국 인민 전체와의 관계에서 긍정적으로 이바지할 수 있어야 함을 암시하고 있다. 과거처럼 기독교의 증거가 극히 소수의 기독인들만을 위한 것이어서는 안 된다는 전제 아래 위의 질문은 던져졌다. 당시의 7~8억의 전 중국 인구 중에서 약 3백만 명에 불과한 기독교인들만을 위한 전도가 되어서는 안 된다. 중국의 나머지 전체 인민과 더불어 공동의 장을 마련하는 그 어떤 것이어야 자전은 의미를 가질 수 있다. 여기서 중국 삼자애국운동이 표방한 자전의 방향은 첫째, 새 질서 속에서 모든 인민의 복지에 공헌하는 자전이어야 한다. 둘째, 중국 전체를 사랑하는 애국심에 기초한 어떤 것이어야 한다는 것이었다.

새로운 중국 교회의 자전의 개념은 소수의 기독교인들과 절대 다수의 비기독교인들을 가르던 종래의 구분을 없애는 데서 출발한다. 관심의 초점을 교회라는 울타리에서 벗어나서 전 중국 인민이라는 거대한 공동체로 옮긴 것이다. 중국의 새로운 교회는 요한복음 10장 16절의 예수의 기도 속에서 자전의 의미를 찾고 있다.

"이 우리에 들지 아니한 다른 양들이 내게 있어 내가 인도하여야 할 터이니 저희도 내 음성을 듣고 한 무리가 되어 한 목자에게 있으리라."

우리는 여기서 중국의 새로운 교회가 하나님-교회-세상이라는 전통적인 틀을 넘어서서 하나님-세상-교회라는 에큐메니칼 교회론을 형성하고 있음을 본다. 본회퍼의 말처럼 교회는 단지 "하나님께서 그리스도 안에서 이 세상과 화목하셨다는 사실을 신포히는 장소이다." 이와 같은 교회론의 실상이 삼자애국운동을 일으킨 지도자들과 기타 일반 그리스도인들의 삶의 현장에서 구체적으로 드러났다. 실로 새로운 자전이 실천된 것이다. 저들 그리스도인들은 사회주의적 국가 건설에 참여하면서 동시에 예수 그리스도를 삶으로 증거했다. 즉 기독교인들이—목회자들과 신학교 교수들도 포함되었다—공장이나 농장, 기타 직장에서 "단위"(일터)에서 모범자가 됨으로써 기독교의 복음을 전했다. 모범 교사, 모범 노동자, 모범 학생, 모범 농민으로서의 사회주의 국가 건설에 앞장섬으로 그리스도인의 삶의 온전성을 발휘했고 결과적으로 하나님께 영광을 돌렸다. 상해시의 어떤 목사는 공장에서 일하면서 한 번도 입으로 예수를 전하지 아니했지만, 모범 노동자의 삶을 친히 몸으로 보여주고 또한 일에 지쳐서 힘들어하고 병고에 시달리는 동료 노동자들을 돌봐줌으로써 복음의 진수를 증거하였다. 8년 후 그가 공장에서 풀려나와 옛 목회지로 돌아가면서도 동료들에게 자기 교회에 오라는 말을 한 마디도 안 했으나 그 후 그의 옛 공장 동료들이 그의 교회에 참석하여 예배하였다고 한다. 새로운 선교의 장이 거기서 이루어졌던 것이다.

1949년 이전 중국에 와 있던 서양 선교사들의 신학이나 선교 방식은 한마디로 반중국적이었다고 한다. 즉 중국 인민의 구체적인 삶을 외면한 것이었다. 첫째, 저들 선교사들은 "이 세상을 보지 말고 저 세상만 바라보라"고 역설함으로써 저들을 억압하고 착취하는 세력을 못 보게 했다. 심지어는 중국 인민들의 가난하고 구차한 삶을 인민들의 죗값으로 해석하기까지 했다는 것이다. 중국인을 기독교로 "개종"시키는 것은 그를 이 사탄의 세상으로부터 영원한 나라로 옮기는 것을 의미했다. 따라서 개종된 중국인은 중국을 위한 애국심이나 중국 전체 인민과의 연대에서 떨어져나감을 뜻했다. 기독교인으로 개종하는 것은 그리스도와 접붙여지는 것을 의미했고 그것은 결과적으로 중국인으로부터 떨어져나가는 것이라고 여기게 되었다.

둘째, 중국에서의 기독교 선교는 중국의 문화를 죄악시하게 했다. "기독교 신앙＝서양 문화"라는 도식 속에서 선교가 이뤄졌기 때문이다. "그리스도를 위하여 중국을 정복하라"는 표어는 위의 사실을 단적으로 말해준다. 창세기 9장에 나오는 노아의 세 아들 중 저주를 받은 함의 후예가 유색인종(흑인이나 황색인)이라고 성경을 해석했던 백인 선교사들에 의하여 황색 인종인 중국인과 그들의 문화는 죄악시되었다.

이러한 반중국적 기독교 선교에 항의하여 일어난 반기독교 운동이 1900년대 초기부터 세차게 일어나기 시작했다. 이때부터 기독교 신학자들이, 비록 소수였으나 비로소 기독교와 중국 사상과의 접합점을 찾기 시작했다. 그러나 그들은 중국의 고대사상과의 연결 고리를 찾는 데 그쳤고 당시의 중국 인민의 현실적 문제들이나 지식인들의 요청에 눈을 돌리지 않았다. 식민주의와 봉건주의에 대항하는 중국 인민들의 투쟁에 대해서는 거리를 유지했다. 1940년대를 전후하여 사회 현실에 진지하게 관심하는 교회 지도자들이 소수이지만 일어나기 시작했다. 이들 중 대표적인 사람이 우야오쭝(吳耀宗)이었다. 그와 그의 추종자들은 1949년 마오쩌뚱 혁명이 일어나면서 이에 신학적으로 응답하기 시작했다. 즉 사회 정의나 인권 존중 등을 기독교 메시지의 본질적인 부분으로 간주해야 한다고 믿었다.

이른바 삼자애국운동을 일으켰던 우야오쭝 일파들은 수억 중국 인민들의 아우성에서 하나님의 뜻을 찾으려고 했다. 반중국적이고 식민주의적인 서구 교회의 선교로는 중국인들에게 희망이 아니라 절망만을 만들어낸다고 그들은 믿었다. 여기서 그들은 새로운 신학의 정립을 모색하기에 이른다. 더 이상 영과 육, 하나님과 세상, 신자와 불신자, 은혜와 도덕 등의 이원론에 머물지 않기로 하였다. 그들은 과감히 서양 선교사들이 심어준 이원론적 신학 구조를 극복하려고 노력하였다. 왜냐하면 서양 선교사들이 가르쳐준 이원론은 현실의 아픔을 극복하는 힘을 주는 것이 아니고 오히려 더 악화시키는 결과를 만들어줬기 때문이다. 쉰 이 판 목사는 다음의 예를 바탕으로 이원론적 신학의 결과를 설명하고 있다.

중국의 한 작은 마을에서 농사를 짓는 농부는 어느 날 부자에게 자신의 소유인 작은 야산을 빼앗겼다. 그 부자는 강제로 그 농부의 야산에 가족 묘지를 만든 것이었다. 이 농부는 이 억울함을 관공서에 호소했으나 막강한 힘의 부자를 벌하고 그에게 빼앗긴 가난한 농부의 땅을 되찾도록 아무도 도와주지 않았다. 약이 오른 이 농부는 밤에 그 부자의 묘소를 파헤쳐버렸다. 사실이 알려지자 경찰은 그 가엾은 농부만을 감옥에 잡아 가뒀다. 너무도 기가 차고 억울했던 농부는 감옥의 철창을 부수고 탈옥했다. 그리고는 방랑의 생활에 접어들었다. 어느 날 이 방랑자는 많은 사람들이 줄을 지어 모여 들어가는 곳에 호기심으로 따라 들어갔다가 목사의 설교를 듣게 되었다. 그가 멋모르고 들어간 곳은 교회였다. 설교자는 큰 소리로 외치고 있었다. "이 땅에서의 억울한 삶은 저 세상에서 큰 축복으로 보상을 받는다. 예수만 믿으라. 그리하면 천국이 당신들의 것이다. 저 천국에는 엄청난 땅이 있다. 이 땅에서 빼앗긴 작은 땅덩어리에 비하면 엄청난 것이다. 이 땅의 작은 땅에 관심하지 말고 영원한 나라의 땅을 차지할 구원의 은총을 받으라. 이제 예수를 믿고 중생하면 천국의 땅은 당신의 것이다. 회개하고 예수를 믿으라!" 이 농부는 여기에서 크게 감복했다. 저 천국의 땅을 얻기 위해 예수를 믿기로 작정했다. 이제 그의 마음은 중생의 기쁨으로 가득 찼다. 더 이상 빼앗긴 땅을 생각하지 않기로 했다. 이제부터는 영원한 나라에서 차지하게 될 천국의 땅만을 생각하면서 기뻐할 수 있었

다. 그의 친구들이 그를 만나서 "자네 얼굴에 웃음꽃이 피었네. 빼앗
긴 땅을 다시 찾은 모양이군!" 하고 말을 건네면 그 농부는 "천만에!
그 땅은 이미 잊었네. 나에게는 그 땅보다도 몇 배나 더 큰 땅이 하늘
나라에 있다네!"라고 대답하곤 했다고 한다.

판 목사는 이상의 예를 설명하면서 중국 교회의 신앙과 신학의 이원
론이 결국은 착취자들에 대한 투쟁력, 불의에 항거하는 정의감을 없앴
다고 증언한다. 결국 중국의 교회는 중국 사회의 병폐를 개혁하고 치
유하는 데 실패했을 뿐 아니라 더 빨리 부패하도록 도와준 꼴이 되었
다는 것이다. 이 땅에서 받는 고통의 원인을 이 땅에서 제거시키는 신
앙이 아니고 오히려 이 땅의 고통을 더 확산시키는 역할을 했던 신앙
이었다는 것이다.

스리랑카의 가톨릭 신학자 발라수리아가 "우리는 개종이라는 멘탈
리티를 근본적으로 재고해야 한다"고 한 말에 귀를 기울일 필요가 있
다. 인도의 신학자 토마스도 "기독교 공동체로 사람들을 끌어넣기 위
하여 그들에게 세례를 꼭 줘야 하는가?"라고 의미 있는 질문을 던진
바 있다. 세례를 줘서 개종시킨다고 그 한 사람을 그의 가족으로부터,
종족으로부터, 그리고 그의 사회나 역사로부터 떼어낸다면 어떻게 되
는가? 그렇게 되는 경우 이제까지 그가 가꿔온 삶의 문화를 공중분해
시켜버리는 결과를 초래하지 않을까? 실로 그것은 심각한 문제가 아
닐 수 없다. 중국에 왔던 선교사들의 이원론적 신학이 바로 이러한 역
할을 수행했다고 삼자애국운동 지도자들은 생각했다. 그래서 그들은
일원론적 신앙 내지는 신학 운동을 벌였던 것이다.

1980년대로 접어들면서 중국의 교회는 예수의 성육신과 십자가의

의미에 보다 큰 비중을 두고 연구하고 있다. 성령론에 있어서도 초월적인 진리에 대해서만이 아니라 이 세상의 진리까지도 포함하는 모든 진리에 인도하는 힘으로서의 성령을 강조한다. 중국 교회의 신학적 노력은 어디까지나 중국의 토양과 문화 전통 속에서 양분을 얻고 그 문화를 향유하면서 중국적인 삶을 살게 만드는 신앙 혹은 신학을 계속해서 모색하고 있다. 과거의 서구 선교사들의 이원론적 구조는 그들의 신학에서 그 흔적을 찾아보기가 어렵게 되었다.

한 생명을 그가 이제까지 누렸던 그 문화의 중심에 놓아둔 채 예수를 만나게 하고 하나님을 만나게 하는 새로운 기독교 증거를 통하여 북의 동포들 모두를 끌어안아 볼 수는 없을까? 중국 삼자교회의 신학 운동은 우리에게 많은 시사를 던져준다. 중국 교회의 신앙이나 신학은 주체사상이라는 문화에 익숙해진 북의 동포들에게 우리 교회의 기독교적 증거의 새로운 방법론을 제시해주고 있다.

21세기 교회 인권

아모스 5:21-27
1999. 4. 25.
부산노회 인권위 주최 특별기도회

지난 문민정부에서도 재야의 사람들이 많은 혼란을 겪었는데 지금 이른바 국민의 정부에서도 우리들은 얼떨떨해 하고 있습니다. 소위 문민정부 말기인 1997년도에 나주 쪽에서 김 모 목사가 약한 자들을 위하다가 감옥에 갇혔던 일이 있었는데 국민의 정부라는 현 정권이 현직 담임목사를 취조했다니 상식 밖의 일이 벌어졌습니다. 목회자 신문이 크게 다뤘기에 50부 얻어가시고 왔는데 이런 수가 있습니까? 과거에 교회들이 많이 도왔고 그를 위해서 기도했던 사람들이 대통령이 되더니 이상하게도 기독교를 무시하고 있는 느낌을 강하게 받습니다.

며칠 전 예장의 몇 동지들이 서울에서 모임을 갖고 현 시국에 대해서 논의를 했는데 대체로 두 가지로 의견이 좁혀지고 있습니다. 첫째, 김 대통령의 개혁의지를 믿고 도와주어야 한다는 입장. 현 정권은 보수적인 자민련과 연합되어 있고, 자민련은 계속적으로 내각제를 주장하고 있기에 김 대통령이 아무리 하려고 해도 발목이 잡혀서 어려우니 재야의 인권단체, 교회의 양심세력들이 도와야 한다는 주장입니다. 둘째, 그와는 반대로 현 정권은 개혁의 의지가 없다. 노동자를 탄압하고 학생들을 탄압하는 꼴을 봐서는 과거의 정권과 다른 바가 없다. 권력을 잡더니 변심한 것이다. 고로 때려 부수자. 민주노총 등의 주장인데 아직은 정권퇴진운동을 하지는 않으나 앞으로 그런 목소리가 커질 전망입니다.

지난 목요일 아침 〈한겨레신문〉을 보신 분들은 아실 것입니다. 일단의 자문 교수들이 대통령에게 "신자유주의" 경제정책을 수정하여 사회 복지 쪽을 강화하도록 했다는 뉴스입니다. 이것은 썩 잘한 것입니다. 왜냐하면 이 정권이 이제 약 1년 하고 두 달이 되었는데 처음부터 "민주주의와 시장경제" 이론을 들고 나왔습니다. 그리고 펴나가는 정책을 보면 서구에서 이미 20여 년 전부터 실시하고 있는 이른바 "신자유주의" 경제정책입니다. 그의 경제자문도 미국에서 공부를 한 분인데 그것을 모를 사람이 아닙니다. 이것을 막기 위하여 자문단 교수들이 조언을 했던 것입니다.

서구의 "신자유주의"가 무엇입니까? 이것은 노동을 죽이는 정책입니다. 즉 자본 만능주의입니다. 그래도 케인즈의 경제에서는 노동과 자본이 같이 조화를 이룩하려고 했습니다. 그는 노동조합의 필요성을 강조하면서 노동은 사회 발전을 위한 중요한 힘임을 역설했습니다. 그런데 신자유주의가 대두되면서 자본의 일방적인 독주가 시작되어 노동의 힘을 약화시켰습니다. 그리고 노동조합을 무력화시키려고 했습니다. 금융자본은 노동의 도움 없이도 이윤을 얼마든지 얻을 수 있게 되자 노동조합 같은 것을 무력화시켰습니다. 이것은 생산 공장의 자동화와 맥을 같이하고 있습니다. 사람 대신에 기계가 일을 하면서 노동자들을 퇴출했습니다. 이렇게 하여 실업자는 계속 늘고 있습니다. 미국이나 유럽, 일본 등지에서는 고도의 기술사회가 이룩되면서 실업자들이 매일 늘고 있습니다. 저개발 국가들에서도 비슷한 결과들이 나타나고 있습니다. 이유는 다국적 기업들이 하이테크 생산설비를 들여오면서 노동자들을 계속 잘라내기 때문입니다. 그 결과로 세계의 평균 실업률이 50년대 4.5%, 60년대 4.8%, 70년대 6.2%, 80년대 7.3%로 나타나고 있고 현재는 10% 내외까지 올라 있습니다. 완전 고용개념도 달라지고 있는데 50년대 3%이던 것이 80년대는 5%로 올라갔고 1990년도에는 미국 월가 경제 분석가들에 따르면 6%의 실업률은 유지되어야 한다고 말합니다. 뒤집어서 말하면 우리나라가 제대로 경제성장을 하려면 6%의 실업률을 유지해야 한다는 것입니다. 지금 정부가 내놓는 통계에 따르면 7.8%라고 하는데 아무리 줄여도 6% 이하도 내려가면 안 된다는 논리입니다. 경제성장을 위하여 노동자들은 죽일 수밖에 없다는 말입니다. 오늘날 아시아에만도 3000만 명의 실직자들이 우글거리고 있다고 합니다. 우리나라에 와 있는 외국인 노동자들의 모습만 보더라도 너무나 처량합니다. 그런데 이런 현상이 우연도 아니고 일시적인 현상도 아닙니다. 신자유주의를 내건 가진 자들의 의도된 계산에 따라 진행되고 있다는 것을 여러분들은 아셔야 합니다. 여기에 국민의 정부도 놀아나고 있는 느낌인데 다행이도 자문 교수들이 엊그제 브레이크를 걸었던 것입니다.

우리는 21세기를 여러 가지로 진단하고 있습니다. 정보화 시대니,

포스트모더니즘의 시대니, 세계화 시대니 하면서 진단하고 있습니다. 그런데 그 속을 깊이 들어가보면 자본 축적을 위한 가진 자들의 놀음판이 되어가고 있음을 우리는 경각심을 가지고 분석해야 합니다. 다국적 기업들이 작은 나라들의 정부와 재벌들과 부호들과 연결하여 돈을 버는 일에 하이테크, 정보, 모든 세계기구들이 이용되고 있습니다. 고로 모든 기술자들과 과학자들과 돈을 가진 자들이 그 놀음에서 소외될까 봐 전전긍긍하면서 비판 한 번 하지 못하고 동조하면서 부스러기라도 먹으려고 합니다. 정치인은 말할 것도 없고 학자들이나 언론인들도 이들 놀음에 말려들어 같이 춤추고 있습니다. 비판의 글이나 말을 거의 하지 않고 있습니다. 그래도 일단의 교수들이 김대중 대통령에게 고언을 했다니 다행스러운데 얼마나 효과가 있을지는 두고 볼 일입니다.

이런 분위기 속에서 인권이 쉽게 유린되고 있습니다. 신자유주의 자본의 논리에 따라 돈 생기는 일이라면 권력 기관은 물론, 언론이나 기타 기관들도 별짓을 다하고 있습니다. 농협, 축협 등의 비리도 최근에 속속 들어나고 있습니다만 털어서 먼지 나지 않는 공직자가 거의 없을 정도로 공직사회마저 썩어가고 있습니다. 이 사회 구석구석에 자본의 움직임에 따라서 해바라기성 인생들은 늘어만 가고 있습니다. 이런 사람들은 약한 자들은 무시하고 소외시키고 심지어는 짓밟는 일에 동원되기도 합니다. 신자유주의로 인하여 이미 서구에서는 부익부 빈익빈의 현상이 현저합니다. 지금 전 세계적으로 500여 명이 가진 것이 나머지 사람들이 갖고 있는 것보다 많다는 통계를 보았습니다. 금융이 독주하면서 노동자 등 서민층의 가난은 계속 심화되고 있습니다.

여기서 우리 교회가 설 자리를 다시 한번 점검하여야 합니다. 교회의 존재 이유부터 생각해보십시다. 교회 생성의 시초를 공부하면 교회의 존재 이유를 곧 알게 됩니다. 독일의 유명한 희망의 철학자 에른스트 블로흐(Ernst Bloch)는 종교의 시작에는 반드시 민중의 희망으로서의 창시자가 있었다고 증언합니다. 불교의 시초에는 석가모니가 있었는데, 그는 왕자였으나 민중의 가난과 병고를 보았을 때에 궁정을 떠나서 민중의 편에서 설법을 시작했습니다. 그 때문에 가난한 민중들은 그의 주변에 몰려들었고 결국은 그 무리들이 불교를 창시하게 되었다. 왕의 자리를 버리고 가난한 자들 편에 서면서 불교는 창시되었습니다.

유대교의 처음에는 모세가 있었습니다. 모세 역시 애굽 왕자의 한 사람이었습니다. 그가 마음만 먹으면 황제는 못 되었더라도(이스라엘 피 때문에) 큰 자리 하나는 차지할 수 있었습니다. 그러나 그는 애굽의 압제를 받던 자기의 동족들을 위하여 왕궁을 뛰쳐나왔습니다. 그러고는 자기 동족을 노예로 부리고 학대하던 애굽인 감독을 보고 참을 수 없어서 그를 때려죽였습니다. 이렇게 하여 그는 이스라엘 전 국민의 희망이 되었습니다. 그는 자기 민족을 애굽에서 해방시키는 메시아가 되었습니다. 유대교는 여기에서 탄생하였습니다.

애굽 지배계급의 정치적 억압과 경제적 수탈 그리고 사회적 생존권의 박탈로부터 해방된 히브리 노예들은 오래고 고된 광야생활을 통하여 인간 본래의 평등사회를 실습하며 체험하였습니다. 이 광야에서 유대교의 본질이 다듬어졌습니다. 광야에서 그날그날 공급해주시는 일용할 양식으로 만족하면서 평등에 기초한 분배사회제도를 준비했다. 욕심을 부려 축적해놓은 만나가 하루가 지나면 녹아버렸고, 축적된 메

추라기가 하루 지나면 썩어버리도록 하시는 해방자 하나님의 섭리를 겸손히 몸과 생활에 익히면서 가나안에 정착하였습니다. 더 이상 물질에 욕심 부리지 않고 가진 것을 서로 나누면서 살아가는 사회를 이룩하였습니다. 차별도 소외도 없는 사회였기에 얼마나 신명나는 삶이었을까요? 더 이상 애굽에서 배운 가진 자들의 욕심 사나운 삶을 따르지 않기로 했습니다. 비록 모아둔 재산은 없지만 적은 것을 서로 나누면서 행복한 공동체의 삶을 누렸습니다. 이렇게 해서 12부족은 왕 없이 서로 평화스러운 협력을 통하여 12부족동맹을 맺어 평화롭게 살았습니다. 오직 야훼 하나님만을 섬기면서.

그러나 불행하게도 평등주의에 기초한 해방공동체였던 유대교의 부족동맹은 깨어지기 시작했습니다. 부족 간의 권력 싸움이 생긴 것입니다. 결국 중앙집권적 왕적 제도를 도입하게 되었습니다. 하지만 왕을 둘러싼 권력 싸움과 이권 투쟁은 계층 간의 갈등을 더욱 부채질했습니다. 권력과 물질의 분배 균형이 깨지면서 빈익빈 부익부의 사회현상이 심화되었고 결국은 가진 자와 못 가진 자의 틈이 엄청나게 벌어지고 말았습니다. 땅과 물질의 소유욕은 가지면 가질수록 더하여 못 가진 자들은 땅을 빼앗기고 가축을 빼앗기고 심지어 몸이 노예로 팔려가는 처참한 신세로까지 전락했습니다. 신바람 나던 사회는 여지없이 깨어져버리고 죽지 못해 사는 사람들이 우글거리게 되었습니다.

이러한 때에 예언자들이 여기저기서 정의와 자유 그리고 해방을 외치면서 하나님의 평화, 샬롬의 나라 회복을 부르짖었습니다. 오늘 본문의 아모스도 그중의 한분이었습니다. 인권을 짓밟고 땅을 빼앗고 재물을 쌓아가는 권력층과 가진 자들을 향하여 무서운 질타를 퍼부었습니다. 그는 가난한 자와 고아와 과부들을 위하여 대변했습니다.

당시의 타락한 사회에 대한 질타는 아모스의 글에서 보듯이 종교의 형식적인 행위에 대한 아모스의 질타에서 나타나고 있습니다. 제사나 성회는 있었으나 정의는 없어진 사회가 되었습니다. 유대교의 평등주의는 이미 없어져버리고 가진 자들만 떵떵거리고 살면서 형식적으로는 제물을 잡아 예배를 드리는 일은 계속하였던 것입니다. 하나님은 그런 제사를 원치 않고 받지 않겠다고 호령하였습니다.

유대교가 희망의 종교로서 깃발을 높이 들었던 사건 하나가 있었는데 바로 희년의 선포였습니다. 희년이 실제로 있었는가 아닌가는 차후의 문제이고 희년의 선포야 말로 평등사회에 기초한 해방공동체의 회복을 위한 몸부림이었음을 증명하고 있습니다. 희년에는 빼앗긴 농토를 되돌려 받고 박탈당한 인권을 다시 찾았습니다. 그때에 노예로 팔려간 사람들은 해방되었고 가난한 사람들이 배불림을 받았습니다. 샬롬의 나라, 평등주의적 해방공동체를 다시 회복한 것입니다. 희년! 이것은 눌림받고 소외당하고 살던 민중들의 유일한 희망이었습니다. 희년 선포는 유대교의 본 모습의 회복을 보여줍니다. 그러나 실제로 유대교의 지도자들은 율법주의를 발전시켜서 민중 위주의 종교에서 억압자 중심의 종교로, 못 가진 자 중심의 종교에서 가진 자 중심의 종교로 바꿔놓았습니다.

이런 상황이었기에 예수 그리스도의 등장이 율법의 파기 선언과 함께 시작되었음은 너무나 당연한 것이었습니다. 누가복음 4장 18-19절에 나오는 예수의 희년 선포는 예수님이 가진 자의 종교로 굳어버린 유대교의 율법주의와 정면 대결하려고 이 땅에 오셨음을 선명하게 보여줍니다. 예수의 이 땅에서의 삶은 평등사회의 이상의 실천에 기초하고 있습니다. 실로 예수는 모세의 자리에 서게 되었고 예언자들의 전통을 이었습니다. 기독교의 시초에는 민중의 희망으로서 메시아 예수가 있습니다. 그는 실로 "의인을 부르러 온 것이 아니라 죄인을 부르러 왔습니다." 그의 지상에서의 첫 선교는 가난한 자와 억압자, 눈먼 자와 병든 자의 자유와 해방과 구원의 선포로 시작되었습니다. 그의 삶은 그의 선포 그대로 실천되었습니다. 예수의 밥상공동체 역시 그 한 예입니다.

독일의 희망의 신학자 위르겐 몰트만(Jürgen Moltmann)이 지적했듯이 예수의 길은 당시의 화려한 문화 때문에 소외당하고 가난하게 된 희생자들의 편에 철저히 서 있었습니다. 예수가 당시의 권력자나 부자들이 향유하는 문화 속에 동화되면서 선교한 것이 아니고 외지고 소외된 가난한 갈릴리에서 사역을 시작했다는 사실이 교회가 걸어가야 할 길이 어떠한 길인가를 극명하게 보여줍니다. 예루살렘의 지배문화의 화려함 때문에 희생된 어촌 갈릴리 사람들의 희망이 되기 위하여 예수의 사역은 시작되었습니다. 그것이 교회의 본래의 모습이었습니다.

"너희는 세상의 소금이다. 너희는 세상의 빛이다"라고 선언하신 것은 교회의 본질을, 교회의 존재 이유를 그대로 말씀하신 것입니다. 다른 말로 교회는 세상의 어두움 속에서, 세상의 썩음 속에서 시작하고 또 존재한다는 진리를 보여줍니다. 세상의 밝음과 세상의 건강을 위하여 교회는 시작되었고 또 존재합니다.

초대교회는 예수의 삶을 이어받아 어두움과 썩음 속에서 울부짖는 가난하고 병든 사람들을 위하여 봉사했습니다. 유세비우스의 증언이

나 하르낙의 연구에 따르면 나라가 돌아보지 않는 버려진 사람들을 위하여 교회가 전적으로 봉사했습니다. 그래서 소위 하층민들이 교회로 몰려들었습니다. 교회의 급성장의 원인이 거기에 있었습니다. 콘스탄틴 대제가 개종하기 직전인 312년에 로마의 군인으로 징집된 젊은이들이 병영에 갇혀서 비참한 삶을 살 때에 그들에게 먹을 것과 마실 것을 갖다 준 사람들이 크리스천들이었습니다. 당시 그 군인들 중의 하나였던 파코미우스(290-346, 그는 후에 기독교의 수도원 전통을 세운 사람으로 알려졌다)는 제대 후 이토록 고마운 기독교에 들어와서 세례받고 선교운동에 뛰어들었다고 합니다. 이런 예는 초대교회가 빛과 소금의 역할을 톡톡히 해냈다는 구체적 증거입니다. 눈에 보여지고 행동으로 나타난 믿음의 실천이 교회로 교회되게 하였습니다.

여럿의 로마 황제들이 하나님과 예수 그리스도께만 충성하는 기독교 교인들을 무섭게 박해했는 데도 교인들이 증가한 것은 그들의 실천적인 믿음과 약한 자들에 대한 사랑의 삶에 기인한 것이 확실합니다. 핍박 속에서도 당시 인구의 5% 내지는 20%까지가 성장했다고 합니다. 전투적 전도운동이 조직적으로 있었던 것이 아니었습니다. 더구나 로마 정권의 무서운 핍박 속에서 전도운동은 불가능했습니다. 단지 교인들의 삶을 보고 사람들이 교회로 모여들었습니다. 15명에서 20명 남짓한 작은 교회 교인들은 서로를 사랑했을 뿐만 아니라 이웃의 어려운 사람들에게 존경받고 사랑받는 일들을 했습니다. 마태복음 28장의 "대위임"에 의무적으로 순종하는 마음으로 선교활동을 한 것은 아닌데 교회는 성장했습니다. 3세기 중반 칼다고 사이프러스 감독의 세례자들을 위한 문답서 120문안에도 전도에 관한 언급이 한 마디도 없습니다. 그들은 말로서가 아니라 구체적인 삶을 통해서 사람들의 매력을 끌었을 따름입니다. 로마의 외적 문화와 가치체계에서는 만날 수 없는 어떤 것을 기독교 신자들에게서 보고 이웃들이 교회로 입적했습니다. 초대교회의 예수의 문화는 당시 화려했던 로마의 문화인 물질적이고 방탕한 삶과는 전혀 다른 모습을 가지고 있었습니다. 따라서 로마 문화에서 소외되거나 거부된 자들이나 혹은 저항하는 자들이 예수의 교회로 발을 옮겼습니다. 불확실한 세대, 폭력이 난무하는 세대, 그래서 늘 불안과 공포와 죽음의 위협 속에 살던 사람들이 교회로 나와 위로를 받고 해방과 자유를 만끽했던 것입니다. 욕심 없는 청빈한 삶을 통하여 자기 것을 남에게 줄 수 있는 나눔의 삶을 통하여 많은 이웃을 감동시켜서 이웃들을 교회로 자연스럽게 인도하였던 것입니다.

이렇게 모여든 사람들 속에서는 진정한 평등이 이뤄질 수밖에 없었을 것입니다. 모든 사회적 계급이 무너지고 신분적 차별도 제거되고 부자와 가난한 자의 구별도 사라졌습니다. 거기서는 과부와 고아가 관심의 대상이 되고 어린 아이들과 노인들이 홀대받지 않았습니다. 병든 자들과 감옥에 갇힌 자들이 돌봄을 받았습니다. 실로 그곳에 평화가 넘쳤고 기쁨이 가득했습니다.

313년 콘스탄틴이 기독교로 개종한 이후 기독교는 로마 제국의 국교로 자리 잡기 시작했습니다. 정치의 바람을 타고 급속히 성장한 기독교는 불행하게도 로마의 문화에 함몰되어버리고 말았습니다. 392년까지 이미 제국의 50%나 되는 인구가 기독인들이 되었습니다. 같은 해에 당시 황제 테오도시우스는 기독교 이외의 타 종교 예배를 불법화했습니다. 로마 제국을 기독교국으로 선포한 것입니다. 개종도 폭력으로 이뤄지는 경우가 허다했고 기독교와 다른 교리를 가진 사람들을 이단으로 처단하기도 했습니다. 이렇게 하여 기독교국(Christendom)이란 개념이 형성되기 시작했습니다. 그러면서 로마 제국과 기독교가 동일시되는 우를 범했고 이방 선교는 로마 문화의 이식과 동일하게 인식되었습니다. 개종은 곧 자기의 문화를 버리고 로마의 문화를 받는 것을 의미했습니다. 여기서 말하는 로마의 문화란 기득권자의 삶의 내용을 말합니다. 이렇게 하여 기독교는 다시금 가진 자, 권력자의 종교로 변질하였고 억압의 종교가 되었습니다.

로마 제국의 비호 아래에서 비대해진 기독교가 교세를 더욱 확대하는 과정 속에서 산속으로 조용히 숨어들어가는 수도원 운동이 시작되었다는 것은 흥미롭습니다. 이것은 당시의 거대한 흐름의 외적 문화에 대한 "저항 문화"(counter-culture)라고 말할 수 있습니다. 수도원 운동은 교회의 외면화에 반대하는 운동이었습니다. 종교개혁의 기수 루터가 위텐벨크 정문 게시판에 써놓은 95개조의 개혁 내용들의 대부분이 교회의 외면화를 비판하는 것들임을 명심할 필요가 있습니다. 예컨대 62주에는 교회의 참 보화는 내적인 신앙이라고 정리하면서 로마 교회의 타락을 비판하고 있습니다. 여기서 말하는 "외면화"란 신앙의 구체적 표현으로서의 외적 나타남이 아니고 도리어 내적인 신앙을 파괴시키는 형식적이고 위선적인 나타냄을 의미합니다. 즉 거짓되고 가식화된 외면화입니다. 이런 외면화는 권력자와 가진 자의 착취 문화의 연장선상에서 이해되는 것들입니다. 교회 내부 안에 세운 성인상이라든가 면죄부 판매 등은 단적으로 그것을 증거해줍니다. 따라서 이러한 허위적인 교회의 꼴을 보고 싶지 않은 신앙인들이 수도원으로 발을 옮긴 것은 당연했습니다. 그리고 이러한 마음의 소유자들이 종교개혁의 성공을 이룩하도록 도운 것입니다.

루터의 종교개혁은 한마디로 기독교국이라는 틀을 벗어나거나 아니면 파괴시키자는 데서 출발했습니다. 그리고 그 틀을 어느 정도 깨는 데 성공을 했습니다. 하지만 그도 결국은 교회, 국가, 기업(상업) 공존의 새로운 틀 속에 갇히게 되었다고 비판을 받고 있습니다. 그가 농민 전쟁이 일어났을 때에 농민 편에 서지 못한 이유가 그것이었습니다. 중세기적 허위 문화의 일차적 해방에는 성공했으나 또 다른 하나의 벽은 헐지 못했습니다. 그 벽은 당시의 지배 문화를 향유하는 자들과 그것 때문에 희생을 당하는 자들 가운데 놓였던 것입니다. 최근에 와서 루터는 선교학적으로도 비판을 받고 있습니다. 그에게는 유럽이 아닌 다른 나라와 민족들에 대한 에큐메니칼한 관심이 결여되어 있었다는 것입니다. 그가 찰스 5세 앞에서 자기의 입장을 변호하던 1521년에 이미 포르투갈에서 신학을 공부한 바 있는 한 흑인이(Dom Henrique) 콩고의 감독으로 임명되었을 정도로 제3세계에 기독교가 널리 퍼져 있었는데도 불구하고 루터의 신학에는 전혀 언급이 없습니다. 해외 선교 운동이 루터 좌파였던 재세례파와 그 후대 경건주의자들에 의하여 시작되었다는 사실은 우리에게 많은 것을 시사해줍니다. 그러나 이들의 해외 선교 역시 비판받는 것은 그들의 선교사들이 파송된 곳들이 새롭게 식민지화된 곳들이었기 때문입니다. 결국 개혁교회도 크리스텐돔의 이미지를 깨끗이 벗어나지 못했다는 이야기입니다.

근대에 와서 독일의 자유주의 신학자들이 교회와 세상의 이원론을 깨부수면서 문화신학을 발전시킨 것은 기독교국의 개념을 깨는 데는 공헌했으나 또 하나의 다른 벽은 넘지 못하고 말았습니다. 아니 그들은 지배자들의 문화로 충일한 세상과 스스로를 동일시하는 실수를 저질렀습니다. 그런 점에서 그들은 진정한 인본주의 신학을 창도하지 못했습니다. 밖으로 드러난 화려한 문화에 희생되고 가려버린 민중들의 신학을 창안하지 못했습니다. 그런 까닭에 교회 밖에서 눌린 자들의 아우성이 폭발된 것입니다. 교회가 가진 자들 편에 섰다고 느껴졌기에 칼 마르크스가 교회에 의하여 눌린 자들을 대변하는 사회주의를 내걸면서 기독교를 부정했던 것입니다.

20세기 중반 세계교회의 출현은 이에 대한 교회의 적극적 대답이었습니다. 세계교회를 탄생시키기 위하여 뛰던 사람들 중의 하나였던 본회퍼가 드디어 1943년 눌린 자들의 편에 서서 교회와 세상의 경계선을 무너뜨렸습니다. 그가 군정보부에 들어가서 히틀러 암살 음모에 가담한 것이 그 구체적 증거입니다. 그는 "보다 좋은 세속화"를 주장했는데 그의 《윤리학》에서 그것을 이론적으로 정의했습니다. 그에 따르면 "교회란 하나님께서 그리스도 안에서 이 세상과 화목하셨다는 사실을 선포하는 장소"일 뿐입니다. 그리고 그 세상은 화려한 문화가 아니고 그것 때문에 눌림받고 어두워진 사람들을 의미합니다. 본회퍼가 히틀러를 암살하려 했던 것은 그에 의하여 눌림받는 민중들을 살려내기 위함이었습니다. 세계교회는 다시금 예수 그리스도의 본래의 정신으로 되돌아가는 운동을 계속 벌이고 있습니다.

지금의 지배 문화 핵심에서 밀려나 변두리에서 빛을 못 보고 사는 사람들에게 빛을 비추는 일에 있어서 교회 안과 교회 밖의 구별은 더 이상 의미가 없게 되었습니다. 본회퍼가 목사의 신분, 교인의 신분을 떠나서 군인 혹은 군속으로 입대하여 일을 꾸민 점이 의미를 더해줍니다. 중국 삼자애국운동의 지도자들이 300만 중국 기독인들의 범위를 넘어서 10억 전 중국 인민의 삶을 염두에 두면서 교회와 신학 활동을 한 것도 똑같은 근거에서였다고 생각됩니다.

이제 우리 문제로 돌아와서 생각해보려고 합니다. 우리 한국의 교회가 더 늦기 전에 "보다 좋은 세속화" 신학을 좀 더 구체화할 때가 왔다고 봅니다. 이는 남한 교회의 갱신을 위해 꼭 필요합니다. 교회와 세상과의 연대 즉 눌리고 소외된 세상과의 연대가 시급합니다. 교회성장론은 크리스텐돔의 구조를 모방해가는 노력이었다고 생각됩니다. 밖으로 보이는 지배 문화에 자신을 일치시키려는 교인들의 노력을 신앙이라 부를 수 없습니다. 어둠에 빛을 주고 썩음을 방지하는 신앙이어야 옳은 신앙이라고 하겠습니다. 신앙의 구체화를, 신앙의 생활화를 실현해야 하겠습니다. 빛으로나 소금으로 나타나지 않는 신앙은 신앙이 아닙니다. "너희는 세상의 빛이다", "너희는 세상의 소금이다"라고 말씀하신 예수의 선언 그대로입니다. 호켄다이크(Hoekendijk)의 "social happenings"로서 신앙이 우리의 현실 속에서 시급히 요청되고 있습니다. 우리의 부패하고 비뚤어지고 잘못된 사회를 치유시키는 사건으로서 신앙은 정의되어야 합니다. 더 이상 신앙을 교회의 울타리 안에 가둬서는 안 됩니다. 신앙을 한 개인의 영혼의 사유물로 소유시켜서는 안 됩니다. 신앙은 구체적으로 밖으로 나타나서 우리 모두가 함께 누리는 무엇이 되어야 합니다. 특히 어둠 속에서 밝은 빛을 찾는 사람들에게 신앙은 빛으로 나타나야 합니다. 진리의 희랍어 뜻이 "나타남"이라 했는데 신앙이 참이 되려면 나타나야 합니다.

우리나라 초대교회의 신앙은 이웃 속에 구체적으로 나타났습니다. 에비슨 선교사의 백정 고친 이야기와 호열자 희생자들을 돌본 교인들의 이야기는 위에서 언급한 초대교회 성도들의 모습을 보여줍니다.

지금 우리 교회는 시들어가고 있습니다. 사회인들이 교회를 멀리하기 시작했습니다. 지식인들의 교회 거부감은 대단합니다. 사회를 놀라게 한 대형 비리들에 관련된 사람들이 기독교 신자들이 많기 때문입니다. 옛날 예들은 접어두고, 최근의 사건으로 외화를 외국으로 빼돌린 신동아그룹의 회장은 장로입니다. 어떤 목회자들과 장로들이 그를 석방하겠다고 노력을 하면서 발표한 성명서를 보니 그 회장이 훌륭한 믿음의 사람으로 어쩌고저쩌고 했는데 그 믿음이 IMF 시기에 외화를 유출하다니! 이것은 상식 밖입니다. 아모스의 말대로 제사를 크게 지내고 아름다운 비파를 타면서 예배를 드리지만 하나님은 그런 제사나 예배를 받지 않으시겠다고 했습니다. 불의로 돈을 벌고 없는 사람들을 착취했으니 말입니다. 안 보이는 내면의 신앙이 아무리 깊다고 하더라도 그것이 사회에 빛으로 나타나지 않고 오히려 어둠으로 나타난다면 그 누구도 그따위 내면적 신앙을 긍정적으로 평가하지 않습니다. 오히려 위선적인 신앙으로 여깁니다.

이제 우리 교회는 정보화와 세계화의 거창한 슬로건을 걸고 힘없고 돈 없는 사람들을 계속 착취해가는 큰 도둑들을 향하여 소리높이 외쳐야 합니다. 눌린 자들을 위하여 큰 관심을 가지고 일해야 합니다. 교회는 어두운 데서 방향을 못 찾고 있는 사람들을 위하여 빛을 발해야 합니다. 이 지구가 존재하는 한 지배 문화로부터 소외받는 계층은 계속 존재할 것이고 따라서 교회의 존재 이유는 상존합니다. 이 땅에 죄와 악이 존재하는 한 교회는 소금과 빛으로서 건재해야 할 것입니다. 교회는 21세기에도 여전히 그 본래의 시작에로 눈을 돌려야 합니다. 위에서 언급한 대로 21세기에는 자본의 독주가 더욱 예상되고 노동이 무력화될 것이기에 교회는 자본에 의하여 무력화되는 노동자들을 위하여 무엇인가 일을 해야 합니다. 지금의 저 아우성을 바로 들을 귀를 가져야 합니다.

정부에 대하여서도 교회는 늘 비판자로 남아 있어야 합니다. 세상의 왕 위에 군림하시는 하나님의 통치를 선포하여야 합니다.

나그네(난민, 외국인)에 대한 봉사 목회

1999. 11. 8.
한국교회갱신연구원 주관, 강남 YMCA 강당

1. 들어가는 말

베를린 장벽이 무너지고 동서를 갈라놓았던 이데올로기 냉전체제가 서서히 붕괴되어가면서 자본주의가 세계를 주도하게 되었다. 반면에 사회주의 국가들이 무너지면서 노동인구가 자본을 따라 이동하는 새로운 현상이 벌어지게 된 것이다. 자본주의의 종주국인 미국을 비롯하여 일본과 구라파 등에 뿌리를 내리고 있는 다국적 기업들이 제3세계에 투자를 함에 따라서 노동자들의 대이주가 시작된 것이다.

현재 세계 도처에는 이주노동자들의 수가 수천만 명을 헤아리고 있다. 자기 나라에 안에는 일자리도 변변치 않을 뿐만 아니라, 일을 하더라도 받는 임금이 너무나 적어서 외지로 돈을 벌려고 나가는 노동 인구들이 점점 늘고 있다는 것이다. 10여 년 전의 통계(1989-90년)에 방글라데시 759,000명, 필리핀 4,554,100명, 터키에서는 506,300명이 일자리를 찾으려고 외국으로 이주한 것으로 나와 있다. 이것은 공식적인 경로를 통하여 보고된 수이지만 비공식으로 외국으로 나가서 불법 취업하고 있는 사람들까지 포함하면 엄청난 수의 이주노동자들이 자기의 고향땅을 떠나고 있다고 한다. 어느 해인가 멕시코인들이 미국의 국경을 넘어가려다가 약 100만 명이 국경 수비대에 체포되었다는 신문 보도도 있었다.

다른 한편 난민들의 수가 점차 늘고 있다. 자본주의의 승리는 이 지구촌을 평화롭게 하기보다는 무서운 경쟁 속으로 끌고 들어가고 있다. 그 결과는 인종적, 종교적, 경제적 차이를 더 크게 벌려놓음으로써 극과 극의 대결을 가져왔고 그 싸움에서 진 사람들이 고향을 떠나 난민으로 전락하고 있는 것이다. 가까운 예로 북의 동포들이 현재도 중국 땅으로 계속해서 숨어 잠입하고 있다.

외국인 노동자와 난민들의 문제는 21세기에 더욱 부각될 세계적인 문제이고, 교회는 이 문제를 외면할 수 없게 되었다. 전 지구적 문제의 한 단면으로 오늘은 우리나라와 관계된 범위 안에서만 난민과 이주노동자들의 문제를 다루려고 한다.

I. 이주노동자들의 문제

1. 이주노동자들의 한국으로의 이동

지금 제3세계 즉 개발도상에 있는 나라 안에는 실업자들이 아주 많다. 불완전한 취업까지 8억이 넘는 사람들이 실업자라고 한다. 전 세계의 노동 인구 중 약 30%에 해당한다. 그렇기 때문에 노동력이 필요한 나라가 생기면 그 나라로 노동자들의 대이동이 시작되는 것이다. 실업자가 이토록 많이 생기는 배경에는 이른바 신자유주의라는 괴물이 도사리고 있다. 케인즈 경제학에서는 그래도 자본과 노동이 함께 갔는데 신자유주의 경제학에서는 노동이 설 자리를 잃었다. 그 결과로 이 세계에는 지금 실업자들이 다량으로 생기고 있다.

자국에서 일거리를 얻지 못한 수많은 근로자들은 다른 나라로 눈을 돌리기 시작했다. 1990년 8월 걸프전 이후로는 국제 노동력이 동아시아로 급속히 움직이기 시작했다. 중동의 산유국들이 외국의 인력을 자국민으로 대체하면서 중동에 취업 중이던 외국인 노동자들이 동남아 쪽으로 방향을 잡았다. 그중에 한국도 끼었는데 경제대국 11위권에 들어갔기 때문이다. 이주노동자들의 일부는 임금이 제일 높은 일본으로 가기를 원했으나 그것이 쉽지 않다고 느껴지자, 일본에서 가장 가까운 한국을 우선 택해 일본을 가기 위한 경유지로 삼은 경우도 많다. 현재도 일부는 일본으로 빠져나가려다가 잡히는 경우도 있다.

현재 중국인 노동자가 그 수에 있어서 단연 1위를 차지하고 있는데, 1995년도의 중국 노동 인구 약 8억 명 중에서 실업자가 약 18.57%인

1억 5천만 명이라니, 가장 가까운 나라 한국으로 몰려오는 것은 당연하다.

2. 이주노동자 현황

우리나라 이주노동자들의 수는 1995년도에 128,906명, 1996년도에는 210,394명, 1997년도에는 267,546명으로 기하급수적으로 불어나다가 IMF 한파가 닥쳤던 1998년도부터는 매월 계속하여 하락하더니 1998년 7월 통계에는 156,505명으로 줄었다. 하지만 우리나라가 구제금융에서 벗어나기 시작하면서 다시 외국인 근로자들이 들어오고 있는 이번 국회 국감자료에 따르면 1999년도 1월부터 8월까지 17,530명이 입국했다. 국회 국감자료는 불법체류자와 산업연수생을 합쳐서 16만 400여 명이고 통계에 잡히지 않은 사람들까지 하면 약 18만 명이라고 보고하고 있다. 이들 중에 중소업체에 배치된 산업연수생들이 약 30% 정도 되고 합법취업자(내국인으로 대체할 수 없는 전문기술인력)가 7% 정도이며, 나머지 60% 이상이 불법체류자이다. 이들이 곧 불법취업자들이라고 불리는 외국인 근로자들인데 산업연수생으로 오긴 했으나 봉급이 적어서 돈을 더 받으려고 초청된 산업장에서 불법적으로 도망하여 다른 업체에 정식 근로자로 취업한 자들이다.

이주노동자들을 국가별로 보면 중국(조선족 포함), 필리핀, 베트남, 미얀마, 방글라데시, 파키스탄, 스리랑카, 인도네시아, 네팔, 이란, 태국, 우즈베크스탄, 카자흐스탄, 몽고 등 14개국에서 왔고 아프리카에서 온 사람들도 간혹 있다. 최근에는 미국과 일본에서 온 기술자도

이 범주에 넣고 있다. 이들은 우리나라 모든 지역에 고루 분포되어 있다. 심지어 제주도에서도 일하고 있다.

1991년 1월 산업기술연수생제도가 도입된 이후 꾸준히 증가한 이주노동자들은 얼마 전까지만 해도 약 27만 명을 헤아리다가 1997년 하반기 IMF 사태 이후 연수생 도입이 동결되고 또한 대체인력까지도 1998년 7월 이후 금지되면서 그 수가 날로 감소되고 있는 추세이다. 더구나 법무부가 1997년 12월부터는 불법 이주노동자들에게 범칙금을 면제하는 특혜를 주면서 귀국을 종용한 이후 현재(1998년 7월)까지 자진 출국한 사람들은 61,689명에 이르고 있다. 국회 국감자료에 따르면 불법체류자와 산업연수생을 합쳐서 1998년 9월 말로 약 16만 400명이고 통계에 안 잡힌 사람들까지 합하면 약 18만 명이라고 보고하고 있다.

3. 한국 정부의 실책

1989년 사회주의권이 붕괴되면서 국제자본주의는 견제를 전혀 받지 않으면서 세계의 시장을 모조리 훑어가고 있다. 미국을 비롯한 이른바 G7 국가들은 WTO 체제를 출범시키고서는 합법적으로 주변 국가들의 안방까지 깊숙이 침투해 들어오고 있다. 우리나라도 멋모르고 세계화 구호를 외치면서 OECD에 자랑스럽게 가입을 하고서는 멍청하게 안방의 문을 넓게 열어주고 말았다. 자본주의 덕분으로 돈이 좀 생기자 흥청망청 허영으로 낭비하더니 결국 된서리를 맞게 되었다. 정경유착과 관치금융으로 재벌들만을 길러주던 정부는 한보사태와 기아

사태 등으로 인하여 그 허점이 들어나면서 대기업들의 연쇄부도를 막지 못했고 결국 외환위기를 자초하여 하루아침에 1만 달러 시대에서 6천 달러 시대로 이 나라를 망쳐버렸다.

우리 노동자들이 1987년 대투쟁을 통하여 임금이 그 이후 약 5년 동안 2배 정도로 오르자 이른바 3D(dirty, dangerous, difficult) 업종에서 이탈하게 되면서 외국으로부터 인력을 수입하였던 것이다. 처음에는 저임금 산업연수생의 이름으로 인력을 수입했으나 이들이 계약된 일터에서 일탈하여 높은 임금을 주는 업종으로 약 60%가 빠져나가는 바람에 불법체류 이주노동자의 문제가 야기되었다. 그러다가 IMF를 맞아서 달러가 급등하면서 임금이 절반으로 격감되고 일하던 공장마저 부도가 나서 문을 닫는 바람에 귀국하거나 실직한 채 노는 이주노동자들이 점점 불어나게 되었다.

위기가 오면 약한 사람들이 제일 먼저 희생당한다. 특히 많은 노동자들이 쫓겨났고, 그리고 비록 쫓겨나는 신세는 면했다고 하더라도 감봉당하는 어려움에 처하게 되었다. 재벌들은 그동안 벌어들인 천문학적 재산을 내어놓을 생각은 아니 하고 노동자 쪽에만 희생을 강요하여 회사의 구조조정이라는 명목으로 노동자들을 대량 해고하였다. 이런 판국에 외국인 이주노동자들이 된서리를 맞았다. 실로 저들은 지금 찬밥 신세가 되었다.

4. 이주노동자들의 고충

우리나라에 돈을 벌려고 찾아온 나그네들은 크게 당황해 하며 방황하고 있다. 이른바 "코리안 드림"이 물거품이 되었기 때문이다. 그들이 무서운 고난을 당하고 있는 것은 IMF가 와서가 아니다. 물론 전보다 못해진 것은 사실이지만 처음부터 문제가 있었다.

첫째, 임금문제부터 살펴보자. 산업연수생으로 들어온 이주노동자들은 처음부터 우리나라 노동자들과 차별 대우를 당했다. 최하가 200불에서 최고는 260불을 받았다. 당시의 환율로는 적으면 약 16만 원 많아야 20만 원 정도였다. 이것도 나라별 차이를 두어서 중국이나 필리핀 노동자는 260불, 태국은 250불, 인도네시아는 240불, 파키스탄이나 베트남은 230불, 스리랑카나 네팔은 220불이고 제일 작게는 방글라데시 노동자들인데 200불이었다. 그래서 이주노동자들이 데모하여 임금 철폐의 약속을 받았고 1995년 7월부터 최저임금제가 실시되어 최저 330불(약 40만 원)을 지급하도록 하였다. 산업연수생의 경우는 임금 수준이 4만 원에서 8만 원이라니 너무나 턱없이 낮은 임금을 받고 있는 실정이다. 정규 계약으로 일하는 외국인 근로자들도 내국인 임금의 80% 정도이고 거기에 추가되는 상여금이나 퇴직금 등은 보장받지 못하고 있다고 한다.

둘째, 그들의 노동시간을 살펴보자. 국제노동기구(ILO)가 발표한 〈1995년 노동통계연감〉에 따르면 우리나라 제조업의 1994년도 실제 노동시간은 48.7시간인데 이주노동자들은 평균 노동시간을 훨씬 상회하여 50시간을 넘고 있다고 한다. 심지어 주 65시간 이상 일하는 경우도 약 10%가 된다. 노동시간에 관해서는 오버타임에 대한 대우를 받기 위하여 본인이 원해서 하는 경우도 있고 그렇지 않은 경우도 있다고 한다. 어떻든 하루 10시간 이상의 장시간 일을 하면서 받는 육적·

정신적 어려움은 말로 다 표현할 수 없을 것이다. 비록 원하여 시간을 늘려 일하는 경우라도 임금이 낮기 때문에 어쩔 수 없이 강요된 것이라고 할 수 있다. 하루 8시간 이상의 노동은 몸과 마음의 무리를 가져와 병들게 한다.

세 번째의 문제는 임금체불이다. 열심히 일을 했으면 거기에 대한 대가를 바로바로 지불받아야 하는데 임금을 몇 달씩 받지 못하는 이주노동자들이 대단히 많다고 한다. IMF 사태 때는 회사가 부도 나서 어쩔 수 없이 임금을 못 주는 경우가 허다했으나, 전에도 고의적으로 임금을 제때에 주지 않고 계속 연기하였다고 한다. 이유는 이주노동자들이 더 좋은 조건의 회사로 이탈을 못 하도록 하기 위함도 있고 혹은 열악한 하청업체로서 여러 달짜리 어음을 받아놓고는 현금화하지 못하는 데서 임금을 제때에 지불 못 하는 경우도 있다고 한다. 이른바 3D 업종이라는 것은 대개 하청업체들인데 일을 맡기는 대기업이 쓰러지면 자연적으로 하청업체들도 부도가 난다. 그런데 우리나라가 1996년도부터 불황이 시작되어서 하루에 수십 개의 공장이 문을 닫게 되니 거기서 일하던 이주노동자들이 임금을 전혀 받지 못하고 떠나야 하는 어려움을 당했던 것이다. 한때는 체불임금을 받지 못한 채 우리나라를 떠나고 싶어도 손에 비행기표를 살 돈이 없어서 못 떠나는 이주노동자들이 많았다.

네 번째 문제는 산재와 의료보험에 관한 것이다. 절반 이상이 넘는 이른바 불법취업 이주노동자들은 몸이 다치거나 아파도 의료보험이나 산재보험 혜택을 받지 못하고 있는데 왜냐하면 보고가 되면 강제출국을 당할까 염려하기 때문이다. 실로 많은 외국인 노동자들이 우리나라에 와서 일하다가 손가락이 잘리고 건강이 악화되곤 한다. 그래도 도움을 받는 길도 막혀 있는 상태이다. 가정도 없는 이주노동자들은 돌볼 사람들이 가까이에 없는 처지이기에 사전에 건강진단을 받아서 예비하여야 함에도 불구하고 고용주들은 그런 중요한 일에 거의 무관심하다. 그러다가 병이 나거나 사고가 나면 엄청난 불행을 겪게 된다. 노동 조건이 열악한 상태에서 오랫동안 일하다 보면 건강한 사람들도 병이 나게 되어 있다. 실로 이주노동자들의 건강이 보호받지 못하고 있어서 안타깝기 그지없다.

다섯 번째 문제는 폭력이나 성폭력에 관한 것이다. 무엇보다도 폭언으로 인하여 이주노동자들이 많은 괴로움을 받고 있다고 한다. 함께 일하는 내국인들이 고압적인 자세는 외국인들을 무시하고 학대하는 경우가 많다고 한다. 조금만 밉보이면 폭언을 퍼붓는다고 한다. 성폭력에 관한 한 아직은 사례가 많지는 않으나 한창 젊은이들로서 자칫하면 자기네들 상호간에, 아니면 밖으로부터 성폭력을 받거나 줄 위험성이 상존해 있다.

끝으로 이주노동자들은 출입국에 관련하여 애로점이 크다. 많은 외국인 노동자들이 그들의 여권을 업주들에게 압류당하거나 혹은 출입국 관리소가 보관하고 있다. 이탈을 방지하기 위한 조처이긴 하지만 여행의 자유를 근본적으로 억압하고 있는 사례들이다. 이런 것을 중간에 브로커들이 악용하여 노동자들의 작은 수입에서 얼마를 갈취해가는 사례들도 있다고 한다. 이주노동자들은 자기들의 나라에서 여권을 내기 위하여 엄청난 돈을 지불하였는데 이곳에 와서도 계속적으로 비자 문제로 돈을 뜯기고 있는 것이다.

이상에서 고찰한 이주노동자들의 고충은 한마디로 인권유린에서 오는 결과들이다. 그들을 하나의 존엄한 인간으로 알고 돕고 협력을 한다면 도저히 그런 일이 발생할 수 없는 것이다. 그들을 받아들인 우리 정부나 기업주들은 인권의 차원에서 저들의 아픔을 깊이 헤아려야 할 것이다.

5. 생활상의 문제들

첫째는 식생생활의 문제이다. 이주노동자들은 종교나 문화적인 요인으로 인하여 금기시되는 음식문제로 많은 갈등을 겪고 있다. 예컨대 이슬람교는 돼지고기를 먹지 않고 힌두교는 쇠고기를 먹지 않는데 이곳에 와서 자기들의 종교나 문화생활에 맞춰서 음식을 먹기는 힘들다고 한다.

둘째는 주거상의 문제이다. 대부분의 외국인 노동자들은 그들이 일하고 있는 회사나 공장 안에서 자고 먹고 한다. 그런데 그 숙소라는 것이 열악한 환경인 경우가 허다하다고 한다. 예컨대 컨테이너 박스 등에서 사는 이주노동자들도 많다고 하니 그들의 잠자리가 얼마나 불편한지는 너무나 자명하다. 대개의 건물들이 사람들의 거주를 위하여 만들어진 건물들이 아니고 공장의 일부를 개조하여 숙소로 만들어놨기 때문에 불편함은 상상을 초월한다. 그것도 혼자서 방 하나를 얻어 쓸 수 있는 형편이 못 되고 여러 명이 함께 기거하기 때문에 그 불편함을 말할 수 없다고 한다.

셋째의 문제는 언어 소통이다. 한국어로 의사소통이 아니 되기 때문에 여기서 모든 문제들이 발생하고 있다고 해도 과언이 아니다. 업주나 한국인 동료와의 갈등이 언어가 소통되지 않아서 해결되기는커녕 더 증폭되고 있는 실정이다. 이런 문제를 조금이라도 해결하기 위하여 〈샬롬쉼터〉에서도 10월 9일에 한글학교를 개설했다.

끝으로 여가생활이다. 인간이 어찌 일만 하고 살 수 있는가? 쉬는 시간이 있어야 일하는 보람을 느낀다. 한데 이주노동자들은 제대로 쉬지 못하고 있다.

저들은 여가시간에 TV를 시청하거나 잠을 자거나 친구 등을 방문하는 것이 고작이고, 그리고 또 다시 일터에 나가게 되니 진정한 휴식이 없는 일의 반복으로 스트레스는 계속 쌓여만 간다. TV를 본다고 하지만 영어를 할 줄 아는 이주노동자들만이 미군의 방송이나 미국 CNA 방송을 즐길 뿐, 대개는 영어나 우리말 방송을 즐기지 못하고 있다. 대부분의 노동자들이 여가를 제대로 선용할 수 없기에 결국은 병약해지고 그러다가 큰 병에 걸려 쓰러지곤 한다.

6. IMF시대 이후 이주노동자들의 문제

이상과 같은 여러 가지 문제점들을 안고 있던 이주노동자들에게 우리나라의 부도위기와 구제금융의 체제는 더할 수 없는 어려움을 가져왔다. 경제적 어려움뿐만이 아니다. 그것으로 연유되는 심리적, 문화적 영향은 심대하다. 한국인들 자신들이 떼거리로 일터에서 쫓겨나는 판국에 외국인 노동자들에 대한 관심은 전혀 기대할 수 없게 되었다. 아니 저들에 대한 눈길이 매우 차가워진 것이다. 우리의 노동자들이

일할 자리를 외국인들이 차지하고 있다는 데서 오는 무서운 반발심리
가 생겼다.

이런 분위기 속에서 과거에는 외국인 노동자 선교기관에 대하여 우
호적이던 성도들마저도 쌀쌀한 시선을 보내고 있다. 도와주던 마음도
식어버리고 있다. 우리가 직업을 잃었고 가난해졌는데 외국인들을 도
울 여력이 없다는 것이다. 당장의 발등에 떨어진 불을 꺼야 한다는 생
각에 나그네에 대한 관심은 찾기 어렵게 되었다.

그러나 이들을 우리가 초청하여 이 땅에 오게 하였으니 그들이 이
땅에 합법적으로 거주하고 일하고 있는 한, 정부와 기업과 국민들은
그들을 외면해서는 안 된다. 세계 시민의 넓은 마음으로 저들을 바
라보면서 저들을 한 형제로서, 같은 세계 시민으로서 대접해야 할
것이다.

7. 돕고 있는 사례들

현재 한국의 여러 종교의 선교기구들이 이주노동자들을 백방으로
돕고 있다. 우리 교단 안에도 여러 교회들과 노동상담소들이 이들을
여러 가지 차원에서 지원한다.

무엇보다도 저들에게 쉼터를 제공하는 일이 급하다. 이들이 실직을
하면 우선 먹고 자는 곳이 없어진다. 그래서 교회 선교기관들은 이들
이 먹고 잘 수 있는 쉼터를 제공하려고 최선을 다하고 있다. 예컨대 서
울노회 산하에 있는 서울외국인근로자선교회도 쉼터를 열었는데 평균
적으로 하루에 약 50명의 이주노동자가 와서 잠을 자고 식사 대접을

받는다. 주일 오후에는 250여 명에서 300여 명의 이주노동자들이 예배를 드리려고 오는데 이들에게 무료로 빵이나 음료를 제공하고 있다. 실로 이런 봉사는 교회가 할 수 있는 기본적인 생존을 위한 필수과업이다. 한국의 교회들이 이들의 쉼터를 위하여 조금의 관심만이라도 가진다면 많은 외국인들을 그리스도의 사랑으로 변화시킬 수 있는 기회를 만들 수 있을 것이다. 물질적인 도움이 영적인 도움으로 이어지게 하는 중요한 계기가 됨을 교회선교 역사는 보여준다.

II. 난민들의 문제

1. 난민 지위 문제

얼마 전 주한 중국 대사가 북에서 중국으로 건너가서 숨어 지내는 북조선 사람들을 난민으로 볼 수 없다고 말하면서 정치적·사회적으로 문제를 크게 야기한 일이 있다. 뜻있는 분들이 중국대사관에 찾아가서 항의도 하고 데모도 하였다.

문제는 난민의 지위 문제다. 국제법상으로 난민이란 "인종, 종교, 국적, 정치적 견해, 특정 사회단체 참여 등의 이유로 인한 박해의 공포를 피해 조국을 떠난 후, 귀국하지 못하거나 귀환하려 하지 않는 사람들"을 말한다. 이것은 1951년 7월 28일에 제네바에서 유엔난민 및 무국적자 지위에 관한 전권대사회의에서 채택되어 1954년 4월 23일 발효된 〈난민의 지위에 관한 협약〉과 1967년 1월 31일에 뉴욕에서 열렸던 유엔총회에서 채택되어 1967년 10월 4일에 발효된 〈난민의 지위에 관한 의정서〉에 명기된 것이다. 여기서 중요한 것은 난민이란 어떤 이유로든지 "박해받는 자"라는 사실이다.

1969년에 채택된 〈아프리카 단결기구협약〉에서는 "외부 침략, 점령, 외국의 지배나 공공질서를 심각하게 해치는 사건 때문에 자신들의 나라를 떠나야만 했던 사람들"을 추가하여 난민으로 규정하였다. 아시아 아프리카 법률자문회는 "피부색"을 추가했고(1966년) 멕시코, 파나마를 비롯한 남미국가들은 1984년에 채택된 카타헤나선언에서 "대규모 인권침해"를 추가했다. 그리고 냉전 종식 후에는 "국내실향민"(예컨대 쿠르드족, 코소보, 최근에는 동티모르)을 난민으로 규정하였다. 최근에 와서는 자연재해 등의 생태적 요소가 정치적으로 결합되고 있는 것으로 인하여 난민문제가 발생하고 있다고 보고 이들도 난민의 지위에 포함시켜야 한다는 논의가 진행되고 있다(원시림 개발 등으로 쫓겨나는 원시 생활족들).

여기에 자연적으로 이어지는 문제가 북의 동포들의 문제다. 북한 이탈민들을 "환경난민"으로 국제적 보호를 받아야 한다는 주장이 제기되고 있다. 왜냐하면 저들이야 말로 환경의 영향으로 인하여 굶주리게 되었고 이것은 동시에 정치적인 문제와 무관치 않다는 것이다. 1995, 96년의 대홍수, 1997년의 대 가뭄, 1998년의 대홍수에다가 여기에 사회주의 체제하에서의 정책 실패와 군사비 과다 지출 등으로 인한 식량난이 저들의 대량 이탈을 발생시켰기 때문이다. 후자는 분명히 정치적인 문제다.

이것은 동시에 인권침해와 직결되고 있다. 약한 주민들의 생존권을 짓밟으면서도 김일성 시신 보존과 무덤을 위하여 8억 9000만 달러를 썼다(황장엽 주장인바 이 돈은 북한 주민이 강냉이를 먹으면 3년간 살 수 있는 돈이다). 이런 내용대로라면 북한 이탈 주민들을 국제법상으로도 "난민"으로 받아야 한다는 것이다.

2. 이들의 문제들

〈한국일보〉 1999년 9월 30일자 1면에 톱기사로 탈북자에 대한 기사가 실렸다. 중국의 국무원 산하 모 국책연구소가 지난 2월부터 7월 12일까지 선양(심양), 옌지(연길), 단둥, 훈춘 등 국경도시들을 실시하여 보고한 〈북조선의 탈북자 및 사회현상〉 보고서에 따르면 중국 당국이 북한에 다시 송환한 탈북자들의 수가 해마다 늘고 있다는 보도였다. 1996년에 589명, 1997년에 5,439명, 1998년에는 6,300명으로 늘었다. 적발되어 송환된 사람들만을 통계로 잡았는데 숨어 있는 사람들이 더 많을 수도 있다고 보면 탈북자들이 수가 엄청날 것이라고 추측할 수 있다. 어떤 자선기관의 보고로는 30만 명이라고 하는데 이에 대하여 외무부장관이 지난 달(10월 5일)에 1만에서 3만 명으로 공식 발표한 바 있다. 북에서는 탈북자들이 기하급수적으로 늘고 있어서 이들을 막을 경비대를 별도로 세웠다는 뉴스도 10월 6일에 방송으로 들었다.

이들의 탈출 동기들은 몇 가지로 나눠서 생각할 수 있다.

첫째는 굶주림에 더 이상 참을 수 없어서 먹을 것을 구하려고 중국의 국경을 넘는 경우다. 1998년에 〈세계식량계획〉〈유엔아동기구〉〈유럽연합〉의 연구원들이 7세 미만 북의 어린이 1800명을 무작위로 추출하여 과학적으로 조사한 결과 62%가 장기적인 영양부족으로 인한 발육부진 상태에 있었고 16%가 심각한 영양실조 상태에 있음이 밝혀졌다. 그러니 얼마나 많은 사람들이 기사자가 되었는가는 우리의 추측을 불허한다. 통일부는 지난 2, 3년 동안 먹지 못해 죽은 자들을 매년 50만 내지 80만으로 추산한다. 황장엽에 따르면(통일연구원, 북한인권백서 1999) 1995년도에 당원 5만 명을 포함하여 약 50만 명이 굶어 죽었고 1996년 11월 기사자가 100만 명에 이른다고 했다. 1997, 98년도에도 100만 명 이상씩 기사자가 발생했을 것이라는 소문을 들었다는 사람이 많다. 그러니 먹고 살기 위하여 국경을 넘어오는 것이다.

둘째는 정치적인 망명처로 도망하는 사람들도 다수 포함되었다고 한다. 위에서 인용한 보고서에 따르면 북 전역에 김정일을 반대하는 반체제 조직이 활동한다는 것이다. "먹는 문제를 위해서가 아니라 국내의 반김정일 조직에 의해 파견돼 나왔으며 국내 조직을 위해 활동경비와 기자재 설비를 준비 중"인 사람들의 증언도 그 보고서에 나와 있다.

3. 국내 입국 탈북자들

일단 북의 국경을 빠져나간 탈북자들은 러시아나 중국으로 나가는데 잡히면 강제송환되어 총살형 등 무서운 벌을 받아야 하는 두려움에서 우리나라로 들어오는 길이 가장 안전한 길이라고 믿고 도움의 손길을 기다리고 있다. 통일부가 국회에 낸 자료에 따르면 1998년 현재로 국내 입국한 북 이탈주민은 총 933명이고 사망자나 해외 이민자를 빼면 733명이 남한에 거주하고 있다. 그리고 이 한국 내 귀순자들이 계속 늘고 있는 현실이다.

4. 지원 대책

첫째는 탈북자들에게 난민지위를 부여하는 일을 돕는 것이다. 현재 한기총(한국기독교총연합회) 안에 설치된 〈탈북난민보호유엔청원운동본부〉(공동의장 정진경, 지덕; 위원장 이종윤; 본부장 김상철)가 탈북자들의 난민지위 확보를 위해서 앞장서고 있다. 탈북자들을 난민으로 세계 기구들이 인정해주어야 그들을 국제적으로 떳떳하게 대우할 수 있기 때문에 이 운동은 매우 시기 적절한 것이다. 금년 12월 10일 유엔 인권의 날까지 1000만 명 서명운동을 벌이고 있는데 우리 한국의 교회들은 이 서명운동에 함께해야 한다.

지난 10월 11일부터 서울에서 열렸던 세계비정부기구(NGO) 〈1999 서울 NGO〉에서 북의 탈북자들을 난민으로 인정하라는 토론회와 서명운동이 있었다. 그리고 10월 14일에는 이에 응답하듯 우리 정부 해당기관에서 지난 5월에 유엔난민기구에서 북의 탈북자들 가운데 일부가 난민임을 확인했다는 발표를 했다.

둘째는 이미 남한에 들어온 탈북자들의 마음의 안정과 생활 안정을 위하여 협력하는 일이다. 현재 자매결연운동을 벌이고 있는 기관도 있는데 이에 교회들이 관심을 기울여야 할 것이다.

외국인 노동자들과 함께 같은 핏줄인 탈북자들의 아픔에 남한의 교회들이 깊이 관심을 보이면서 저들의 생존권을 지켜주고 동시에 저들의 영혼을 구원하는 일을 담당하여야 한다.

새 천년을 위한 목회자의 역할과 사회적 기대

새 천년의 대 사회적 목회

2000. 2. 14.
부산 목회자 포럼 강연

주어진 제목을 내 나름대로 해석해서 새로운 세기, 새로운 천년에 있어서의 한국 목회자들의 대 사회적 목회 비전을 말하라는 것으로 이해하고 준비했습니다.

여러분들이 실감하고 있듯이 요즈음의 중요 화두는 "시민사회"입니다. 올 4월에 치러질 총선을 계기로 이 문제가 크게 부각이 되었을 뿐 이미 오래전부터 "시민사회"는 태동하고 있었던 것입니다. 4·19혁명으로 거슬러 올라가는 민중의 힘이 군사독재 아래에서 잠시 숨을 죽였을 뿐 속으로 내연되어 결국 국민정부를 탄생시키고 정권 교체를 가능케 했는데 이 힘이 축적되어 오늘의 "부정부패정치인 몰아내기" 운동으로 발전되었습니다. 지금 시민사회운동의 핵심에서 뛰고 있는 사람들은 반독재 민주화운동의 바람을 중고등학교와 대학교에서 실감한 사람들이고 실제로 유치장이나 감옥에서 고생한 사람들도 더러 끼어 있으며, 대부분은 그런 분들과 연결고리를 가지고 있는 후배들로 구성되어 있습니다.

비록 군사독재정권으로 많은 젊은이들이 억울한 옥살이를 했고 심지어 귀중한 목숨들이 꽃도 피어보지 못하고 죽었지만 그들의 고귀한 희생을 통하여 오늘의 민주시민사회운동이 창출되었다고 말하고 싶습니다. 우리는 모든 공을 그분들에게 돌립니다.

새 천년에 들어서면서 이들 민주시민사회운동은 과거 독재정권과 연결고리를 가지고 정치와 재계 일선에서 권력과 부를 누리던 사람들에게 시퍼런 칼을 들이대고 있습니다. 과거와는 달리 부패와 부정에 연루되었던 자들이 정계에서 더 이상 발붙이지 못하도록 하기 위하여 시민들이 벌떼처럼 일어나서 그들을 막고 있습니다. 실로 세계 어느 나라에서도 찾아보기 어려운 혁명적인 사건이 아닐 수 없습니다. 8·15해방 이후 단 50년 만에 이런 엄청난 힘이 시민사회로부터 일고 있다는 것 하나만 가지고도 우리는 우리 백성들에게 희망을 가져도 좋을 것입니다. 대단한 민족임을 자부해도 좋습니다.

앞으로 다시 언급할 기회가 있겠지만 이 민주시민사회운동의 바람이 교회 밖에서만이 아니고 머지않아 교회를 향하여 무섭게 불어올 것이라는 사실을 먼저 말씀드립니다. 그러기에 새 천년의 목회자들은 시민사회가 무엇인지를 깊이 인식하지 않으면 큰코다치게 될 것입니다.

실로 시민사회의 대두와 이에 대한 새로운 이해는 한국 교회의 대사회운동에 대한 새로운 지평을 열어주고 있습니다. 전통적으로 민주사회, 시민사회를 만드는 길은 국가의 삼권분립을 통하여서라고 우리는 배웠습니다. 정부, 국회, 사법부, 이 삼자가 서로 견제하는 데서 균형이 유지되어 민주주의가 가능하다고 배웠습니다. 사실 이것은 자본주의를 기본으로 하는 자유주의의 이상이었습니다. 그러나 우리의 지난 50년 역사 속에서 이런 논리는 통하지 않았습니다. 사법부마저도 독재정권의 시녀가 되어서 민중의 편, 시민의 편에 서주지 않았던 것입니다. 아니 오히려 민중을 억압하는 데 일조했습니다. 국회는 더 말할 필요도 없었습니다. 시민이 직접 뽑은 국회의원들마저도 그들을 뽑아준 시민의 편에 서지 않고 권력을 가진 독재자의 눈치만을 살폈던 것입니다.

이런 현실을 뼈아프게 체험한 우리나라의 시민들은 서서히 깨달았던 것입니다. 3권 분립의 원칙만 가지고는 아니 되겠다고. 그래서 시민사회 발언권의 중요성과 참정권의 중요성을 알게 되었습니다. 그래서 오늘날에는 국가, 시장, 시민사회의 상호관계 속에서 민주주의가 제대로 실현될 수 있다고 믿게 되었던 것입니다. 여기서 말하는 시장이란 경제의 중요성을 표현하는 것인데 김 대통령은 "민주주의와 시장경제"라는 두 수레바퀴를 돌리면서 국민정부를 출발했던 것입니다. 자본주의가 제대로 굴러가려면 시장이 절대적입니다. 그가 2년 전에 "민주주의와 시장경제" 두 축을 말할 때는 시민사회는 안중에 없었습니다. 시장도 시민사회의 견제 없이는 소수를 위한 시장으로 전락할 위험성이 상존합니다. 그래서 살기 좋은 사회를 이룩하려면 민주주의, 시장, 그리고 시민사회 이 3개가 서로 간에 견제와 균형을 이뤄가야 합니다.

새 천년의 사회는 시민사회가 독자성을 확보하는 방향으로 계속 발전되어갈 것이 확실합니다. 시민사회는 국가로부터도 독립을 하여야 하고 시장으로부터도 독립하여야 합니다. 이런 점에서 시민단체들

(NGO)과 교회의 역할이 크게 요구됩니다. 교인들은 하나님 나라의 시민이지만 이 세상의 시민이기에 시민으로서도 하기에 역할에 교인들이 빠질 수 없습니다. 더구나 교회라는 공동체를 함께 공유하고 있는 교인들이기에 시민사회운동에 공헌할 좋은 위치에 서 있다고 할 수 있습니다.

시민사회의 선도세력은 시민들인데 계층적으로 보면 대체로 서민들입니다. 이들은 국가나 기업(시장)의 지배층이 아니고 힘이 없고 가난한 사람들이 주를 이루고 있습니다. 이들 시민은 공무원이나 정치인들과는 달리 정치적으로 자유로운 존재들입니다. 그래서 이들의 특징은 비판적이고 동시에 창조적입니다. 그래서 시민은 권력을 견제하는 특징을 가지고 있습니다.

헤겔은 실제의 시민사회를 "보편적 이기주의의 장으로서 사람이 사람을 서로 자기의 목적을 이루기 위한 수단으로 다루는 영역"이라고 보았습니다(하일민, 《시민사회의 철학》). 헤겔은 시민사회를 "혼란 상태에 있는 사회"로 보았는데 생각건대 오늘날을 이기주의적 경제활동의 사회로 보았기 때문입니다. 그래서 헤겔은 이 혼란 상태를 극복하기 위하여 1) 시민들의 "내적 양심과 도덕"의 함양이 있어야 한다고 했고, 2) 아니면 보편적인 가치를 추구하는 국가에의 귀속에서 찾아야 한다고 했습니다. 1)은 개인적인 양심의 자발적인 발동이 가능한 조건이 있어야 하는데 그것은 쉽지 않으니 차라리 2)의 국가라는 보편성에 의하여 극복하여야 한다고 역설합니다. 헤겔에게 있어서 시민사회란 "사회적 세력들 간의 갈등과 충돌"로 파악되었습니다. 그래서 그 원인을 제거하기 위하여 개인의 양심에 호소하기도 했는데 후대의 사람들이 1)을 좀 더 강조하지 않고 2)쪽으로만 강조하는 바람에 헤겔은 "국가이상주의자"로 낙인 찍혔고 그로 인하여 히틀러 같은 독재자가 나왔다고 비판받았습니다.

실제로 헤겔의 국가 보편성 주장은 현금에 와서 인정할 수 없다는 것이 대다수 사람들의 생각입니다. 국가란 오히려 백성들을 괴롭히는 어떤 괴물로 양심적인 사람들은 경험합니다. 특히 독재정권하에서 살아본 우리 백성들은 국가의 보편성을 주장한 헤겔을 전혀 이해할 수 없습니다. 헤겔의 국가주의적 시민사회론은 더 이상 받아들일 수 없는 것입니다. 오히려 "창조적인" 시민사회에 의해 국가가 변혁되어야 한다는 주장이 큰 설득력을 가집니다. 결국 오늘날의 시민운동을 보면서 위의 주장이 구체성을 띄는 것을 봅니다.

마르크스는 경제 중심의 시민사회를 옹호했습니다. 경제적 관계가 모든 인간관계를 결정한다고 보는 그는 시민사회 역시 경제관계가 결정한다고 믿었습니다. 이런 주장은 경제관계 즉 생산력과 생산관계를 가장 중요시하고 이 생산관계에 동원되는 프롤레타리아 혁명의 주체인 노동자가 시민사회의 핵심을 이루게 된다고 생각하고 다른 계층들은 도외시하였습니다. 이런 마르크스주의는 결국 생산관계나 노동과는 관계없는 종교를 아편으로 규정해버렸습니다. 결국 그는 학교, 교회, 시민결사까지도 사회개혁에 공헌할 가능성을 전혀 인정하지 않은 셈이 되었습니다. 이런 주의사상은 사회를 변혁시키는 정신적인 영역도 무시해버릴 수밖에 없을 것입니다.

이에 반하여 그람시 같은 분은 시민사회를 헤게모니를 창출하는 정신과 가치의 영역으로 해석하기도 했습니다. 하버마스 같은 사회학자는 시민사회를 그 성원들 사이에 자유로운 의사소통이 이루어지고 상호주체적인 상생의 "공적 영역"으로 보았습니다.

이제 우리의 시민사회를 잠시 생각해보십시다. 우리 기독인들이 시민사회를 어떻게 창조적으로 이해해야 하는지요? 교회의 울타리 속에 갇혀서 저 거대한 시민사회를 보지 못하고 있었고 또 알고 있다고 하더라고 부정적으로만 이해하고 있었다면 문제는 심각합니다. 이제 우리의 삶에 직접적인 영향을 주고 있는 정치를 개혁하려면 시민사회를 제대로 보아야 합니다.

1970-1980년대에 시민사회는 국가의 선전과 동원에 이용되었습니다. 즉 국가가 시민사회를 지배하여 강제하였습니다. 새마을운동 같은 것이 한 예가 되겠습니다. 기타 교육기관(학교의 학생들), 언론, 노조까지도 국가가 주도하고 동원하고 이용하였습니다. 그러자 국가로부터 상대적으로 자유로웠던 교회와 대학 사회가 시민사회 속에서 대항세력, 저항세력으로 자리매김했던 것입니다. 그런데 1990년대에 들어와서는 양상이 크게 달라졌습니다. 국가의 지배하에 놓였던 시민사회가 시장의 지배하에 놓이게 되었습니다. 경쟁원리, 상품화 등 시장의 원리와 가치관이 학교·언론·종교·문화·국가 등 모든 영역 안으로 침투하여 들어왔습니다. 1990년대 이후 오늘의 시민사회는 시장의 원리, 이른바 신자유주의 원리에 종속되어가고 있습니다. 예를 들면 대학생들이 밤샘을 하면서 도서관에서 공부하는 것은 자신을 시장에 좀 더 나은 값으로 내다 팔 노동력의 상품가치를 높이기 위함입니다. 대학 안에서부터 전인적인 교육보다는 시장의 요구에 맞게 교육하고 있습니다. 새롭게 탄생되는 학과목들이 시장이 요구하는 요청에 부

응하기 위한 것입니다. 시장의 경쟁에 보탬이 되지 않는 것은 무용지물이 됩니다. 심지어 사회봉사활동마저도 학점을 따기 위한 수단이나 취직을 위한 방법으로 이용되고 있습니다. 참다운 의미에서의 자원봉사의 개념은 사라져버리고 있습니다.

그러나 이제 우리 교회가 시민사회를 올바로 이해하고 대처할 때가 되었습니다. 첫째로 시민사회란 인간의 자유를 실현하는 장이라는 사실을 명심할 필요가 있습니다. 전혀 강제되지 않은 자발적인 활동을 통하여 인간 본연의 자유를 누리게 되어야 합니다. 둘째는 시장의 전횡을 제어하는 어떤 힘으로 시민사회가 역할을 해야 합니다. 이것은 아름다운 사회질서를 이룩하는 데 필수적입니다. 셋째는 인간다운 사회를 이룩하는 데 가장 중요한 정치변혁의 힘으로 시민사회가 동원되어야 합니다. 이제 시민사회는 비판적이고 창조적인 기능을 수행하여 국가와 시장을 민주적이며 인간 상호간의 우애적이고 자연친화적인 것으로 변혁할 수 있는 가장 중요한 영역으로 부상하고 있습니다. 국가나 시장보다 한발 앞서서 정의롭고 참여적인 대안들을 만들어내는 역할을 담당해야 합니다. 오늘날 우리나라가 당면한 문제들이 무엇인가를 보면서 이런 문제들을 가장 정의롭게 대처할 수 있는 영역으로서의 시민사회가 되도록 하여야 합니다.

그러면 우리 사회가 직면한 가장 긴급하고 본질적인 문제는 무엇인가를 보고 그 문제를 해결한 주체는 누구이며 이들은 어떤 소양을 갖춰야 하는지를 차례로 생각해보겠습니다.

우리 사회가 극복해야 할 긴급한 문제들

그 첫째가 평화문제입니다. 대결과 전쟁 없는 삼천리금수강산을 유지하는 일입니다. 평화문제는 결국 남북의 대치 문제의 해결에서 오는 것인데 이 대치 국면을 제거하는 길은 통일의 길밖에 없습니다. 최근에 들어서 IMF 사태 이후 신자유주의 문제가 급부상하며 민족의 평화통일 문제가 뒤로 밀려나고 있는 분위기입니다. 이유는 남한도 힘든데 북조선의 문제까지 신경 쓸 계제가 아니라는 것입니다. 북의 문제를 신경 써서 될 일도 아니라는 것입니다. 요즘은 시민단체들도 이 문제를 긴급하고 중요한 문제로 다루지 않고 있습니다. 민중운동의 패러다임에 속한다고 생각해서 그런지도 모릅니다. 만약 시민운동가들이 이렇게 생각한다면 그들의 생각이 너무나 좁게 움직이는 것이라는 비판을 면치 못할 것입니다. 한반도의 통일 문제는 "우리"라는 좁은 관점에서 보지 말고 북의 생명들과 동남아 그리고 세계 전체의 평화와 직결되는 문제로 생각해야 합니다. 작게는 남쪽 우리가 사는 길이며 동시에 남북이 공생하고 상생하는 길이기도 합니다. 따라서 민족의 평화통일 문제는 우리 사회가 안고 있는 긴급한 과제입니다.

둘째의 긴급한 당면 과제는 지구화의 기류 속에서 나타나고 있는 신자유주의적 이념과 정책에서 고난받고 있는 새로운 민중의 문제와 직결되어 있습니다. 서구의 "신자유주의"란 일거리를 없애버리고 노동을 죽이는 정책입니다. 즉 자본 만능주의입니다. 그래도 케인즈의 경제에서는 노동과 자본이 같이 조화를 이룩하려고 했습니다. 그는 노동조합의 필요성을 강조하면서 노동은 사회발전을 위한 중요한 힘임을 역설했습니다. 그런데 신자유주의가 대두되면서 자본의 일방적인 독주가 시작이 되어 노동의 힘을 약화시켰습니다. 그리고 노동조합을 무력화시키려고 했습니다. 금융자본은 노동의 도움 없이도 이윤을 얼마든지 얻을 수 있게 되자 노동조합 같은 것을 무력화시켰습니다. 이것은 생산 공장의 자동화와 맥을 같이하고 있습니다. 사람 대신에 기계가 일을 하면서 노동자들을 퇴출했습니다. 이렇게 하여 실업자는 계속 늘고 있습니다. 미국이나 유럽, 일본 등지에서는 고도의 기술사회가 이룩되면서 실업자들이 매일 늘고 있습니다. 저개발 국가들에서도 비슷한 결과들이 나타나고 있습니다. 이유는 다국적 기업들이 하이테크 생산설비를 들여오면서 노동자들을 계속 잘라내기 때문입니다. 그 결과 세계의 평균 실업률은 1950년대 4.5%, 1960년대 4.8%, 1970년대 6.2%, 1980년대 7.3%로 나타나고 있고 현재는 10% 내외로 치솟아 있습니다. 완전 고용개념도 달라지고 있는데 1950년대 3%이던 것이 1980년대는 5%로 올라갔고 1990년도에는 미국 월가 경제 분석가들에 따르면 6%의 실업률은 유지되어야 한다고 말합니다. 뒤집어서 말하면 우리나라가 제대로 경제성장을 하려면 6%의 실업률을 유지해야 한다는 말입니다. 지금 정부가 내놓는 통계에 따르면 약 8%라고 하는데 아무리 줄여도 6% 이하로 내려가면 안 된다는 논리입니다. 경제성장을 위하여 노동자들은 죽일 수밖에 없다는 논리입니다. 오늘날 아시아에만도 3000만 명의 실직자들이 우글거리고 있다고 합니다. 우리나라에 와 있는 외국인들 노동자들의 모습만 보더라도 너무나 처량합니다. 그런데 이런 현상이 우연도 아니고 일시적인 현상도 아닙니다. 신자유주의를 내건 가진 자들의 의도된 계산에 따라 진행되고 있다는 것을 여러분들은 아셔야 합니다. 여기에 우리나라 국민의 정부도 놀아나고 있는 느낌인데 다행히도 자문 교수들이 브레이크를 걸어서 신자유주의 정책을 수정하여 사회복지 우선정책을 건의하기도 했습니다.

우리는 21세기를 여러 가지로 진단하고 있습니다. 정보화 시대니, 포스트모더니즘 시대니, 세계화 시대니 하면서 진단합니다. 한데 그 속을 깊이 들어가보면 자본의 축적을 위한 가진 자들의 놀음판이 되어 가고 있음을 우리는 경각심을 가지고 분석해야 합니다. 다국적 기업들이 작은 나라들의 정부와 재벌들과 부호들과 연결하여서 하이테크, 정보, 모든 세계기구들을 적절히 이용하면서 돈을 벌고 있습니다. 고로 모든 기술자들과 과학자들과 소자본가들이 그 놀음에서 소외될까 봐 전전긍긍하면서 비판 한번 하지 못하고 부스러기라도 얻어먹으려고 합니다. 정치인은 말할 것도 없고 학자들이나 언론인들도 이들 놀음에 말려들어 같이 춤추고 있습니다. 비판의 글이나 말을 거의 하지 않고 있습니다. 그래도 일단의 교수들이 김대중 대통령에게 고언을 했다니 다행스러운데 얼마나 효과가 있을지는 두고 볼 일입니다.

이런 분위기 속에서 인권이 쉽게 유린되고 있습니다. 신자유주의 자본의 논리에 따라 돈 생기는 일이라면 권력 기관은 물론 언론이나 기타 기관들도 별짓을 다하고 있습니다. 털어 먼지 아니 나는 공직자가 거의 없을 정도로 공직사회가 푹 썩었습니다. 사회 구석구석에 자본의 움직임에 따라서 해바라기성 인생을 사는 사람들이 늘어만 가고 있습니다. 이런 사람들은 약자들은 무시하고 소외시키고, 심지어는 짓밟기도 합니다. 신자유주의로 인하여 이미 서구에서는 부익부 빈익빈 현상이 현저합니다. 20대 80이 바로 그것입니다. 전 세계적으로 부자

500여 명이 가진 재산이 나머지 사람들(60억)이 갖고 있는 것보다 많다는 통계를 보았습니다. 금융이 독주하면서 노동자 등 서민층의 가난은 계속 심화되고 있습니다. 우리나라도 예외가 아닙니다. 없는 사람들은 점점 가난해진다고 합니다. 80% 중 아주 극빈자가 20%라고 합니다.

셋째의 긴급한 과제는 부정부패, 정경유착의 추방입니다. 부정부패는 신자유주의의 영향하에서 더욱 세를 불리고 있습니다. 이를 위하여 권력 감시가 이뤄져야 합니다. 내부 비리 고발, 고위공직자 비리조사, 정보공개, 공직자윤리의 강화, 돈세탁 방지를 위한 제도와 법을 마련하는 일 등 시민사회가 할 일들이 많습니다. 이제까지의 정치자금법은 부정을 공개적으로 보장해주고 있을 정도인데 이런 것들도 시급히 고쳐야 할 사항들입니다. 부정부패가 없어지려면 투명한 사회가 되어야 합니다. 그래서 시민사회운동은 부패추방, 부정추방운동으로부터 시작하여야 합니다. 부정부패가 없어질 때 정치권은 국민의 복지를 위해서 정책개발에 관심을 가지고 구체적인 대안이 마련될 수 있을 것입니다.

넷째의 긴급과제는 정치권의 개혁인데 특히 정당과 선거제도의 개혁입니다. 보스 중심의 정당제도, 당리당략의 국회운영 등은 시급히 고쳐야 할 것들입니다. 시민운동이 이런 것들을 개혁하려고 힘쓰고 있습니다. 효과적인 결실을 보려면 시민운동이 정치권으로부터 거리를 유지하여야 합니다. 그래야 강력한 비판세력으로 남을 수 있습니다. 모든 제도가 제대로 개혁된 후에는 정치권에 들어갈 필요성이 생길 수도 있겠습니다. 하지만 무엇보다도 정부의 지원을 받지 않는 자생적 힘을 길러야 이런 운동을 제대로 할 수 있습니다. 몇몇 인정받는 사회운동체들이 정부에서 자금지원을 받고 있다고 하여 야당의 지탄을 받고 있는데 이 점 명심할 필요가 있습니다. 교회는 독립적이고 자생력이 충분하기에 마음만 먹으면 엔지오의 역할을 제일 잘해낼 수 있다고 봅니다. 또 하나 자유로운 비판만을 해서는 안 되고 대안도 제시하여야 하는데 여기에는 전문성이 필요합니다. 미국장로교를 보면 각계각층의 전문인 교인들이 자문단에 들어가서 사회적인 이슈를 거론하면서 사회에 지대한 영향을 끼치고 있습니다. 우리 교회도 이런 일을 배워야 합니다.

교회의 대 사회운동의 목표

이미 여기저기서 암시했지만 교회는 시민사회의 영역에 있고 따라서 시민단체의 성격을 갖고 있습니다. 고로 건실한 시민단체들과 연대할 수 있습니다. 아직은 교회의 간판을 그대로 내걸기가 뭣하다면 교회를 모체로 하여 성도들 사이에서 자발적인 에큐메니칼 시민운동 조직을 만들어낼 수 있다고 봅니다. 교회의 간판이나 교단의 간판은 달지 않더라도, 혹은 못 달더라도 의식 있는 교인들과 전문성을 가진 교인들이 교파와 지교회를 초월하여 연대하여서 시민의 생명을 지키는 일 예컨대 환경운동이나 통일운동, 부정선거막기운동 등에 앞장을 설 수 있습니다. 실로 교회는 이 세상을 평화롭게 하고 아름답게 하는 일을 하기 위해서 헤엄쳐나가는 운동의 물이 되어야 합니다. 1000만 명이라는 교인을 가진 약 50000의 교회가 물의 역할을 해줄 수만 있으면 그 물에서 노는 고기들은 신나게 헤엄쳐 다니면서 할 일을 다할 수 있을 것이고 그 결과 우리나라의 변화를 가져올 것입니다. 모세가 하나님의 부름 앞에서 "내가 여기 있나이다" 고백한 것처럼, 이사야가 하나님의 소명에 "나를 보내소서"라고 응답한 것처럼, 오늘의 한국의 성도들이 사명을 감당하고자 하는 결단이 빠르면 빠를수록 기독교시민운동은 어느 시민단체의 활동보다 큰 효과를 가져올 것이라 믿습니다.

시민사회운동적 관점에서 기독교 교회의 인적·물적 힘이 동원될 분야는 너무나 많습니다. 그리고 실제로 기독교 안에 이런 일을 할 수 있는 인물들과 물적인 토대도 무궁무진하다고 생각합니다. 개교회 안에 광맥처럼 흩어져 있는 신앙 양심인들, 각 분야의 전문가들이 수두룩합니다. 이들을 의식화하여 조직을 한다면 무슨 일도 해낼 수 있습니다. 이들이 함께 모여 기도하면서 연구하고 대안을 제시하면서 위에서 제시한 큰 줄기의 일들을 해낼 수만 있다면 우리는 이 땅에서 하나님 나라의 평화를 맛볼 수 있게 될 것입니다.

그러나 우리가 여기서 간과해서는 안 되는 것은 우리 그리스도인들의 궁극적인 목표, 즉 하나님 나라에 근거한 새로운 사회 건설과 새로운 인간의 탄생이라는 두 가지 목표를 이룩하는 일에 이상의 일들이 동원되어야 한다는 점입니다.

새로운 사회와 새로운 인간으로 부활한다는 것은 기독교 신앙의 요체입니다. 우리는 영의 부활을 믿는 동시에 몸의 부활을 믿습니다. 부활은 우리의 마음과 영이 바뀌는 것으로 끝나는 것이 아니고 몸이 새롭게 태어나는 것을 의미합니다. 사도 바울이 해석해준 대로 몸은 인간 사회의 관계 속에 존재합니다. 고로 몸의 부활은 사회 전체의 변화로 이어집니다. 우리 기독교는 부활하는 종말론적인 새로운 사회가 역사와 세상 속에서 어떻게 나타나야 하는가를 끊임없이 기도하면서 모색합니다. 이런 면에서 우리의 부활신앙은 가장 강력한 사회개혁의 의미를 담고 있습니다. 지금 이 땅에서 고난당하는 사람들에게 부활의 신앙은 커다란 힘과 희망이 됩니다.

새로운 사회를 모색하기 위하여 이미 위에서 언급한 대로 4가지의 과제를 제시한 바 있습니다. 새로운 사회는 교회 안에 앉아서 기도하는 것만으로 이루어지는 것이 아님이 분명합니다. 이 세상의 한복판에서 정치와 시장의 문제들을 끌어안고 함께 고민하고 대안을 찾는 과정에서 새로운 사회는 동터옵니다.

부산에 계신 기독교인들은 더 이상 YS-DJ의 관계에서 현실을 보아서는 안 되고 크게 "교회와 국가"의 문제를 새로운 각도에서 보고 문제를 풀어가야 한다고 생각합니다. 오늘의 국가는 세계경제기구를 빙자하여 시장과 시민을 지배하려고 합니다. 이것을 깊게 통찰하여 대처하는 부산의 교회가 되어야 할 것입니다. 가장 무서운 신자유주의의 국가지배를 우리는 우려하면서 대처해야 합니다. 그리고 부산만이 아니고 경상도로, 좀 더 확대하여 경상도만이 아니고 남쪽 전체, 더 나아가서 북쪽까지 포함하여 함께 상생하고자 하는 의미를 우리 부산의 기독교인들이 갖도록 만들어야 합니다. 이런 일이 바로 빛과 소금의 역할이 아니겠습니까!

분명히 말씀드리거니와 우리 기독인들의 궁극적인 시민사회운동의 목표는 그리스도 중심된 피조물의 공동체입니다. 그리스도 중심의 공동체란 새로운 인간의 형성을 요구하고 있습니다. 즉 그리스도가 보여 주셨던 모습들을 통하여 이룩되는 공동체입니다. 그것은 다름 아닌 종 됨, 자기 비움, 자기 비하, 봉사와 섬김의 모습입니다. 이런 것들을 최고의 가치로 삼고 살아가는 인간상이 우리 기독교 시민사회의 목표가 됩니다. 이런 마음을 지닌 자들만이 모든 사람들에게 희망을 주는 일을 할 수 있습니다. 이런 자세를 가진 자들이 국가의 오만을 성토할 수 있고 시장의 잔인함을 제어할 수 있습니다.

그리스도는 새로운 인간의 원형입니다. 그분은 고난받는 자와 동일시되셨고 그들의 친구와 종이 되어 주셨습니다. 이런 그리스도는 영성의 원천이요, 영원에의 자극입니다. 우리 교회는 그리스도의 새로운 인간상의 표지가 되어야 합니다. 이것은 결국 사회와 인간의 해방을 위한 투쟁에 참여하는 데서만 얻어지는 것임을 잊지 말아야 합니다.

21세기의 선교와 생명운동

겔 37:1-6, 눅 4:16-20
2003. 5. 16.
한카서부노회 대회 강연

우리 서울강남노회와 한카노회가 여러 해 동안 상호 방문하고 연락하면서 선교협력을 하는 가운데 한카서부노회 대회에 참여하여 함께 선교의 문제를 논의하게 되어 반갑습니다. 저는 단지 현 시점에서의 한국의 남북 문제와 북핵 문제 앞에 한국 교회들이 어떻게 대처하고 있는가를 말씀드리는 것이 도리라고 생각하여 짧은 브리핑을 준비하던 중 김경준 목사님의 전화를 받고 "21세기의 선교와 생명운동"이라는 제목으로 다시 준비하여 여러분 앞에 서게 되었습니다.

지난 3년 전 희망과 설렘 속에서 21세기를 맞으면서 이 지구촌에는 다시는 전쟁이 없는 평화의 해가 지속되기를 모두가 기원했는데 새 세기의 벽두에 전쟁의 참화를 이웃나라들 안에서 보면서 적이 실망들을 하고 있습니다. 21세기는 생명을 죽이는 참사가 일어나지 말기를 그렇게도 간절하게 기원했건만 생명들이 계속 죽어가고 있으니 안타까울 뿐입니다. 우리 교단의 작년 9월 총회에서는 앞으로 10년간 추진할 교단 목표를 "생명살리기운동"에 두기로 결의하였고 그 결의를 각 노회로 전달하여 노회마다 그 선포식을 가졌습니다.

사실 이 생명살리기운동은 세계교회가 오래전에 시작한 것입니다. 1948년에 창설된 세계교회협의회(World Council of Church, 약칭 WCC)의 창립총회의 목적에 "책임사회건설을 위한 사회 차원의 생명살리기운동 전개"가 기록되었습니다. 사회를 생명의 망으로 만드는 교회의 선교적 사명을 수행하고자 하여 세계교회협의회를 세웠던 것입니다. 1983년의 6차 총회(밴쿠버총회)에서 "예수 그리스도, 세상의 생명"을 표어로 걸고 회의를 진행했습니다. 여기서 결의된 것이 JPIC(정의peace, 평화justice, 창조질서의 보전integration of creation)입니다. 1998년도 아프리카 하라레의 희년총회(제8차)에서 죽임의 문화를 살림의 문화로 바꾸기 위하여 머리를 맞대었습니다. 생명 죽임의 현장인 아프리카에서 그 총회를 연 뜻이 거기에 있었습니다. 20세기를 마감하면서 20세기야말로 죽임의 문화였다고 진단하고 새로운 세기인 21세기에는 생명을 살리는 문화를 만들자고 외쳤던 것입니다. 여기서 결의한 것이 〈폭력극복10년운동〉입니다.

이에 발맞춰서 세계의 모든 교회들이 죽임의 문화를 만드는 폭력을 극복하고 생명살리기운동에 동참하게 되었는데 아시아교회협의회도 2000년 11차 총회에서 "만물의 생명의 풍성함을 위한 때"라는 주제를 걸고 회의를 했습니다. 그리스도인의 일치기도주간을 세워서 "생명의 샘이 진정 주님께 있나이다"의 표어 아래 모든 교회들이 모이도록 권유하였습니다. 여기에 맞춰서 2004년 개혁교회세계연맹(WARC)이 "만물의 생명이 풍성함을 얻게 하소서"라는 표어를 걸고 아크라에서 모입니다. 2005년 WCC 세계선교와전도대회의 주제가 "만물의 생명의 풍성함을 위하여 그리스도 안에서 치유와 화해를 위해 부름받은 공동체"입니다.

우리 남한의 장로교 총회는 이러한 세계교회의 흐름을 재빨리 파악하여 1998년 제 83회 총회 때부터 20세기의 생명 죽임의 현실을 복음의 능력으로 극복하기 위한 새로운 세기의 선교비전을 교단 21세기 정책문서에서 제안하고 있습니다.

"하나님의 영광을 위하여 모든 피조물이 더불어 살아가는 지구 생명공동체"라는 타이틀을 내걸고 정책입안을 시작했습니다. 2000년 85회 총회에서 "생명살리기운동 10년 계획안"이 제안되었고 이것에 맞춰서 2000년 한국장로교대회로 발전되어 21세기 생명살림선교를 위해 11개 지역대회가 열렸습니다. 2001년 86회 총회 "예장21세기종합사업계획서"가 제안되었고 총회 주제가 "성령이여 교통케 하소서 – 하나님의 나라와 생명"이었고 그리고 87회 총회의 주제가 "생명의 성령이여 삶의 주인이 되소서"이었습니다. 작년이 생명살리기운동 10년의 원년으로서(조선예수교장로회총회 창립 90주년 기념도 겸함) 총회에서 선포식을 가졌고 각 노회 별도로 가졌습니다. 금년부터 2007년(독노회 창립 100주년 기념해)까지가 1단계이고 그 다음부터 2012년(총회창립 100주년 기념해)까지 2단계가 됩니다.

1단계 사업

1. 생명살리기운동 의식화와 생활화를 위한 교육 훈련

2. 지역과 노회의 생명살림선교를 위한 선교 구조의 갱신과 개혁

3. 이 운동을 위한 지역 및 노회 프로그램 개발

4. 교회 성장 중심 목회 모델에서 생명목회 모델로의 전환 모색

2단계 사업

1. 지역교회 생명살리기운동 확산

2. 전 교회 생명살리기운동 본부화

3. 전 교인 생명살리기운동 요원화

4. 기독시민으로 확산

5. 지역 내 시민운동과의 연대활동

6. 생명목회 모델의 정착

대체로 이런 뼈대만 만들어놨기에 총회에서 총대들의 반응은 대체로 뜬구름 잡는 이야기라고 했습니다. 이것을 기획한 분들은 수고를 많이 했음에도 불구하고 구체적이 목회현장에서 구체화시킬 프로그램이 나오지 않았기에 모두들 당황한 것입니다.

세계교회협의회가 처음으로 내건 그 본래의 이름은 "폭력 극복"인데 내용적으로는 평화운동이요 그러다 보니 생명을 앗아가는 일을 하지 말자는 운동이고 좀 더 적극적으로는 생명을 죽이지 말고 살리자는 운동으로 발전되었습니다.

그런데 엄밀하게 말하자면 기독교의 출발이 처음부터 생명 살리는 운동이었습니다. 더 근원적으로 올라가서 우리의 하나님은 생명 자체입니다. 하나님이 창조한 에덴동산에는 죽음이 없었습니다. 하나님의

나라는 한 마디로 생명이 충만한 곳이었습니다. 자연 창조, 동물 창조, 인간 창조를 통하여 땅에 생명을 충만하게 하였습니다. 그래서 성경은 영원한 생명을 노래하고 있습니다. 생명의 근원 하나님이 만드신 이 세계는 생명으로 충만했던 것입니다.

창세기에 6일간의 창조 이야기를 하나하나 읽으면 하나님이 이 세상을 생명으로 채워 가시는 것이 보입니다. 자연, 동물 그리고 인간을 차례로 창조하시고는 충만하라고 했습니다. 충만은 곧 생명의 충만입니다. 온전한 삶입니다. 모나지 않고 축나지 않는 완전한 삶입니다. 이것을 구약은 "샬롬"이라고 표현합니다. 이스라엘 백성들의 인사로 정착된 "평화, 샬롬"은 곧 생명살림입니다.

그런데 아담이 하나님이 금한 선악과를 따먹음으로써 사망이 시작되었습니다. 아담은 에덴동산에서 쫓겨났고 인간의 비극은 시작되었습니다. 그 구체적인 모습을 가인의 살인사건에서 봅니다. 친동생을 죽이는 비극이었습니다. 아벨의 생명은 가인에 의하여 제거되었습니다. 하나님의 창조 목적에 이긋나는 사건이었습니다. '섞다' 즉 어둠과 그늘과 죄악과 죽음이 들어오기 시작했습니다. 악이 들어온 것입니다. 악이란 생명을 죽이는 것입니다. 삶이 멍들고 쭈그러지고 억압되어 있는 것이 '쇠다' 인데 '샬롬' 의 반대입니다. 둥근 달처럼 환하게 피어 있는 삶이 샬롬이라면 제대로 피지 못하고 눌려 있고 갇혀 있는 삶은 '쇠다' 입니다. 그것은 곧 병, 아픔, 고통, 탄식 등입니다. 이것의 극한적인 상황이 죽음입니다.

하나님의 나라는 생명이 충만한 나라인데 생명을 억압하고 죽이는 세력이 있다면 그것은 하나님을 거부하는 세력입니다. 성경은 이 세력을 사탄이라고 칭하고 있습니다. 신약에 와서는 적그리스도라고도 표현하였습니다. 죽임의 문화는 곧 사탄의 문화요 적그리스도의 문화입니다. 그리스도의 문화란 생명문화입니다.

인간의 역사를 살펴보면 가인의 마음에 파고들어 자기의 라이벌을 죽이고 득세하려는 욕심을 품게 하는 사탄의 역사는 계속되었습니다. 즉 가인의 후예들이 계속해서 일어나곤 했습니다. 가인들 때문에 이 땅에서 생명은 계속해서 죽어갔습니다.

1) 정치적으로 보아서 한 국가의 내란이나 역적사건이 일어나는 것이 그것입니다. 2) 경제적으로 경제권을 차지하려는 암투가 치열합니다. 상대방의 것을 보다 많이 빼앗으면 그만큼 나는 부자가 되고 권력도 보강하는 셈이 됩니다. 이런 재미 때문에 권력을 가진 자들은 약한 자들을 수탈합니다. 그래서 가진 자는 점점 더 부자가 되고 없는 자들은 점점 더 가난하게 됩니다. 80대 20의 구조로 되었습니다.

종교들이 발생한 배경을 보면 권력자들의 억압과 약탈이 아주 심할 때입니다. 폭력과 억압과 착취가 심할 때 종교가 생겼습니다. 폭력, 억압, 착취란 한마디로 생명을 죽이는 일입니다. 종교의 창시자들이 이 생명 죽임을 막아보려고 일어났던 것입니다. 그들은 자기네들의 눈앞에 전개되는 눌리고 상하고 죽어가고 있는 백성들의 아픔을 돌보다보니 소외된 사람들이 계속 그에게 모여들고 그러다가 조직이 생기게 되고 그것이 후대에 의하여 창시자의 이름을 붙인 종교조직으로 세워진 것입니다. 석가모니의 불교, 모세의 유대교, 마호메트의 이슬람교, 예수님의 기독교 등으로 명명되었습니다.

유명한 독일의 철학자 에른스트 불로흐가 그의 명저 《희망의 원리》라는 책에서 종교의 배경을 잘 설명해준 바 있습니다. 불교의 석가모니는 왕자였습니다. 호화스러운 궁정의 생활에 젖었던 그가 우연하게도 궁중의 밖을 내다보다가 길가의 가난한 군중들을 보았습니다. 너무나 남루한 옷을 입고 허기져서 다니는 그들을 보았을 때 그는 이루 말할 수 없는 큰 충격을 받았습니다. 그는 왕궁을 떠나서 이른바 민중에게로 가서 그들을 위하여 봉사하면서 그의 주변에는 많은 불쌍한 사람들이 모이게 되었습니다. 그것이 석가모니의 후계자들에 의하여 불교로 탄생된 것입니다.

독일의 칼 마르크스도 유대교야말로 노예들의 종교라고 일컬었습니다. 유대인들은 애굽에서 벽돌을 굽던 노예들이었습니다. 이때 모세라는 선각자가 등장하여 노예를 해방시킵니다. 모세는 유대인이면서도 왕궁에서 살았던 왕자였지요. 하지만 자기 백성들의 처참한 현실을 직시하고 그 자리를 박차고 나와서 자기 백성들을 노예생활에서 해방시켜 가나안으로 이끌고 갔던 지도자였습니다.

독일의 세계적 신학사 몰트민은 기독교외 창시자 예수를 이런 시각에서 해석하고 있습니다. 가장 고귀한 하나님의 아들 예수님이 이 지구촌에 오신 것은 눌리고 상하고 죽음 아래에서 신음하던 백성들을 해방시키기 위해서였습니다. 십자가를 지신 것도 죽어가던 민중들의 편에 섰기 때문이었습니다. 만약 그가 당대의 고관들, 로마 황제의 침략정책을 옹호하고 그들에 의하여 억압을 당하는 이스라엘의 백성들을 모른 척했다면 그는 십자가에 달려 죽지 않았다는 것입니다. 죄인들의 친구요 약한 자들의 편에서 대변하다가 결국엔 기득권 세력의 미움을 받게 되었고 결국 십자가의 극형을 받았습니다.

한마디로 모세도 예수도 억압받고 눌림받는 백성들, 민중들의 생명을 살리려는 데 그들의 삶의 목적을 두었다는 것입니다. 유대교나 기독교, 불교의 참뜻은 생명을 살리려는 데 있었습니다. 종교는 생명운동입니다. 신앙운동은 생명운동입니다. 종교의 근원이 그것을 증명하고 있습니다.

지나간 역사를 보면 교회가 가장 참신하고 개혁적인 경건의 모습을 가졌던 때가 교회가 약한 자들과 없는 자들을 위하여 헌신할 때였습니다. 하나님이 말세에 예수 그리스도를 지구촌에 보내신 것은 생명을 살리기 위함이었습니다. 그의 아버지, 하나님 아버지가 만들어놓으신 충만한 생명공동체를 다시 회복하시기 위하여 오신 것입니다. 창조사적으로나 구속사적으로나 지상에서 예수의 활동은 너무나 분명한 생명운동이었습니다. 전인적 인간성의 회복운동이었습니다. 구태여 그것을 육신의 생명운동과 영혼의 생명운동이라고 이분화할 필요가 없습니다. 자연, 동물, 인간 등 우주 전체의 생명운동입니다. 육신의 삶과 영혼의 삶을 쪼개서 생각하면 생명살리기운동에 혼선을 가져옵니다. 종말론과 환경론은 이원론적으로 해석되지 않고 일원적으로 해석되어야 합니다.

지금 우리 세계는 어떻습니까? 죽임의 문화로 점철된 지구촌이었습니다. 20세기 전쟁의 역사를 잠시만 돌아봐도 너무나 많은 생명들이 살생을 당했습니다. 6·25 세대인 우리는 너무나 참혹한 역사를 목도하기도 했습니다.

1, 2차 세계대전, 베트남전쟁 등 세계 도처에서 일어났던 전쟁으로

인하여 얼마나 많은 생명들이 죽었습니까? 새로운 세기에 들어와서는 평화를 꿈꾸었는데 9.11테러에 아프가니스탄 침공이 일어났고 드디어 지난달에는 미국의 이라크 침공이 있었습니다. 지금도 국제적 · 지역적 싸움이 끊이지 않고 있습니다. 여기에 환경의 오염, 공기와 물의 오염으로 자연이 죽어가고 있고 인간의 목숨도 무수하게 쓰러지고 있습니다. 앞으로 10년간을 폭력 극복의 해로 선포한 세계 교회 지도자들의 혜안을 높이 평가하고 싶습니다. 이는 폭력으로 인한 생명을 죽이는 것을 총칭하는 것이다.

1) 나라와 나라 간, 2) 민족과 민족 간, 3) 그룹 대 그룹, 4) 개인 대 개인

결국 폭력이란 남의 생명을 죽이자는 것입니다. 폭력은 하나님의 나라를 없애자는 것입니다. 고로 하나님 나라의 생명운동을 박멸하려는 세력들의 운동이 곧 폭력입니다. 폭력이란 말에서 여성에 대한 폭력, 어린이에 대한 폭력, 외국인에 대한 폭력 등 가진 자나 권력자가 가하는 약한 자와 가난한 자에 대한 폭력을 생각합니다. 이제 우리는 이런 폭력을 저지하여야 합니다. 생명운동은 자연, 동물, 인간 등 전체에 파급하여야 합니다. 그래서 죽임의 문화를 생명살림의 문화로 바꿔가야 합니다.

여기서 잠시 이 생명살리기운동을 선교학적인 관점에서 고찰해보겠습니다. 새로운 세기의 선교를 논하기 전에 과거의 선교론을 잠시 일별하겠습니다. 지난 50여 년간 선교의 개념이 여러 가지로 발전을 거

듭했습니다. 선교(Mission)란 "예수 그리스도의 첫 크리스마스와 그의 재림 중간에서 예수 그리스도를 증거하는 것"—이것은 발터 프레이타그(Walter Freitag)라는 선교신학자가 1950년에 "The Meaning and Purpose of the Christian Mission"이란 제목의 강연에서 설명한 것입니다. 그에 따르면 선교란 다시 오시는 그리스도를 기다리는 사람들의 모임 안에서만 가능한 것입니다. 재림하시는 그리스도를 기다리도록 사람들을 일깨워주는 선교란 오늘의 삶에는 전혀 관심을 두지 않고 미래적인 것입니다. 선교란 오고 있는 메시아 예수 그리스도를 영접할 수 있는 차원에서 해석이 되었습니다. 오늘의 구원이 아니라 내일의 구원을 향하여 외치는 것이 선교입니다. 이와 같은 선교 개념에는 종말론적인 냄새가 물신 풍깁니다. 이 세상은 타기(唾棄)하여야 하고 버려져야 할 곳입니다. 우리가 사는 현실은 무의미한 것이기에 다시 오시는 주님을 열망하는 데서 삶의 의미를 찾고 그 주님을 영접할 수 있는 자격을 갖추고 있다가 재림의 주님의 영접을 받는 것이 최고의 바람이요 목표가 됩니다. 그래서 선교란 재림하시는 주님의 영접을 받을 수 있는 사람으로 불러내고 훈련시키고 준비시키는 것입니다. 영혼의 구원에만 관심을 가졌고 삶의 현장에서의 죽음의 문제에는 등한했습니다.

두 번째 개념으로 선교란 교회를 심는 일입니다. Church Planting. 한창 교회가 성장하던 70, 80년대 한국은 교회 심기에 열을 올렸습니다. 전도를 열심히 하여 교회를 많이 만들어가는 것으로 선교를 이해하였습니다. 구교에서는 1965년 제2차 바티칸 공의회에서 "선교활동의 구체적인 목적은 아직 뿌리가 내리지 않는 사람들이나 그룹들 속에 복음을 전해서 교회를 심는 일이다"라고 정의한 바 있습니다. 이런 선교활동의 목적은 모든 인류가 한 하나님의 백성을 이뤄서 그리스도의 한 가족에 참여하여 같은 성령의 힘으로 한 성전을 지어가도록 하기 위함이라는 것입니다. 모이는 데 뜻을 두고 있습니다. 보이는 교회개념이 강조되고 있습니다. 여기서는 한 사람 한 사람 전도하여 세례를 베풀어서 교인을 만들어 교회가 수적으로 많아지는 것이 선교입니다. 양적으로 많은 교인들을 이룩하도록 함에 선교의 본뜻이 있습니다. 오로지 교회 안으로 모여드는 사람들의 삶에만 관심할 뿐입니다. 교회 밖의 생명들이나 우주의 생명, 자연의 생들에는 거의 관심하지 않았습니다.

세 번째는 눈에 아니 보이는 측면에 강조점을 두어야 한다는 선교개념인데 이른바 "숨겨진 기독교"(implicit Christianity) "무명의 그리스도인"(anonimous Christian)이란 개념 속에 포함된 선교론입니다. 유명한 독일의 교수 폴 틸리히(Paul Tillich)에 따르면 선교란 "보이지 않는 교회를 나타내주는 일"입니다. 즉 이방 종교, 유대교, 인본주의 속에 가려진 교회를 나타내주는 것이 선교인 것입니다. 비록 겉으로는 길을 잘못 들어서 타 종교나 인본주의 속에 있지만 실제로 그 가운데 하나님의 백성들이 존재한다는 우주론적인 구원론에 근거한 선교학입니다. 틸리히 교수의 숨어 있는 기독교라는 선교개념 속에는 예수 그리스도의 구원의 범위를, 보이는 교회라는 울타리 안에 가두지 않고 전 우주에 확대하려는 노력이 있었습니다. 예수 그리스도의 구원의 은총을 전 백성, 전 우주로 확대하려는 의도가 틸리히 교수에게 있었습니다. 예를 또 하나 들면 중국 교회 팅 주교는 "양 우리에 들지 않은 사람들을 위한 예수님의 기도"를 인용하면서 당시 사회주의 내지 공산주의 체제 속에서 교회에 다니지 않는, 아니, 다닐 수 없는 수억 중국의 인민들을 생각하면서 교회에 현재 적을 가진 300만 명만을 위해 그리스도가 존재하는 것이 아니고 10억의 전 중국의 구세주임을 설교한 적이 있습니다(Cosmic Christ). 보이는 교회 안에 매여 있는, 눈에 보이는 교인들만이 아니고 전 인민의 구세주, 눈에는 아니 보이는 하나님의 사람들을 드러내주는 것이 선교라는 뜻입니다. 그래서 그는 공산주의 최고회의 위원이 되어 나라의 건설에 이바지하면서 예수 그리스도의 이름을 아니 보이게 드러냈던 것입니다. 교회 울타리 안에 들어온 생명들에만 관심하지 않고 교회 밖의 더 많은 생명들을 살리기 위하여 예수 그리스도의 구원의 은총을 확대하려고 했습니다.

또 다른 한 분은 유명한 가톨릭 신학자 칼 라너(Karl Rahner)입니다. 그는 "익명의 그리스도인들이란" 표현으로 비슷한 선교개념을 말하고 있습니다. 이것 역시 하나님이 모든 사람에게 현존함을 전제한 선교학입니다. "예수 그리스도 안에서 세상에 오신 하나님"이란 성경의 말씀을 생각하면 하나님이 온 인류에게 은혜를 베푼 것입니다. 온 인류는 하나님의 은혜를 받은 자입니다. 즉 온 세상의 사람들은 하나님의 교회입니다. "그리스도 안에서 하나님의 인간 성육화"란 점에서 그렇게 말해야 한다는 점을 분명히 했습니다. 모든 인류는 하나님의 오심, 즉 그리스도 안에서 구원받기로 의지되었기에 "익명의 그리스도인들"이라는 것입니다. 당장은 겉으로 나타나지 않지만 언제 어떤 모양으로 그리스도의 사람으로 나타날지는 아무도 모른다는 것입니다. 이런 선교신학을 가진 사람들은 모든 이웃을 하나님의 사랑의 은총 속에서 이해하기 시작합니다. 같은 하나님의 사람으로 사랑해야 한다는 것입니다. 이 선교론의 핵심은 이 세상의 모든 사람들이 하나님의 형상으로 지음받은 하나님의 백성이라는 전제에서 출발합니다. 그리스도의 사랑은 모든 사람들에게 확대되어야 한다는 것입니다. 모든 생명의 중요성이 동일하기에 그리스도의 사랑과 구원의 은총은 한계가 없어야 한다는 것입니다. 어떤 종교의 사람이건 지금은 알지 못하여 타 종교의 길을 가고 있지만 하나님의 사랑을 이미 받은 자임이 확실합니다. 왜냐하면 예수 그리스도가 그를 위해서 보내심을 받으셨기 때문입니다. 이때의 선교란 사랑을 통하여 그리스도를 나타내는 행위를 말합니다. 이것은 곧 모든 사람의 생명을 귀하게 여기고 그것을 살리는 운동입니다.

네 번째의 선교개념은 오랜 에큐메니칼 논의를 거쳐서 정립된 것입니다. 한마디로 "하나님의 선교"(missio Dei)라는 것입니다. 이 선교개념을 잘 정리한 분인 호켄다이크(Hoekendijk)는 다음과 같이 말하고 있습니다. "우리는 선교를 그리스도 안에 있는 모든 것을 다 거두기 위하여 하나님의 선교에 참여하는 운동이라고 본다. 그래서 우리는 이 세상 안에 하나님의 평화의 다양한 사인들(표식들)을 세우도록 인도함을 받는다." 여기서 말하는 평화 즉 샬롬은 하나님 나라가 구체화된 표식입니다. 종교적인 술어인 "구원"이란 말을 세속화시킨 개념입니다. 구원은 영과 육의 치유상태를 말합니다. 치유된 인간의 삶은 샬롬입니다. 의와 진리와 평강과 화평과 기쁨 등을 총칭하여 샬롬이라고 말합니다. 이것은 생명 충만입니다. 이 생명의 충만 샬롬은 사회 속에서 일어나야 한다는 것입니다. 즉 사람과 사람 사이에서 생기는 사건들 속에서 구체화되는 것입니다. 호켄다이크가 예로 든 샬롬의 표식들은 1) 미국에서의 마틴 루터 킹 목사의 흑인 인권운동 - 흑인들의 생명살리기운동, 2) 독일에서의 동서독 화해운동(Aktion Soehnezeichen) - 동독의 인민들 살리기 운동, 3) 불란서에서의 노동자 신부운동 - 노동자 살리기 운동, 4) 영국의 산업선교운동 - 이것 역시 산업사회에서 착취당하는 노동자의 생명을 살리는 운동입니다. 기타 여러 가지 평화운동들이 있습니다.

우리들의 남북 평화통일운동도 그 하나입니다. 남과 북의 백성들이 분단으로 인하여 얼마나 죽어갔습니까? 이념의 갈등으로 인해 제주도의 4·3사건으로도, 6·25전쟁으로도, 많은 생명들이 억울하게 죽었습니다. 고로 삼천리강토를 살리는 길, 700만 동포가 생명으로 충만되는 길은 남북의 화해와 통일에 있습니다. 이 운동을 해야 합니다. 선교의 중대한 장입니다.

이상에서 살펴본 4가지 선교개념 중 먼저 두 가지는 보이는 교회에 초점을 맞춘 데 반하여 뒤의 두 개념은 눈에 나타나지 않는, 보이지 않는 교회에, 더 나아가서 온 우주와 온 인류에 초점을 맞추고 있습니다.

다음으로 교회사적으로 선교에 대한 생각이 어떻게 변모했는가를 살펴보겠습니다. 세계 교회의 선교에 관한 관심은 1910년 에딘버러 선교대회에서 시작이 되었습니다. 거기서 지적되었던 것은 서구의 교회 안에 선교에 대한 열정이 없다는 것이었습니다. 국제선교대회(IMC)가 1928년 예루살렘에서 모이면서 'older', 'younger' church의 관계가 부각이 되었습니다. 탐바람 선교대회에서 비로소 기독교국과 비기독교국 간의 구별이 없어졌습니다. 이 말은 서구도 선교의 장임을 인정한 것입니다. 선교의 일방적 방향이 수정되기 시작한 것입니다. 1차 세계대전 이후에는 이른바 'Christopagans' 개념이 등장했고 기독교적이었던 서구에 국수주의, 나치주의, 공산주의 등이 등장한 것에 대한 반성과 참회가 시작되었습니다. 그리하여 죄, 소외, 심판, 중생, 의, 사유 등의 단어들이 선교대회나 일반 신학 토론에 등장하였습니다.

2차 세계대전이 끝난 이후 1952년에 윌링겐에서는 "교회 중심의 선교"가 "선교 중심의 교회" 쪽으로 방향을 많이 틀었습니다. 그 어간에 형성된 세계교회협의회 창설(1948)의 공로도 간과되어서는 안 됩니다. 윌링겐대회에서 선교가 교회에 종속되는 것이 아니고 그렇다고 교회가 선교에 종속되어도 안 된다고 하였습니다. 하나님의 선교(missio dei)란 개념이 여기서 시작이 되었습니다. 교회의 선교(missio ecclesiae)가 되어서는 안 된다는 것입니다.

1958년 가나의 아치모타(Achimota)에서 열렸던 국제선교대회에서 레슬리 뉴비긴이 주제 강연에서 밝힌 대로, 1) 교회는 신교디(church is mission), 2) 선교 기지는 어느 곳이든지이다(제3세계나 younger church도), 3) 동역 선교(mission in partnership)를 하자는 등 세 가지 선교 방향이 틀을 잡았습니다. 서구 중심의 교회가 선교를 주도하는 것이 아니고, 제3세계 교회와 "더불어" 선교한다는 것입니다.

1961년 뉴델리에서 국제선교대회와 세계교회협의회가 하나가 되었습니다. 이것은 교회가 선교의 과제를 그 핵심에 두고 있음을 반증한 것입니다. 여기서 교회는 보내는 자가 아니라 보냄을 받은 자임을 확실하게 천명하게 되었습니다. 선교는 교회의 기능의 하나이지만, 선교가 교회에 부착된 것이 아니라는 말입니다. "교회는 본질적으로 선교사적이다", "하나님은 선교사 하나님이시다." 이런 선교사 하나님은 신구약 성경 속에서 잘 나타나고 있습니다. 순례자로서의 하나님의 백성은 구약에서나 신약에서 제시되고 있는데(나그네 신학에서도 정리되고 있음) 이 이동은 근본적으로 선교사 하나님이 시키셔서 이뤄진 것입니다. 아브라함의 이민의 삶, 애굽에서의 삶 등은 오로지 하나님의 선교적 섭리 속에서 진행되는 사건이고 이것을 믿고 앞장선 조상들의 믿음을 보여주는 것입니다. 순례자로서의 교회 이미지는 교회가 안주해서는 안 된다는 진리를 보여줍니다. 하나님에 의하여 보냄을 받은 실체로서 세상의 구원을 위하여 계속 이용되고 사용되는 도구의 이미지를 순례자로서의 교회 이미지가 갖고 있습니다. 이것은 곧 선교로서의 교회를 의미합니다.

선교로서의 교회란 "세상을 향한 교회의 이미지"를 심어줍니다. 교회의 존재 이유가 그 자체의 존립의 유지를 위해서가 아니고 세상의 구원을 위하여 존재합니다. "세상"은 오랫동안 교회 밖의, 교회를 대항하는 세력으로 이해되었습니다. 신학은 교회가 중심인 세계만을 그리고 있었습니다. 교회 밖의 세상은 정복되어야 할 적이었습니다. 에딘버러 대회에서 "세상의 정복자로서의 교회"는 제2차 세계대전 이후에 서서히 바뀌더니 위트바이대회(1947)에서 "세상을 위한 교회"로 바뀌었습니다. 1) 교회는 마지막 실체가 아니고 준비의 단계다, 2) 교회는 하나님의 나라가 아니다, 라고 선언되었습니다. 교회는 하나님의 나라를 세상에 건설한 씨요 기구요 표지로서 이해되었습니다.

이렇게 생각의 변화가 오자 교회의 선교운동은 개인들을 교회의 울타리 안으로 모으는 일 이상의 것에 착안하기 시작했습니다. 중생된 (복음화된) 개인들로서가 아니라 세상의 정치와 경제적 조건 속에 사는 복음화된 사람들을 보기 시작한 것입니다. 교회는 세상의 한복판에 있는 하나님의 사람들이요 세상을 위한 공동체로서 여겨졌습니다. 그리고 교회는 성령이 거하시는 곳으로서 성령은 하나님과 세상을 중매하는 역할을 하신다고 이해되었습니다. 성령은 역사하는 영으로서 세상을 향한 선교의 역동적인 힘을 공급해주시는 분으로서 이해되었습니다. 스나이더란 분은 "성도들은 '교회의 백성들'로서가 아니라 '왕국의 백성들'로서 불림을 받아야 한다"라고 주장했습니다.

"왕국의 백성들은 먼저 하나님 나라를 찾고 그 의를 추구한다. 교회 사람들은 정의나 자비와 진리 위에 교회의 일을 먼저 둔다. 교회 백성들은 어떻게 하면 사람들을 교회로 인도할까 생각하고 왕국 백성들은 어떻게 하면 교회를 세상 속으로 확대할 것인가를 생각한다. 교회 백성들은 세상이 교회를 바꾸지나 않을까 염려하는 데 반하여 전국 백성들은 교회가 세상을 바꾸도록 일한다."

웁살라총회(1968년)에 와서는 선교를 "인간화"로 규정하였습니다. 그리고 5년 후에는 선교가 "오늘의 구원"으로 과감하게 주장되었습니다. 이때 우리 교단은 WCC 탈퇴를 결의하였습니다. "오늘의 구원"이란 표어를 내건 방콕대회(1973)는 선교를 교회가 이 세상의 불의와 죄악과 벌이는 씨름으로 해석하고 결국은 선교는 세상 안에서 인간의 인간다운 삶을 회복시키는 운동과 직결되어야 한다고 주장하게 되었습니다. 결국 인간의 구원이 복지나 삶의 질을 높이는 사회사업과 일치한다고 주장되었습니다. 여기서 보수 교단의 반대가 일어났습니다. 이것은 1960년대와 1970년대 제3세계에서의 해방운동이나 민중운동과 맥을 같이하게 되었습니다. 혁명의 신학도 이때 발돋움했습니다.

1970년대 중반부터 분위기는 반전되기 시작했습니다. 선교가 세상 위주로 일방적으로 확대해석이 됨으로써 교회의 위치가 흔들리게 되자 교회라는 틀 안에서 이해되지 않는 선교는 안 된다는 소리가 나오기 시작했습니다. 보이는 교회의 예배와 성찬과 세례와 친교를 통하여 선교를 이해하여야 한다는 주장이 강하게 제기되었습니다. 특히 로잔 대회를 중심한 이른바 복음주의자들의 저항이 만만치 않았습니다. 양극화로 달리던 두 진영이 서서히 서로를 열고 자기네들의 약점들을 보완하면서 통합적 선교론이 자리를 잡게 되었습니다.

오늘 우리는 이와 같은 역사적인 선교에 대한 이해를 바탕으로 새 천년 첫 세기인 21세기에서의 선교를 논하고 있습니다. 대망의 새로운 세기를 의미 있게 맞는 길은 교회가 그 선교적 사명을 올바르게 수행하는 데 있다고 믿습니다. 새 세기의 지구촌을 섬겨야 할 교회이기에 교회의 지도적인 역할을 담당하는 여러분들의 선교적 안목을 넓게 갖지 않을 수 없습니다.

21세기의 특징은 무엇입니까? 대체로 두 가지 용어로 그 특징을 말할 수 있습니다. 하나는 "탈근대화"(post-modernism)이고 다른 하나는 지구화 혹은 "세계화"(globalization)입니다. 전자는 질적인 변화를 말하고 있고 후자는 양적인 변화를 지칭합니다. 하지만 양자는 서로서

로에게 영향을 주면서 변화를 촉진할 것입니다. 그리고 양자는 각기 서로가 서로를 필요로 하고 있습니다.

먼저 탈근대화의 내용을 살펴보십시다. 탈근대화란 근대주의를 벗어나는 것을 말하는데 그러면 근대주의란 무엇입니까? 그것은 모든 가치판단의 기준을 이성에 두고 이성에 기초한 가치 이외는 전혀 인정하지 않습니다. 근대주의는 이성주의이고 그것은 일체의 진리가 이성의 실험실을 여과해야 진리로서 인정됨을 의미합니다. 이런 사고는 결국 학문의 세계에서는 독단과 독선을 낳았고 정치계에서는 권위주의와 독재를 낳았습니다. 헤겔의 정반합의 변증법이 말하고 있듯이 이성만이 절대로서 그 이외의 것은 모순으로 간주되었습니다. 히틀러는 이 이론을 정치에 도입하여 게르만족의 절대 우위라는 전제 아래서 유태인들을 무참하게 학살했고 종국에는 나치 파쇼 정권을 수립하려 했습니다. 이와 같은 권위주의와 독재를 근대주의라고 한다면 그것에서 벗어나자는 운동이 탈근대주의입니다.

포스트모더니즘은 한마디로 모던이즘(근대주의)의 "오직 하나"라는 사고방식을 탈피한 "이것도 저것도"의 포용석이고 관용적인 사고방식을 말합니다. 상대적인 다원주의라고 말해도 좋겠습니다. 모던이즘에서는 오직 "나"만이 기준이고 "다른 것"은 나에 의하여 타자로 거부됩니다. 헤겔의 변증법의 핵심에서 보듯이 진리는 "부정"에 의하여 이룩되는 데 반하여 탈근대주의에서는 부정 없이 그대로 타자가 긍정되고 인정됩니다. 근대주의에서는 대립이 반드시 있어야 진리가 성립되지만 탈근대주의에서는 관용과 긍정만이 진리입니다. 나와 다른 것일지라도 그것을 그대로 진리로 인정하는 것이 탈근대화입니다.

탈근대주의는 종교의 다원주의를 가능케 하고 있습니다. 한 종교만이 절대적일 수 없고 어느 종교나 나름대로의 진리를 소유하고 있으니 타 종교를 관용하고 인정하는 다원론적 사고를 가져야 한다는 것입니다. 바로 이 점에서 기독교는 큰 시련을 겪어야 할 것 같습니다. "오직 예수"만을 주장하는 우리 기독교의 구원의 절대성이 위협을 받습니다. 이 점에서 문화선교가 우리의 관심대상으로 떠올랐습니다.

두 번째의 21세기 특징인 세계화란 컴퓨터나 정보통신의 급진적인 발달로부터 오는 것인데 이에서 오는 영향을 교회도 받지 않을 수 없습니다. 이미 기독교는 세계적인 실재로서 "땅 끝까지"의 증인으로서의 거대한 안목을 가지고 출발하였습니다. 하지만 민족이나 나라의 한계성을 벗어나지 못한 것도 사실입니다. 그러나 이제는 지구촌이 한 작은 마을처럼 가깝게 모여 사는 이웃으로 다가오고 있습니다. 따라서 기독교는 한층 더 세계적인 종교로서의 영향을 발휘할 수 있을 것입니다.

최근의 IMF 사태는 지구촌화나 세계화의 개념 인식에 막대한 영향을 주었습니다. 이젠 경제적인 면에서나 정치적인 면에서 나라의 경계선이 따로 없다는 것을 실감하게 되었습니다. 동시에 종교적인 면에서도 세계는 좁아졌고 경계선이 없어졌습니다. 더구나 교회의 선교적인 면에서는 우리 민족이 어디에 거주하든 관계없이 같은 민족인 한민족 공동체라는 거시적인 관점에서 국경 없는 선교 비전을 함께 지니고 함께 일할 때가 된 것입니다. 외국인 근로자 선교에 관심하면서 크게 느끼고 있는 것이지만 피부색이 다른 각가지 인종들이 뒤섞여 사는 세계가 이미 왔습니다. 하물며 같은 피부색이고 한 핏줄인 동포들인데 그들이 어디에 살든지 전혀 문제가 되지 않습니다. 북한의 동포, 조선족 등이 우리의 관심 안으로 들어온 지 오래되었습니다. 고로 교회는 선교의 비전을 세계화라는 21세기의 특징 속에서 새롭게 제시할 수 있어야 합니다.

"교회론적 선교론"에서 "선교론적 교회론"으로 방향을 과감히 틀어야 할 것입니다. 전자는 보이는 교회에 초점이 맞춰져 있습니다. 후자는 하나님 쪽과 세상 쪽에 양 초점을 맞춰야 합니다. 전자가 "오라"(Come structure)이고 후자는 "가라"(Go structure)입니다. 전자는 교회를 위하여 나가서 영혼들을 교회로 잡아오는 구조라면 후자는 "땅끝까지"의 선교입니다. 교회가 중심이 아니고 이 세상이 중심이 돼서 교회는 하나님이 그토록 사랑하여 독생자를 주신 세상을 섬기는 모습에서 그 본래의 모습을 보여주어야 합니다. 이것은 교회에 등록을 하지 않은 경우에도 세상 속에서 그리스도적인 문화 속에서 살도록 돕는 일을 교회가 하여야 한다는 것을 의미합니다. 전자는 구심적 선교론이라면 후자는 원심적 선교론입니다.

예수 그리스도만은 절대로 양보해서는 안 됩니다. 그분 안에서 구원과 샬롬이 가능하기 때문입니다. 그런데 문제는 이 진리를 보이는 현상에만 좁게 적용하지 말자는 것입니다. 전 우주와 전 인류를 모두 포괄적으로 감싸 안는 그리스도의 사랑을 전하여야 하겠습니다.

크리스텐돔을 지향하는 교회성장 선교론에서 방향을 바꿔서 지배 문화에 눌림당하고 어두운 그늘 아래에서 갇혀 사는 사람들에게 빛을 주는 종교 본래의 모습을 회복하여야 합니다. 빛으로나 소금으로 나타나지 않는 신앙은 기독교 신앙이라고 말할 수 없습니다. "너희는 세상의 빛이다. 너희는 세상의 소금이다"라고 하신 예수의 선언 그대로입니다. 호켄다이크의 "social happenings"로서의 신앙이 우리의 현실 속에서 긴급히 요청되고 있습니다. 더 이상 신앙을 교회의 울타리 안에 가둬서는 안 됩니다. 신앙을 한 개인의 영혼의 사유물로 소유시켜서는 안 됩니다. 신앙은 구체적으로 밖으로 나타나서 세상 모두가 함께 누리는 무엇이 되어야 합니다. 신앙은 빛으로 나타나야 합니다. 진리의 희랍어 뜻이 "나타남"이라 했는데 신앙이 참이 되려면 밖으로 나타나야 합니다.

우리나라 초대교회의 신앙은 이웃 속에 구체적으로 나타났습니다. 아비존 선교사의 백정 고친 이야기와 호열자 희생자들을 돌본 교인들의 이야기는 위에서 언급한 신앙의 외면화의 모습을 보여줍니다.

교회는 다시금 세계화와 포스트모더니즘에 의하여 소외받는 사람들에게 관심을 돌려야 할 것입니다. 교회는 언제나 어두운 데서 빛을 발해야 하기 때문이다. 이 지구가 존재하는 한 지배 문화 때문에 소외받는 계층은 존재할 것이고 따라서 교회의 존재 이유는 늘 상존합니다. 이 땅에 죄와 악이 존재하는 한 교회는 소금과 빛으로서 건재해야 할 것입니다. 교회는 21세기에도 여전히 그 본래의 시작에로 눈을 돌려야 합니다.

교회는 민족의 문제에 관해서도 어둡고 썩은 부분에서 그의 관심을 나타낼 수 있어야 한다. 원래 한국의 신앙은 민족의 문제와 함께 씨름했습니다. 민족의 통일과 평화를 위하여 부단히 노력하는 교회가 되어야 할 것입니다. 그리고 세계에 흩어져 사는 나그네들을 위하여 선교의 비전을 가지고 노력하여야 합니다. 우리 민족끼리만이 아니고 주위

의 다른 민족에게도 관심을 가지고 저들의 죄와 가난의 문제를 푸는
데 분산노회가 함께할 수 있기를 바랍니다. 생명운동은 특히 평화운동
입니다. 민족 분단의 우리 조국은 그 자체가 죽음입니다. 고로 민족의
평화와 통일운동이야말로 생명살림의 운동입니다. 남북이 다 함께 평
화롭게 살아야 합니다. 하지만 분단선이 있는 한 그것은 불가합니다.
분단은 원죄입니다.

최근에 종교가 사회의 비난을 받는 이유는 일부 종교인들이 신앙마
저도 자신들의 이익을 위하여 사용하기 때문입니다. 하나님마저도 오
직 자신의 사업, 자신의 가정, 자기의 건강을 위하여 동원하고 있는 신
자들이 부지기수입니다. "신앙의 사유화"라고 불리는 이런 종교인들
의 행태는 그렇지 않아도 이기주의가 팽배한 세상을 더욱 어지럽히고
있습니다. 신교를 예로 든다면 이런 잘못된 행태의 신앙이 난무하고
있습니다. 부흥집회, 축복성회 등의 이름으로 신도들을 모으고 있는
모임들에서는 오로지 자신과 자기 가정과 자기 집안의 사업이나 직장
의 성공을 위하여 기도하는 데 열을 올리고 있습니다. 이런 사람들이
사회에 나와서는 무서운 경쟁심을 가지고 자신의 잇속만을 챙기는 데
앞장을 서고 있습니다. 약한 사람들을 짓밟으면서 자기 사업을 확장해
가고 있습니다. 그러면서 하나님의 축복이라고 감사하고 있습니다.
그러니 생각 있는 많은 사람들이 교회에 등을 돌릴 수밖에 없지 않겠
습니까!

종교인이란 자기가 손해를 보고 어려움을 당해도 다른 사람이 잘되
기를 빌고 도와주고 협력하는 사람입니다. 이타적인 생활을 하는 사람
입니다. 이제부터 한국의 종교인들은 새로운 각성운동을 통하여 이타

적인 삶을 몸에 지녀야 합니다.

기독교인들만이라도 정의를 위하여 입을 열 수 있다면 썩은 물을 중도에 차단할 수 있다고 믿습니다. 기독교인 1000만 명이 있다고 하는데 이 말은 인구 네 명 중 한 명이 기독교인이라는 말입니다. 만약 기독교인 한 사람이 나머지 세 명을 향하여 옳은 말을 할 수만 있으면, 그 사회는 달라질 것입니다.

우리나라에 개신교가 들어온 초기, 군수로 발령을 받은 사람들이 개신교인들이 있는 동네로 가는 것을 두려워했다고 하는데 그 이유는 그 교인들 때문에 가렴주구를 할 수 없었기 때문이랍니다. 인구 100명 중 겨우 하나 정도의 교인이 끼어 있던 분위기에서 군수들이 교인들을 두려워하여 임지를 다른 곳으로 택하려고 했다면 교인들의 정의 의식이 얼마나 강했는가를 단적으로 보여줍니다. 우리나라 초대교회의 신앙은 이웃 속에 구체적으로 나타났습니다. 에비슨 선교사가 백정을 고친 이야기와 호열자 희생자들을 돌본 교인들의 이야기는 일본제국이 약한 생명들을 죽이고 있을 때에 교회는 그 생명을 살리는 일을 했다는 증거였습니다. 참 교회의 모습을 보여주었습니다.

지금은 기독교인들이 전혀 힘을 못 쓰고 있습니다. 아니 기독교인들이 사회를 부패시키고 있습니다. 사회 각계각층에 있는 지도급의 인사들이 교회 안에서는 장로요 집사이면서도 밖에서는 전혀 그리스도의 향기를 뿜어내지 못하고 있습니다. 오히려 고약한 썩은 냄새를 풍기고 있습니다. 스스로 죽고 있습니다. 죽임의 문화를 더 확산시키고 있습니다. 고로 우리에게 긴급한 것은 생명살리기운동에 나서는 일입니다. 교회의 이웃을 위한 삶을 살리는 운동에 나서야 합니다. 도서관,

장애인프로그램 등은 개교회적으로 힘드니 노회적으로 연합하여 하거
나, 몇 교회가 함께할 수 있습니다. 특별히 경기노회가 프로그램을 먼
저 개발하여 모델을 만들어서 당황해하고 있는 다른 노회에 도움을 주
시기 바랍니다.

민족 평화통일운동에서의 교회의 역할

2007. 5. 16.
통일민주협의회 월례회 강연

일제 치하 36년간의 불행한 기간에 비해 거의 배에 가까운 세월 (62년간)을 남북 분단의 아픔 속에서 사는 우리 7000만 동포들의 고통을 풀어보려고 평화통일운동에 헌신에 오시는 통일민주협의회 박광원 회장 이하 여러 회원들의 노고에 고맙다는 인사를 드립니다.

먼저 지난 62년간의 한국 교회의 통일운동에서 교회가 어떤 역할을 했는가를 몇 시대로 나눠서 살펴보려고 합니다. 첫 시기로 일제의 강권통치에서 해방된 날로부터 학생혁명이 터졌던 4 · 19까지를 살펴보고, 이어서 4 · 19에서 군사쿠데타가 나던 5 · 16까지, 5 · 16에서 1960년대까지, 1970년대 유신정권 시대, 민주화의 1980년대 시기, 1990년대의 시기, 끝으로 2000년대를 살펴보고 그리고 결론을 맺으려고 합니다.

_8 · 15해방 ~ 4 · 19학생혁명

이 시기는 한마디로 남과 북의 분단 고착화 과정의 시기였습니다. 미소의 한반도 분할 점령으로 시작된 조국의 분단은 건국준비위원회와 한민당의 대립, 신탁통치 찬반 대립 등으로 심화되었고 결국 남북의 정권이 따로따로 수립됨으로써 분단이 고착되었던 시기입니다. 민족의 장래는 전혀 고려하지 않고 목전의 정치적 야욕에 사로잡혔던 소수의 사람들에 의하여 삼천리금수강산은 두 동강으로 갈라지고 말았습니다. 김구 선생 같은 민족의 지도자들이 남북을 오가면서 통일된 조국을 이룩해보려고 노력을 다하였으나, 결국 암살되는 비운을 맞았습니다. 외세와 내쟁으로 인하여 민족은 반으로 쪼개졌습니다. 당시에 국내에는 자주적이고 민족적인 모임들이 없었던 것이 아닙니다. 하지만 친일파를 앞세운 미군정에 의하여 자주적이고 민족적인 그룹들은 여지없이 분쇄되었던 것입니다. 결국 미국의 아시아 패권정책으로 인하여 우리나라는 양분되고 말았습니다. 여기에 편승하여 이승만 정권은 "무력북진통일"을 외쳤습니다.

이때의 남한 교회들은 기독교 장로인 이승만을 무조건 지지하였습니다. 당시 교계를 주름잡던 분들이 거의가 북에서 피난을 온 사람들로서 북한 정권에 대하여 이를 갈고 있었습니다. 그래서 김인서 목사가 "북진할 기회는 왔다"라고 말했을 정도였습니다. 대한예수교장로회 총회도(제34차) 유엔에 보내는 메시지를 채택하였는데 "유엔은 통일을 이룩할 유일한 기구"라고 성명할 정도로 외세 의존적이었습니다. 북진통일론 배후에는 이른바 "멸공"의 무서운 기치가 걸려 있었습니다.

그러나 공산주의에 무조건 반대하는 분위기 속에서도 평등과 사회 정의를 강하게 부각시키는 사회주의 내지는 공산주의에 대하여 교회가 깊은 이해를 갖도록 촉구하는 목사도 있었습니다. 실로 그 누구도 민족의 단결과 통일을 외칠 수 없는 살벌한 때에 제일 먼저 재일동포들이 분단 10년 만에 처음으로 통일의 문제를 제기하였습니다. 1955년 1월 30일에 재일교포단체인 〈조국평화통일촉진전국협의회〉가 일반 민간단체로서는 처음으로 민족의 통일을 주장하면서 남북의 대동단결을 외쳤습니다. 그해 8월 21일에는 역시 일본에 세워진 〈조선통일문제연구소〉(소장 이영근)의 통일방안이 발표되기도 했습니다.

바로 그 며칠 전(1955. 8. 13)에는 이승만이 또다시 "북진통일"을 주장했습니다. 이런 분위기 속에서 남한에서는 아무도 "평화통일"을 말할 수 없었습니다. 하지만 젊은이들 사이에는 민족통일에의 열망을 가진 분들이 많았습니다. 대표적인 사람이 간첩죄로 구속되었다가 지난 8 · 15 특별사면으로 풀려난 김낙중 선생입니다. 그는 당시 서울대 재학생으로서 〈통일독립청년공동체안〉을 만들어서 대통령에게 청원하였으나 반응이 없자 6월 25일에 월북하여 북한 당국에 그 안을 제출하고 1956년 6월 20일에 귀환했으나 국가보안법 위반으로 구속되었습니다.

그 이후에도 국내와 국외의 의식 있는 인사들이 남북의 통일 문제를 예리하게 인식하고 부각시키곤 했습니다. 특히 진보당 당수 조봉암은 이승만의 북진통일론을 정면으로 거부하고 평화통일론을 주장하다가 (1956. 5. 16) 간첩의 누명을 쓰고 형장의 이슬로 사라지기도 했습니다. 이승만은 더욱 강하게 무력북진통일론을 미국이 지지하지 않는 가

운데서도 고집했습니다. 결국 4 · 19혁명이 일어났고 이승만은 하야했
습니다.

_4 · 19학생혁명 ~ 5 · 16군사쿠데타

남한의 사회는 4 · 19혁명 이후에 민족 문제에 눈이 더 크게 뜨여서
통일에 관한 논의가 활발하게 전개되었습니다. 〈민족자주통일중앙협
의회〉가 발족(1960. 9. 3)된 배경도 여기에 있었습니다. 하지만 교회
는 계속 침묵하고 있었습니다. 기독교 장로였던 이승만과 한통속이었
던 당대의 남한 교회는 신앙을 반공이데올로기로 착각하여서 이승만
의 북진통일론을 무조건 지지하고 있었던 것입니다.

이때에 중립화통일론이 대두되었습니다. 재미한국문제연구소장(김
용중)의 한국중립화 통일방안이 발표되었고(1960. 10. 3) 이어서 윌리
엄 풀브라이트(미 하원 외교위원장)의 한국민의 자발적인 통일론이 제
창(10. 5)되고, 맨스빌느(미 하원의원)도 오스트리아식 중립화통일방
안을 제안(10. 22)하였습니다. 이들이 중립화론을 내세운 것은 4 · 19
학생혁명을 통하여 강하게 부각된 남한의 민족주의를 보았기 때문입
니다. 하지만 남한의 교회는 이들의 주장을 전혀 긍정적으로 받지 못
했습니다. 남한의 교회 지도자들은 공산주의에 대한 우려 속에서 반공
노선의 견지를 계속 주장하면서 공산주의와의 대결에서 새로운 차원
을 모색하려고 했습니다. 감신대 학장 홍현설은 "가난하고 버림받은
사람들에게 눈을 돌리자"라고 했고, 장신대 교수 박창환은 "기독교가

민중의 소망이 되도록 하자"라고 하였습니다. 기독교장로회의 강원용은 "남북한 총선거, 적당한 시기에 미군 철수" 등을 제안하면서 "공산주의와 대결하는 동시에 우익독재나 독점자본주의와도 대결"하는 것이 교회의 과제라고 말했습니다.

4·19혁명에 앞장섰던 서울대 학생들도 민족통일을 위하여 서울대민족통일연맹을 결성할(11. 18) 정도로 열심을 내고 있었는데도, 교회의 성도들이나 기독 청년들은 너무나 안일하게 대처하고 있었습니다. 사회대중당(옛 진보당)이 맨스필드 중립화통일론에 지지 성명을 낼 정도인데도 교회는 전혀 반응을 보이지 않았습니다. 1961년 1월 4일 서민호(국회부의장)가 남북 간의 문화 교류, 물자 교류, 정치인 교류를 제의했고, 5월 3일에는 서울대민족통일연맹이 남북학생회담을 제의하는 와중에서도 교회는 아무런 반응이 없었습니다.

_5·16군사쿠데타 ~ 1960년대

육군 소장 박정희의 쿠데타는 4·19 이후 활발하게 전개되던 통일논의에 쐐기를 박았고 군 장성들의 이해와 직결되는 분단과 안보논리를 가일층 활성화하였습니다. 군사정권은 "반공을 국시의 제1의로 삼고 지금까지 형식적이고 구호에만 그친 반공태세를 재정비 강화한다. 민족의 숙원인 국토통일을 위해 공산주의와 대결할 수 있는 실력배양에 전력을 집중한다"라고 선언하면서 중앙정보부를 만들었고 이어서 반공법을 만들었습니다. 1966년 5월 27일 서민호(민사당 창당준비위원장)가 "정권을 잡으면 김일성과 만나 담판하겠다"고 발언했다가 구속되었을 정도로 분위기가 살벌했습니다. 이때 교회나 일반인들에게 통일운동은 물론 그 논의조차도 차단되었습니다.

군사정권의 두 차례에 걸친 5개년 계획(1962-1966년과 1966-1971년)은 남한을 미국과 일본의 경제 속국으로 전락시킨 결과를 초래하였습니다. 이것은 동시에 우리의 동족인 북한을 더욱 멀리 떼어놓게 하였습니다. 군사정권의 개발정책은 결국 민족의 분단을 더 공고히 하는 데 기여하였습니다. 외국의 자본으로 경제성장을 이룩하는 과정 속에 교회도 양적인 성장을 이룩할 수 있었는데, 교회가 양적인 성장에 정신을 빠뜨린 나머지 군사정권의 민족의 분단 고착화 정책에 대해서는 무관심했던 것입니다. 대부분의 남한 교회 지도자들은 군사정권의 반공 국시에 무조건 동의하면서 조찬기도회 등에 참여하여 군사정권을 축복해주었습니다. 이 시기에 남한 교회들은 물량적 성장에만 몰두하였을 뿐 통일에 관한 관심은 거의 없었습니다.

그러나 다른 한편에서는 4·19에 대한 반성으로 비록 소수였지만 강한 개혁의 의지를 가지고 대 사회운동에 뛰이든 기독자들이 있었습니다. 그들은 한일회담, 6.8부정선거, 삼선개헌 등에 반대하여 데모에 나서기도 했습니다. 지식인 그리스인들은 토착화신학, 세속화신학, 정치신학 등에 관심을 기울이면서 기독교의 정치적·사회적 책임을 신학적으로 정리하기 시작했습니다. 특히 1960년대 후반에는 산업선교를 통하여 노동문제에 본격 참여함으로써 교회가 가진 자의 편에가 아니라 못 가진 자의 편에 서 있음을 보여주었습니다. 그 결과로 산업선교에 앞장을 선 사람들이 "빨갱이"로 낙인 찍혀 박해를 받았습니다.

_1970년대

1970년대에 들어오면서 남한 사회에는 변화의 바람이 불기 시작했습니다. 경제적인 고도의 급성장은 자본주의의 모순들을 첨예하게 드러나게 했고 동시에 이른바 "개발독재"에 대하여 광범위한 저항이 노동계와 학생들로부터 일어나기 시작했습니다. 인권을 신장하고 민주화를 이룩하기 위하여 우리 사회의 근본적인 모순인 분단의 문제를 먼저 해결하여야 한다는 결론에 도달하게 되었습니다. "선민주 후통일"이 아니라 민주화와 통일을 함께 추구하여야 한다는 것입니다. 국제적으로도 미국의 냉전전략이 수정되면서 한반도에 대해서도 긴장 완화를 요구하는 국제적 분위기가 되었습니다. 그리고 여당 내에서도 삼선개헌으로 인하여 분열이 생겼습니다. 이런 와중에 박정희정권은 살아남기 위하여 남북대화를 시도하지 않을 수 없었고, 동시에 유신헌법을 만들었던 것입니다. 남북대화는 유신정권 유지를 위한 방편에 불과했습니다. 그것은 1972년 8월 15일 경축사에서 박정희가 "평화적인 국토통일"을 강조하면서도 여전히 북한을 "북괴"라고 지칭한 것을 보아서도 알 수 있습니다. 그리고 김철(통일사회당 위원장)이 북한정권을 승인하자는 발언을 했다가 즉각 구속된 것을 보면, 군사정권은 평화통일 의지가 전혀 없었음을 알 수 있습니다. 박정권은 이승만의 "북진통일"은 극복했으나, "선건설 후통일"의 슬로건을 내걸고 개발독재만을 밀고 갔습니다. 독재정권을 연장하는 수단으로서 분단 고착화는 안성맞춤이었습니다. 모든 정의로운 말과 행동들을 억압하기 위한 수단으로서, 그리고 영구집권(유신)을 가능하게 하기 위해서는 분단정책이 필요했던 것입니다.

남북적십자 제1차 예비회담이 열리면서(1971. 9. 20) 남북당국자 간에 직통전화가 개설되었고 그 후 이어서 여러 차례의 예비회담이 성사되면서 이후락이 비밀리에 평양에 다녀왔고(1972. 5. 2) 북한의 박성철도 비밀리에 서울에 다녀갔습니다(1972. 5. 29). 드디어 1972년 7월 4일에 서울과 평양에서 동시에 〈남북공동성명〉이 발표되었습니다. 북한정권을 "괴뢰"라고만 지칭했던 남한 정부는 비로소 북한의 정권을 인정한 셈이 되었습니다. 공동성명의 내용들을 보면 1) 외세를 배격한 자주적 통일, 2) 무력에 의지하지 않는 평화적 통일, 3) 사상과 이념 및 제도를 초월하여 대동단결로서의 통일 등입니다.

박정희는 성명발표 사흘 후에 7 · 4공동성명에 지나친 낙관을 말라고 하면서 반공교육을 계속 강화하라고 국무회의에서 시달했을 정도였으니, 공동성명 역시 유신정권 유지를 위한 한 수단으로 발표되었음을 알 수 있습니다. 교회는 이 중요한 시기에 공동성명을 지지하는 성명을 하지 못했습니다. 그러나 그해 8월 15일에 김수환 추기경은 남북 정치지도자들의 전쟁포기선언, 사회성의와 민주이념 구현을 통한 남북대화 자세를 촉구하였습니다.

남한에서의 통일논의는 유신체제 이후에는 정권에 독점되고 일반인들에게 금지되었습니다. 그래서 교회는 민주화운동에 관심을 가지고 '선민주 후통일'의 슬로건을 내걸고 민주화운동에 앞장섰습니다. 1974년 새해 아침에는 〈기독교청년협의회〉 3000여 회원이 "통일을 기원하는 예배"를 드리고 가두시위도 했습니다. 그러나 민주화운동 과정에서 깨닫게 된 것은 분단이 남한 사회의 주요 모순이라는 사실이었습니다. 분단을 핑계로 모든 민주화운동이 압살되곤 했습니다. 문익환은 "민주화와 민족통일은 하나"라고 결론을 내렸습니다. 개혁적 기독교인들 사이에 "선통일 후민주"라는 구호도 나오기 시작했습니다. 그러나 보수적인 교회들은 군사정권을 축복하고 미군 철수를 반대하기 위한 기도회를 열기도 했습니다.

_1980년대

박정희의 죽음과 함께 민주의 봄이 남한 땅에 찾아왔습니다. 하지만 그것도 잠깐이고 전두환의 쿠데타로 군사정권은 연장이 되었습니다. 이 신군부는 무자비했고 따라서 1980년 5월 17일 광주에서 민중항쟁이 분출했습니다.

광주항쟁을 계기로 우리 민족의 모순이 첨예하게 노출되었습니다. 군사독재가 가능하도록 만든 배후에는 이 땅에 38선을 그어 분단시킨 미국이 있었기 때문이라는 인식이 새로워지면서 반미운동이 격화되었습니다. 부산 미문화원 방화사건이 그 당시의 분위기를 잘 나타내주고 있습니다. 하지만 당대의 남한 교회는 아직도 정신을 차리지 못하고 있었습니다. 소수의 기독 청년들만이 미군 철수를 주장했고 또한 민중민주주의 운동에 동참했습니다.

남한 교회에서의 공식 통일논의는 1981년 6월 8일에서 10일까지 서울에서 있었던 한독교회협의회에서 비로소 시작이 되었습니다(필자 참석). 독일 교회와의 공동결의문 제4항에 보면 "분단된 우리 국가의 통일이 무엇보다도 중요한 교회의 과제이다. 양국의 분단은 서로 상이한 역사적인 배경과 세력들에 의해 생기게 되었으나, 양국의 교회는 자유와 정의와 평화 가운데서 통일을 성취하려는 민족의 포부를 기독교적 사명과 책임감으로 받아들여야 한다"라고 통일운동의 중요성을 인식했던 것입니다. 이어 5항에서는 한국교회협의회 안에 통일문제를 다룰 기구를 설치할 것을 결의했고 이에 따라 교회협의회는 1982년 2월 26일 통일문제연구원 운영위원회를 설치할 것을 결의했고 동년 9월 16일에 그 조직을 완료했습니다. 그러나 이 운영위원회가 통일논의를 위한 모임을 가지려 했으나 경찰의 방해로 두 번 다(1983. 3. 21-22, 5. 23-25) 무산되고 말았습니다.

남한에서 통일 논의가 어렵게 되자 해외동포들이 해외에서 북한 기독자들과의 대화를 시도했습니다. 그것이 이른바 1981년 11월 3~6일 오스트리아 비엔나에서 열렸던 남북기독자의 대화 모임이었습니다. 북한에서 6명이 그 회의에 참석하였습니다. 이 만남은 그 후에도 계속되어서 1982년 11월 3~5일 〈북과 해외 동포, 기독자간의 대화〉라는 이름으로 핀란드 헬싱키에서 모였습니다. 이늘이 합의한 성명서에는 미군 철수에 대한 주장이 강하게 표출되어 그 회의에 참석한 해외동포들은 이른바 "반한 인사"로 기피되기 시작했습니다.

1983년 6월 30일 이산가족 찾기 방송이 시작되면서 전국은 눈물의 바다를 이루었고 통일에의 열망은 한껏 고취되었습니다. 그해 7월 5~19일에는 '북과 해외동포 학자 통일문제 토론 모임'이 평양에서 있었는데 해외동포들이 통일문제로 방북하기는 그때가 처음이었습니다.

해외동포들의 통일을 위한 눈부신 활약상이 계속 보도되고 있는 가

나성에서 행한 평화통일 강연회

운데 한국의 교회는 분단으로 권력을 유지하고 있는 군사독재체제하에서 더욱 주눅이 들어서 숨도 제대로 못 쉬고 있을 때에, 한국기독교사회문제연구원(원장 조승혁)의 "통일문제에 관한 교과서 분석" 연구가 발표되었습니다(1984. 1. 10). 이 연구 발표와 관련하여 조승혁 원장과 리영희, 강만길 두 교수가 구속되었습니다.

1984년 3월 21∼24일, 오랜만에 서울에서 통일문제가 논의되었는데 한북미교회협의회가 모인 자리에서였습니다. 그리고 그해 6월 15∼17일 "평화와 통일을 위한 북과 해외동포 학자간의 대화"가 북경에서 개최되어 북한에서 15명이 참석했는데, 해외에서 온 동포들 17명은 거의가 기독교 학자들이었습니다.

남한에서도 드디어 범국민적인 통일운동 단체가 결성되었는데(1984. 10. 16) 이름은 〈민주통일국민회의〉였고 그 의장을 문익환이

맡았습니다. 그러나 이 통일운동은 어디까지나 사회단체들의 통일운동이지 남한의 교회와는 무관하였다고 말할 수 있습니다.

군사독재의 압력에 주눅이 들었던 남한의 교회가 힘을 얻기 시작한 것은 일본 도산소에서 모였던(1984. 10. 29-11. 2) "동북아시아의 정의와 평화협의회"(필자 참석)에서부터입니다. 남한 교회 내부에서 전혀 방향을 찾지 못하고 우왕좌왕하던 때, 세계교회협의회 국제위원회가 자리를 마련하여 북한 기독자 대표들을 초청했으나 불행하게도 북쪽에서는 축전만 보내고 참석은 못 했습니다. 하지만 그 모임을 통하여 남북한 교회의 통일운동은 활성화되기 시작했습니다. 그 결의 내용을 요약하면, 1) 분단이 한반도의 모든 악의 근원이다. 고로 분단 극복이 한반도의 평화를 이룩하는 데 필수다. 2) 분단의 극복을 위하여 군비경쟁을 지양하고 교류와 만남이 있어야 한다. 3) 교류를 위하여 북한을 알아야 하는데 이를 위해 해외 교회들이 도움을 줘야 한다 등입니다.

동년 12월 15~17일에 북과 북미주 기독인들이 비엔나에 모여서 〈조국통일을 위한 민족연합〉을 발족하면서 도산소회의의 결의를 지지하였습니다. 그리고 도산소회의를 통하여 힘을 얻은 남한의 교회는 1985년 2월 28일에 개최된 한국기독교교회협의회 제34차 총회에서 "한국교회평화통일선언"을 발표하였습니다. 이 결의의 핵심을 정리하면 1) 분단을 극복하고 통일을 이룩하는 길은 집권세력의 전유물이 아니다. 2) 남북의 양 정부는 집권 연장을 위하여 분단을 이용하지 말라. 3) 남한의 교회는 하나님 나라의 평화에 대한 신앙을 기초하여 통일운동에 주체적으로 참여할 의무와 권리 및 자유가 있다 등입니다.

문익환이 〈민주통일민중운동연합〉(약칭 민통련, 1985. 3. 29. 발족)을 이끌면서 교회 밖에서 통일운동의 전면에 나서 활동하고 있는 동안, 한국교회협의회도 동년 5월 24일 통일문제 제1차 협의회를 가졌습니다.

그러나 아직도 남한의 교회는 통일을 위해 교회가 해야 할 일들을 구체적으로 제시하지 못하고 있었습니다. 군사정권의 눈치를 살피느라고 조심할 수밖에 없었던 것입니다. 당시에 이철(신민당 국회의원)은 극회 본회의 대정부 질의에서(6. 1) "북한의 이념 체계, 즉 평등의 개념을 부정하는 방법으로는 통일을 지향할 수 없다. 무엇보다도 시급한 것은 민족의 동질성의 회복이다"라고까지 말하고 있었으나, 교회는 북의 평등성마저도 인정하고 긍정하는 발언을 하지 못했던 것입니다. 필자가 우리 교단(통합)의 한국교회100주년 기념을 위한 세미나에 참석한 해외 교회 총회장들 앞에서(1985. 9.) 평화통일을 위하여서는 북의 평등사상을 인정하고 남북의 신뢰를 하루 빨리 이뤄서 미군이 철수하고 외세 없는 주체적인 평화통일을 이룩하여야 한다고 주장했다가 "빨갱이"로 몰리는 어려움을 당하기도 했습니다. 그 후에 필자는 남산(정보부)에 잡혀가서 그 강연에 대한 추궁을 받았습니다.

그해 통일운동의 분위기를 한층 고조해준 것은 9월 20~23일에 있었던 남북이산가족 고향방문 및 예술 공연단들이 서울과 평양에 동시 방문하여 실시된 역사적인 사건이었습니다. 그리고 남한 교회의 통일운동에 꾸준히 자극을 준 것은 해외에 계신 분들이었습니다. 1985년 12월 14~16일 '조국통일을 위한 민족연합대표자회의'가 비엔나에서 모여 평화통일을 촉구하였고, 1985년 12월 9~12일 미국 장로교회가 주최가 되어 스토니포인트에서 모였던 모임도 남한 교회의 통일운동에 힘을 실어주었습니다.

드디어 1986년 9월 2~5일에 세계교회협의회가 주선하여 제1차 글리온 남북기독자협의회가 개최되었는데, 여기서 처음으로 남과 북의 기독자들이 자리를 같이하고 주님의 성찬상에 같이 참여함으로 그리스도 안에서 한 형제임을 확인하였던 것입니다.

또 한 가지 필자가 잊을 수 없는 사건이 있습니다. 1986년 9월 29~10월 3일까지 호놀룰루에서 남북의 평화와 통일을 위한 제4차 한 · 북 · 미 교회협의회가 있어서 남한 교회협의회 대표 10여 명이 출국을 했습니다. 하지만 필자만이 공항에서 출국 금지되어 집으로 되돌아왔습니다. 짐은 이미 비행기에 실렸기에 며칠 후에야 그 짐이 내게 돌아왔는데, 그 짐들이 조사된 흔적이 역력했습니다.

군사정부는 분단을 극복하고 평화통일을 이룩하려는 운동을 발악적으로 방해하고 있었습니다. 1986년 10월 14일 유성환(신민당 의원)이 남한의 국시는 "반공"이 아니라 "통일"이라고 발언했는데 17일에 구속되었습니다. 1987년 초두에(1. 16) 군사정권은 북한이 금강산댐을 건설하여 서울 사람들을 물로 몰살시킬 것이라고 악선전함으로써 새해 벽두부터 북에 대한 나쁜 감정을 유발하였습니다. 이런 일련의 사건들은 남한 교회의 통일운동을 또다시 위축시키고도 남았습니다. 하지만 남한의 교회협의회는 1986년 8월 25~26일에 제2차 통일문제협의회를, 1987년 8월 24~26일에 제3차 협의회를, 1987년 11월 23~25일에 제4차 협의회를, 그리고 1988년 1월 21~22일에 제5차 협의회를 거쳐서 드디어 1988년 2월 29일 "민족의 통일과 평화에 대한 한국

기독교회 선언"을 채택하기에 이르게 되었습니다.

"민족의 통일과 평화에 대한 한국기독교회 선언"은 당시의 상황에서는 매우 진일보한 통일운동의 면모를 보여주었습니다. 이 선언은 한국 사회에 신선한 충격을 주었습니다. 이 성명의 첫 번째 부분은 분단이 악의 근원임을 인식하고 그 분단에 공헌한 교회의 죄를 원죄로 고백하였습니다. 두 번째 부분에서는 통일의 원칙들을 제시했는데 민족자주의 원칙, 평화 우선의 원칙, 신뢰와 교류의 원칙, 민주적인 원칙, 인도주의 우선의 원칙 등을 제시하였습니다. 그리고 세 번째 부분에서는 교회가 실천해야 할 과제들을 제안하고 있습니다. 평화와 통일 교육, 이산가족의 재결합 추진, 남북 교회 간의 교류 등을 추진하면서 1995년이 평화통일의 희년이 되도록 노력하기로 하였습니다.

이 선언은 군사정권하에서의 상황으로는 대단한 통일선언으로 높이 평가되어야 합니다. 그러나 보완될 부분도 있습니다. 박성준은 "분단 이데올로기의 서슬이 아직 시퍼렇게 살아 있던 때에 미군 철수와 군비 축소를 들고 나선 것은 그 선언을 듣는 이로 하여금 가슴이 철렁하게 하는 사건이기도 하였다"라고 그 선언을 높이 평가하면서도 통일의 주체가 명확히 밝혀지지 않았다는 것과 외세의 분단 책임을 집요하게 묻지 않았다는 것, 통일 후의 사회 성격 등에 관하여 언급이 없는 것 등을 아쉽게 생각하였습니다.

동년 4월 7일에 북한 조선기독교도연맹 중앙위원회는 한국 교회 선언을 "남조선기독교에게 보내는 호소문"에서 지지하였습니다. 그리고 남한에서는 그 달 25~29일까지 인천에서 한국교회협의회 주최로 "세계기독교 한반도평화협의회"를 열어서 관심 있는 세계 교회들의 대표들을 초청하여 우리들의 선언을 지지하고 협력해줄 것을 호소하였습니다.

당시에 의식 있는 대학생들 사이에서는 통일에 대한 열망이 드높았습니다. 심지어 조성만(서울대 화학과)은 "척박한 땅, 한반도에서 한 인간이 조국통일을 염원한다"는 유서를 쓰고 할복 투신했을 정도였습니다. 6월 2일에는 기장 여신도회 전국연합회에서 한국교회협의 통일선언을 지지하면서 민족의 동질성 추구와 88올림픽 남북공동개최를 촉구하는 성명서를 냈습니다. 6월 23~7월 2일 나성에서는 북미주 기독자 연례대회가 '분단시대와 이산가족'이라는 주제로 모여서 남한 교회의 통일운동에 힘을 실어주었습니다. 문익환도 민통련의 의장으로서 꾸준히 통일운동에 열을 쏟고 있었고 〈천주교정의구현전국사제단〉(대표 김승훈)과 〈천주교사회운동협의회〉도 통일운동에 적극적이었습니다. 여기서 빼놓을 수 없는 것은 개신교의 초교파 모임인 〈전국목회자 정의평화실천협의회〉도 인권운동과 함께 통일운동에 앞장서고 있었다는 사실입니다. 그들은 '남북목회자 상호교환방문'을 제의하기도 했습니다. 그리고 한국기독청년협의회 산하 6개 교단 청년회원들도 평양교회 건립 지원을 위한 '전국 기독교인 1인 1천원 헌금운동' 추진을 결의하는 등 통일운동에 적극성을 보였습니다. 하지만 한국교회협의회 회원 교단인 대한예수교장로회(통합) 총회는 교회협의회의 88선언을 지지하지 않았습니다.

11월 23~25일 세계교회협의회 국제위원회가 주최한 '제2차 글리온 남북기독자 협의회'가 열려서 "한반도평화통일 선언"을 채택하고 한민족의 평화와 통일을 위한 원칙과 실천적 과제 8개항에 합의하였습니다.

> 1) 1995년을 '통일의 희년'으로 선포하고 매년 8 · 15 직전 주일을 공
> 동기도일로 지키며 공동기도문을 채택한다.
> 2) 현재의 양 체제 존속이 보장되는 평화공존의 원칙에서 통일 국가를
> 세운다.
> 3) 통일의 주체는 당사자임을 확인하고 남북 민족구성원 전체의 민주
> 적 참여로 달성한다.
> 4) 현재의 분단을 정당화하는 어떤 정치적 대책이나 제안을 배제한다.
> 5) 신뢰성을 회복하고 용서와 화해의 분위기를 조성한다.
> 6) 긴장 완화를 위하여 병력과 무기를 감축하고 평화협정을 맺는다.
> 7) 1000만 이산가족의 재회를 위하여 노력한다.
> 8) 세계교회협의회는 남북의 평화통일을 위하여 조선기독교연맹과 한
> 국기독교협의회와 긴밀히 협조한다.

1988년도를 마지막으로 장식한 모임은 12월 수원 크리스챤아카데미에서 모였던 '민족의 화해와 평화통일의 신학정립을 위한 학술회의'였습니다. 이 모임은 제3세계신학연구소(현 한민족평화선교연구소, 초대 소장 필자), 통일신학동지회(회장 홍근수) 그리고 제3세계선교 공동협의회(회장 조동진)가 공동으로 주관한 것이었습니다. 이 모임에는 해외에서 통일운동에 앞장을 섰던 홍동근, 이영빈, 김동수 같은 분들과 국내에서는 문익환을 비롯한 많은 통일에 관심을 가진 분들이 모였습니다.

1989년 새해가 밝아 오면서 정주영이 북한을 방문(1. 23-2.2)하는 큰 뉴스가 전해졌고 이에 자극되어 범민족대회를 열어보려던 예비실무회담이 원천 봉쇄되자 문익환은 정부의 허가 없이 평양을 전격 방문(3. 25)하였습니다. 이에 대한 보수 기독교 인사들의 거센 비판이 있었는데 범민족평화문화협의회를 이끌던 조남기 목사가 문익환 방북을 지지하는 성명을 냈고 이어서 기장 출신의 이우정이 한국여성단체연합회를 대표하여 문익환 방북지지 성명을 냈습니다. 이어서 한신대 교수 25명의 성명과 기장 전남노회 등의 문익환 방북지지 성명이 잇따랐습니다. 그리고 개신교 목회자들 1294명이 문익환 방북을 지지하는 성명을 냈습니다. 4월 2일 〈문익환 허담 공동성명〉이 나오자 한국기독교교회협의회 통일문제연구원 운영위원회(위원장 김형태)가 그 회담을 적극 수용한다는 성명을 냈습니다.

해외에 있는 교회들과 교민들이 이 어간에도 꾸준히 우리 민족의 평화통일을 위한 노력을 경주하였습니다. 4월 23~26일 미국교회협의회 주최 '한국-조선의 평화통일협의회'를 워싱턴 체비체이스에서 개최하였는바 남북의 기독자들이 만나서 함께 예배를 드리는 자리를 마련하였습니다. 제23차 북미주 기독학자회는 "민중신학과 주체사상의 통일 지향적 사상으로서의 가능성"을 주제로 모임을 가지면서 주체사상을 기독교가 수용하려는 자세를 보였습니다. 이민으로 미국에 살던 문규현 신부가 평양을 방문하는 일도 있었습니다. 독일의 서백림에서는 남북한의 목사와 동포 100여 명이 모여 〈통일염원제〉를 드렸는데 한국에서는 안병무가, 북에서는 리성봉이 참석하였습니다. 이 어간에 이뤄진 독일 교회의 "교회의 날"에는 남북의 기독자들이 다시 한번 더 만나는 기회를 가졌습니다. 세계교회협의회 중앙위원회(7. 26-28)는 '평화와 한국의 통일을 위한 WCC 정책건의서'를 채택하였습니다. 세계개혁교회연맹도 '한반도의 평화와 통일을 위한 정책성명'을 발표(8. 26)하였습니다. 일본기독교협의회는 "동아시아의 평화와 교회의 사명"이란 주제의 도쿄회의(9. 29-30)를 마련하여 남북의 기독자들을 만나도록 주선하였습니다. 핀란드 헬싱키에서는 '주체사상과 기독교, 조국통일에 관한 북과 해외동포 학자-기독교인 대화' 모임이 열렸는데(90. 1. 23-25) 남측 대표들이 초청을 받고도 참석하지 못했습니다. 특기할 것은 재일대한기독교회가 남북한 기독교 대표단을 초청하여 "평화통일과 선교에 관한 기독교인 도쿄회의"를 개최(7. 10-13)한 사실입니다. 이 회의가 오늘날 여러 차례 모이면서 남북의 평화통일운동에 크게 이바지하고 있습니다. 그해 12월 2~4일 제3차 글리온회의가 모여 남한 14명, 북한 5명의 기독자들이 함께하였습니다. 1991년 1월 30일~2월 3일 '조국통일에 관한 국내외 통일문제전문가와 기독자간의 대화모임'이 프랑크푸르트에서 개최되었지만 남한 대표들은 당국의 불허로 불참하였습니다. 국내에서 통일운동이 많이 위축되었을 때에 해외에 계신 분들의 노력이 눈이 부실 정도였습니다.

_1990년대

1990년대에 들어오면서 통일문제를 둘러싼 국제적 환경은 획기적인 전환을 맞게 되었습니다. 1980년대 말부터 서서히 시작된 사회주의권의 개혁과 개방노선의 추구는 결국 구소련을 비롯한 동유럽 사회주의권의 붕괴를 가져왔습니다. 동서의 이념대결이 사라지면서 냉전질서가 와해되었습니다. 이와 같은 새로운 세계질서 속에서 동서독의 통일(1990. 10.)이 이뤄져서 우리에게 커다란 충격을 주었습니다. 그 결과로 우리나라는 "세계에서의 유일한 분단국"이란 불명예를 얻게 되었습니다.

서구에서는 이념의 벽을 넘어서 새로운 질서를 모색하고 있는 때에, 좁은 땅 한반도에서는 개혁과 개방을 통한 화해의 분위기는 감지할 수 없었고 오히려 그와는 반대의 냉기류만이 흐르고 있었습니다. 서경원(평민당 의원)이 정부에 알리지 않고 몰래 평양에 다녀왔다고 하여 구속되었고(1989. 6. 27) 곧이어 임수경이 제13차 세계청년학생축전에 참석하기 위하여 평양에 간(6. 30) 일로 인하여 통일운동에는 더 가혹한 탄압이 가해졌습니다. 당국은 이것을 기회로 하여 사회를 공안정국으로 몰아갔습니다. 1990년 7월 9~12일 재일 대한기독교회가 주최한 '평화 통일과 선교에 관한 기독자 동경회의'에서 "기독교와 민족통일의 전망"이란 제목으로 발제한 박순경을 구속한 일만 보아도 당대의 무서운 공안정국을 느낄 수 있습니다. 동서독이 통일을 선언하기 위하여 한창 준비하고 있는 때에 남한에서는 이념의 대결을 고취하고 있었습니다.

그러나 남북한이 1991년 9월에 유엔에 동시가입하게 되었고 이어서 남한 정부가 오랫동안 적대관계에 있던 러시아와 중국 등과도 외교관계를 맺게 되면서 남북 간의 교류는 불가피한 것이 되었습니다. 1991년 9월 24일 곽선희가 개인자격으로 정부의 허락을 받아 방북을 할 수 있었습니다. 이미 1989년도 초에 정주영의 고향 방문은 남북경제교류의 물꼬를 텄다는 데 의의를 둔다면, 곽선희의 개인자격 북한방문 허락은 남한정부의 통일정책의 새로운 방향을 예고하는 것이었습니다. 인권운동이나 통일운동에 앞장섰던 사람들의 북한행은 기를 쓰고 막던 정부가 그런 운동에 전혀 무관심했던 분에게 북한 방문을 허락한 것은 그때까지의 민간 주도의 통일운동을 약화시키고 정부의 말을 고분고분 듣는 사람들로 새로운 통일운동 주체를 만들려는 전략이 숨어 있었다고 생각됩니다. 이러한 남한 정부의 전략을 북한도 알았는지는 모르겠지만 북한도 돈 많이 가진 사람들만을 골라서 초청한다는 확인되지 않는 소문이 계속 나돌았습니다. 이미 미국에 살던 문선명이 통일그룹의 막대한 자금을 가지고 북에 가서 북한의 주석의 영접을 받았다는 소식을 들었을 때, 멸공에 열을 올렸던 문선명을 북한이 어떻게 받아주었는지 이해할 수 없었습니다. 북한 정부도 그 점에서는 비판을 받아야 합니다.

남한 정부의 새로운 통일정책은 그때까지 생명을 걸고 평화통일운동에 매진하던 이른바 운동권 사람들을 맥 빠지게 하였습니다. 정부와 기업과 대 교회 목회자들 중심한 남북교류를 통한 통일운동은 이제까지 통일운동에 앞장섰던 사람들의 업적을 상대적으로 감소시키고 약화시켰습니다. 기득권자들의 통일운동은 은연중에 흡수통일론을 깊숙이 숨긴 작전이라고도 해석할 수 있을 것입니다. 이제까지 정부의 박해를 무릅쓰고 통일운동에 혼신을 바쳤던 인사들은 정부의 새로운 방향 전환에 어리둥절하고 있는 사이에 이제까지 통일운동을 백안시하던 사람들이 어느새 앞장을 서서 자기네들이 민족의 평화통일운동의 주역인 듯 설치고 있었습니다. 이제 누구나 통일을 말하지 않으면 시대에 뒤떨어진다고 여길 정도로 되었습니다. 그 결과로 이권을 추구하는 남북의 교류를 시작한 교계인사들이 있는가 하면 서구의 구시대적 정복적 선교관을 전면에 내세우고 통일운동을 하는 인사들이 많이 생겼습니다.

이런 와중에서도 1992년 1월 13일 한국기독교교회협의회 권호경 총무가 김일성을 면담했습니다. 동년 5월 6일 한국기독교교회협의회 인권위(위원장 김찬국)가 주도하여 남북합의서 국회동의를 촉구하는 1004인 선언을 발표하였습니다. 1993년 5월 9일 향린교회(담임 홍근수 목사)는 '통일공화국헌법'을 발표하였습니다.

하지만 김일성 주석이 서거하고 조문 문제가 불거지면서 1994년 7월 19일 박홍이 청와대에서 주사파 발언을 함으로 잘 나가던 분위기는 다시 경색되었습니다. 경색된 정국을 풀려는 노력들이 먼저 천주교 정의구현사제단의 박홍 신부에 대한 반박성명으로 시작이 되었습니다. 뒤를 이어 공안통치 종식을 촉구하는 성명들이 잇따랐는데 전북지역 기독인 750명, 광주교구 정의평화위원회, 인천교구 정의평화위원회 등이었습니다. 1994년 8월 15일에는 독립문에서 임진각까지의 48Km를 6만 5천 명의 신도와 시민들이 인간 띠를 이루어 남북의 하나 됨을 기원하였습니다. 이 대회를 주관하던 〈남북인간띠잇기〉 본부는 남북의 합의서 이행을 정부에 촉구하는 성명을 발표하였습니다.

남북 교회가 통일을 이룩하는 '희년의 해'로 선포한 1995년이 밝아 왔으나 희년의 기쁨의 소식은 전혀 들리지 않았습니다. 오히려 김일성 사망 1주기를 위해 북한에 갔던 박용길(1994. 1. 18. 서거한 문익환 목사의 부인)이 판문점을 통해 귀국하자마자 구속되는 아픈 소식만이 들렸습니다. 그렇게도 고대하고 기다리던 남북의 통일의 희년의 꿈은 물거품이 되어버렸습니다. 남북의 기독자들만이라도 함께 모여 예배를 함께 드리려던 일도 정부의 비협조로 무산되고 말았습니다. 고작 남한의 기독교인들만이 함께 모여서 공동기도문을 가지고 예배를 드리는 것으로 만족해야 했습니다.

평화통일의 희년의 기대가 무산되어 의기소침하게 된 남한의 교회들은 지난 2, 3년간은 평화통일운동보다는 북한동포돕기운동에 많은 관심을 기울였습니다. 북한이 수해로 어려워지자 남한의 교회들이 물질적으로 열심히 도왔는데 1996년에 한국교회협의회 총무(김동완)가 북한 조선기독교연맹의 초청을 받아 북한을 방문했고(9. 23-30), 1998년에도 한국기독교교회협의회 대표단(단장 민병억) 6명의 목사들이 북한을 방문했으며(5. 26-6. 1) 민족통일선교협회(대표 신현균) 임원진 4명이 북한을 방문했습니다(6. 30-7. 7). 이상의 일련의 남북 기독자들 교류는 남북의 평화통일운동에 기여한 것은 물론이지만 실제로는 물질적인 교류에 역점을 두었던 교류였습니다. 소수 기독자들의 북한 방문으로 남북의 평화통일에 작은 보탬은 되었지만, 북한의 교계 지도자들을 한 번도 남한 땅에서 마지하지 못한 남한 교회로서는 아쉽기 그지없습니다. 쌍방 간의 교류가 자유롭게 이뤄질 때 평화통일의 물꼬가 트일 수 있습니다.

_2000년 ~ 2006년

새 세기에 들어와서 남쪽의 많은 분들이 남북의 경계선을 넘나들 수 있게 되었습니다. 재작년에 있었던 평양축전 때에도 많은 사람들이 참관하였습니다. 금강산 관광에 다녀온 청소년들과 교사들도 상당수가 되어가고 있습니다. 개성공단에도 사업차 혹은 관광차 많은 분들이 가 보고 있습니다. 굳게 닫혔던 남북의 분단선이 군데군데 뚫렸습니다. 고속도로도 뚫렸고 기차 철로도 장만되었습니다. 양측에서 공식 개통식만 남았습니다. 서울과 평양 사람들이 마음만 먹으면 두세 시간이면 만날 수 있는 여건이 준비되었습니다.

교회의 평화통일을 위한 연구소들이 몇 곳 세워졌습니다. 필자가 창설했고 지금은 고문으로 있는 한민족평화선교연구소 등에서 평화교육을 위한 자료들을 발간할 준비를 하고 있습니다. 문제는 남북 교회 간의 공동연구가 필요한데 북에서 응하지 못하고 있습니다. 2000년도에 한국기독교교회협의회 평화통일위원회를 통하여 북의 그리스도교연맹 측에 남북의 교인들이 만나서 기독교 교리를 같이 토의하고 연구하자고 제안한 바 있는데 북측의 반응은 지금도 없습니다. 오직 다급한 식량 지원만을 요구하고 있습니다. 소위 말하는 "복지선교" 차원을 아직도 넘지 못하고 있습니다. 거기에 부응하여 한국의 많은 교인들이 교단별로 혹은 선교기관별로 혹은 개별적으로 모금하여 북을 돕고 있습니다.

지난 5월 3일, 4일 양일 간 인천에서 한국기독교교회협의회 평화통일위원회 주관으로 통일운동방향에 관한 세미나가 열렸는데 거기 나와서 보고한 각 교단의 사업내용들을 보면 예장통합 측에서는 봉수교회 재건축, 평양신학원 건립, 평양제일교회 건립, 긴급재난 구호 등이 있습니다. 감리교에서는 2005년에 12만 달러와 한화 1억 3천만 원, 2006년도에 8만 달러와 3천 3백만 원 지원에 그쳤다고 합니다. 63개 지방 조직을 가진 YMCA는 자전거보내기운동을 하고 있습니다.

_마치는 글

지금도 남한의 일부 기독교인들은 통일이 되면 자기네들이 큰 손해를 보지 않을까 염려하면서 통일의 당위성과 긴급성을 거의 느끼지 못하는 분위기입니다. 심지어 일부 보수진영에서는 북한이 곧 쓰러질 것처럼 여기고 통일 후에 북한 교회들 재건하겠다고 열을 올리고 있기도 했습니다. 그런 가운데 일부 뜻 있는 신학도들은 남북의 신도들에게 함께 가르칠 성경연구교재를 착실하게 준비하고 있습니다. 하지만 이런 작업은 한쪽에서만 이뤄질 수 없는 것입니다. 남북한 교회가 같이 모여서 뜨겁게 기도하면서 함께 머리를 맞대고 토론하고 그리고 성령의 인도를 받아가면서 오랜 기간 연구하여야 할 숙제입니다.

남북이 하나가 되는 길은 남은 북의 문화를, 북은 남의 문화를 배우는 일에서 시작됩니다. 남북 정부의 공식 합의 문서들이나 남북 교회들의 통일모임에서 나온 공식 성명서들의 내용들은 남북이 서로 상대방의 사상과 이념을 인정하기로 하였습니다. 이젠 말로만 떠들지 말고 실제로 서로의 장점을 인정하고 받아주는 단계에 올라서야 합니다. 남한의 교회는 북의 주체사상을 이데올로기로서가 아니라 문화(삶의 자리)로서 이해하고 받아들여야 하며, 북한의 교회도 남의 자본주의 시장경제체제를 깊이 이해하면서, 동시에 양자의 잘못된 부분들을 서로 수정해주고 보완해주는 작업을 허심탄회하게 진행하여야 합니다. 앞으로 양 교회와 외국에 널려 있는 동포들의 교회와 세계 교회들이 도울 일은 여기에 있다고 봅니다. 통일 이후의 교회의 모습, 통일 이후의 문화적인 삶의 내용 등을 깊이 공부하여야 한다고 믿습니다. 북의 문화와 사상의 장점이 무엇이고 단점이 무엇인지, 남의 문화와 사상의 장점이 무엇이고 단점이 무엇인지를 솔직하게 대화와 토론을 통하여 이해하는 일이 급선무라고 생각합니다.

금년도에 남한은 50년만의 정권 교체를 이뤄서 국민의 정부가 들어섰고 북한도 김정일의 국방위원장 시대가 막 시작이 된 마당에, 우리 온 민족이 그토록 열망하는 민족의 평화통일의 날이 성큼 다가오기를 기도하면서 오늘의 발제를 끝냅니다.

북의 동포들과의 어우러짐을 위하여

자그마한 한반도에서 수천 년간 한 핏줄의 한 민족으로 이어져 살아왔던 배달의 민족인 우리들이 강대국들의 패싸움에 말려 들어서 한반도의 허리를 한 중간에서 잘리고 남과 북으로 패가 갈렸다. 그리고는 북쪽은 〈조선민주공화국〉으로 남쪽은 〈대한민국〉으로 각기 다르게 국호를 만들어놓고는 서로 으르렁거리면서 싸운 지가 자그마치 65년의 세월이 흘러가고 있음에도 불구하고 아직도 서로 간에 적대적인 관계를 계속 지속하고 있다. 그뿐 아니라 최근에 와서는 더욱 살벌한 분위기가 되었다. 서해 바다에서와 연평도에서 총과 대포를 서로 겨누어 상대방을 향하여 쏘아대고 그래서 형제들끼리 서로가 죽이고 죽는 참혹한 현실을 목도하면서 눈물을 흘리지 않을 수 없다. 북의 정치 지도자나 남의 정치 지도자 누구를 막론하고 동족 살해의 죄를 씻을 길이 없을 것이다.

한민족이 서로 갈리고 그것으로 인하여 한반도의 한가운데 우뚝 솟아 있는 철의 장벽 때문에 사랑하는 가족들이 남과 북으로 헤어져 살기를 어언간 반세기가 넘어가고 있다. 그리고 그토록 간절하게 가족들을 보고파서 그리던 고향에 다시 갈 날을 애타게 기다리다가 고령으로 한 분 두 분 타계하고 있는 이 안타까운 현실 속에서도 남북을 통치하는 책임 있는 당국자들은 자기네들의 눈앞에 보이는 개인적인 이익만을 생각하여 민족의 아픔이나 이산가족들의 애통함을 외면한 채 분단을 고착화하거나 이미 고착된 분단을 계속 연장하기에 혈안이 되어 있으니 이 어찌 가슴 아프지 아니한가!

비록 강대국들이 한반도의 허리를 자르고 각기 자기네의 이익을 좇아서 분단을 유지 강화했다손 치더라도 한반도의 주인들인 우리 한민족들이 우리끼리 굳게 단결하면 외세가 감히 우리를 갈라놓지 못했을 것이다. 2000년 6월 15일 김대중 대통령이 그리고 2008년 10월 4일 노무현 대통령이 분단의 벽을 넘어 북의 김정일 국방위원장을 만나서 민족의 화해와 통합을 위한 구체적 제안들을 공동으로 선언을 하면서 그 구체적인 실현 방법까지도 제시하였지만, 민족의 화합과 통일로 인하여 자신들의 기득권을 상실할까 두려워하는 세력들이 남쪽의 정권을 장악하면서 6·15공동선언 실천의 길이 꽉 막혀버렸고 이로 인하여 남북 분단의 벽은 더욱 견고하게 되었으며 남북 갈등은 첨예화되고 있다. 이 분단고착화 세력들 중에는 근본주의적 기독교인들이 그 핵심을 차지하고 있다고 해도 과언이 아니다.

필자는 남한의 기독교 목사로서 이미 은퇴하고 지금은 75세 고개를 넘어가고 있는데, 마지막 한국 교회에 대한 소망으로 남한의 기독교가 남북 분단의 고착화에 책임이 큼을 통감하고 이제라도 남북 분단의 벽을 허물고 북과 남이 하나 되어 서로 어우러져 사는 날을 만들기 위하여 앞장을 서줄 것을 간곡하게 당부한다. 분단의 벽을 만들고 그것을 고착시키는 데 큰 몫을 감당한 사람들이 우리 기독교인들임을 솔직하게 고백하면서 이제라도 민족의 화해와 통일을 위하여 앞장서서 지혜를 모으고 정성을 다하므로 우리 민족사에 부끄러움이 없는 민족의 기독교로 거듭나기를 바라마지 않는다.

필자가 목회생활과 교수생활 40년간에 걸쳐서 가장 중점을 두고 씨름하였던 문제들은 민족의 화해와 통일, 그리고 남한 사회의 정의실현이었다. 지금은 은퇴하여 고향을 떠나 멀리 타향에서 살고 있지만 아직도 민족의 화해를 위해 작은 몸짓이지만 움직이고 있다. 비록 기독교 안에서 자라고 일하였음에도 불구하고 필자의 관심은 이 세상이었고 더 범위를 줄이자면 한반도(조선)였다. 한반도의 평화와 정의를 위하여 나름대로 최선을 다하며 삶을 살았고 지금도 살고 있다. 미국에서 석사와 박사 과정 연구를 하면서도 필자의 관심은 한반도의 평화통일이었다. 남과 북이 하루속히 하나가 되어 남과 북의 동포들이 함께 어우러져 사는 한반도를 희망하면서 북의 문화 연구에 많은 시간을 할애하였다. 미국 유학을 끝내고 남한으로 돌아와서 젊은 후배 동지들과 〈제3세계신학연구소〉(현재의 사단법인 〈평화를 만드는 사람들〉)를 세운 것도 남과 북의 동포들이 같이 어우러져서 평화롭게 사는 한반도를 만드는 데 일조하려는 노력의 하나였다.

이 연구소를 중심으로 함께 연구하고 활동하던 제자들과 후배들이 이번에 이 부족한 사람의 연구 논문들을 모아서 출판해주니 기쁘기가 그지없다. 과거의 글들을 모아내는 자리에 발문격으로 이 글을 쓰면서 후배들에게 바라는 바는 아무쪼록 교회 안에만 갇혀 살지 말고 사회와 세상, 특별히 한반도 전체를 보면서 분단된 우리 민족의 평화와 화해 운동에 앞장서주기를 기대하며 나름대로의 생각을 아래와 같이 정리 해보려고 한다.

_ 서북인들의 아픔

남북의 화해를 위해서는 먼저 서북 사람들의 아픈 역사를 이해할 필 요가 있다. 현재의 북쪽 사람들은 해방 당시에 서북 사람들이라고 불리 던 사람들인데 현재의 신의주와 평양을 잇는 조선반도의 서북쪽에 사 는 사람들이다. 그들은 지난 몇 세기 동안에 정치적인 소외와 차별을 당했고 그 결과로 극심한 경제적인 빈곤의 삶을 살게 되면서 저항적인 사람들이 되었다고 말해도 과언이 아니다. 서북인들의 엄청난 아픔과 고통의 삶으로 인하여 서북지역에서 무서운 저항운동이 종종 일어나곤 했다. 지렁이도 밟으면 꿈틀하는 법인데 강직하고 똑똑하던 서북인들 은 정치적인 차별과 경제적인 소외를 당하면서 자존심이 극도로 상하 여 울분을 토하지 않을 수 없는 상황으로 치닫게 되었던 것이다.

첫째, 서북인들은 정치적인 소외를 당했다. 평양은 원래 고조선의 수도요 고구려의 수도였다. 그러다가 고려왕조가 들어서서 풍수지리 설을 믿고 수도를 평양에서 개성으로 옮기면서부터 서북민들은 관직 에서 배제되었다. 정치의 중심에 있었던 서북지역의 사람들이 정치에서 소외되면서 저들의 불만이 심화되기 시작했다. 고려시대 중엽에 일어난 묘청의 난은 서북지역민들의 불만이 표출된 대표적인 사건이었다. 조선왕조에 들어와서도 서북의 사람들에 대한 차별은 여전했다. 영조 때의 학자 이중환의 《택리지》에 이런 글이 있다.

태조가 무장으로 왕씨로부터 왕위를 물려받았으므로 그를 도운 공신들도 서북지역의 맹장이 많았다. 그런데 나라를 창건하고는 "서북지방 사람을 높은 벼슬에 임용치 말라"는 명을 내렸다. 그러므로 평안, 함경 두 도에는 3백년 이래로 높은 벼슬을 한 사람이 없다. 혹 과거에 오른 자가 있다고 하여도 벼슬이 수령 정도였고, 가끔 대간과 시종 망단자에 오른 자가 있었으나 또한 드물었다. …… 또 나라 풍속이 문벌을 중하게 여겨서 서울 사대부는 서북지방 사람과 혼인을 하거나 벗으로 사귀지 않았다. 서북 사람도 또한 감히 서울 사대부와 더불어 동등하게 여기지 못하였다. 그리하여 서북 양 도에는 드디어 사대부가 없게 되었고, 서울 사대부로서는 거기에 가서 사는 자가 없었다. 이런 까닭으로 함경, 평안 두 도는 살만한 곳이 못 된다."

_ 이중환, 《택리지》, pp. 43-44

이와 같은 서북지역 사람들에 대한 소외 정책은 세조의 《경국대전》 속에서 명문화될 정도였고, 그리고 조선 후기에 이뤄진 《속대전》을 보면 "영남, 함경, 평안, 송도 사람은 망단자에 주를 달아라"라는 시행령이 있는데 이것은 그 지방 사람들의 등용을 억제하기 위한 것이었다.[1] 서북인들이 정치적인 소외를 받으면서 정신적으로나 경제적으로 소외와 좌절의 삶이 결과되었기에 그들의 일상의 삶이 퇴폐적으로 바뀔 수밖에 없었을 것이다. 그 삶의 모습이 우리나라에 선교차 들어온 첫 선교사 알렌의 1894년 5월 16일 선교보고서에 잘 나타나 있다: "평양은 조선의 지옥 굴입니다. 모든 창녀들은 그곳에서 나옵니다. 사람들의 본성이 걸핏하면 싸움질을 하려고 합니다."[2] 장로교 선교사 마펫도 "평양은 부도덕이 팽배한 불의한 도시입니다. 이번 여행에서 제가 그 도시에 관해 알게 된 것은 표현하기 어려울 정도로 무시무시한 것이었습니다. 복음을 전파함으로 그 도시를 변화시키는 것이 저의 특권이 된다면 저는 정말 감사할 것입니다."[3] 마펫 선교사는 "죄악이 관영한 평양입니다"[4]라고도 쓰고 있다.

서북민들이 그토록 거칠어진 원인에 대하여 서북민들의 아픔을 모르는 선교사들의 보다 깊은 혜안이 없어서 유감이지만 당대의 서북민들의 삶의 결과만 평가한 보고서를 보아서 서북민들이 그토록 거친 저항적인 사람들이 된 이유가 정치적인 소외와 경제적인 어려움에 그 근본 원인이 있었다. 서북인들의 이유 있는 반항의 모습이 외국 선교사들에게는 싸움질로, 불의한 일로, 거친 성격 탓으로 비쳐진 것이다. 조선에 들어온 소위 기독교 복음은 세상의 소외와 아픔을 해결해주는 사회정의 실현과 연결되지 못한 이유를 여기서 볼 수 있다. 저들이 그토록 거칠어지고 반항적이 된 이유가 기득권 세력들과 가진 자들의 억

---

1 이이화, 《한국의 파벌》, 서울: 솔과학, 2004, pp. 175, 176.

2 Allen's letter to Elinwood, Jul. 1890, p. 343.

3 Moffet's letter to Elinwood, June 6, 1893, pp. 200−201.

4 위의 편지 Jan. 12, 1894, p. 240.

압과 학대, 무시와 착취에 기인했음에도 불구하고 그 현실을 바로 진단하고 올바로 대처해주지 못했다. 다만 현실의 아픔을 절대자에 대한 믿음으로 극복시키려고 했던 것이다. 첫 선교사들이 전한 기독교 신앙은 일종의 아편과 같은 것이어서 인간의 고통을 잠시 잊어버리게 만드는 구실을 했던 것이다. 선교사들이 전한 복음은 정치적인 소외와 경제적인 가난에서 오는 아픔을 잠시 잊게 해주었는지 모르지만 근본적인 사회의 정의를 조선반도에 세우는 일에는 실패했던 것이다.

조선왕조의 차별정책으로 인하여 서북지방에서는 이정옥, 이시애의 난 등을 비롯한 반정부적 거사들이 자주 일어났다. 그 대표적인 것이 홍경래의 난(1811)이다. 홍경래의 말을 들어보자.

우리 관서의 부로자제와 공사의 노비들은 모두 이 격문을 들으시오. 우리 관서는 기자의 옛 성이 있고 단군의 옛 굴이 있어서 인물이 우뚝하고 문물이 빛났소. 저 임진왜란 때에는 나라를 다시 세운 공이 있었고 정묘호란 때에는 무력을 떨쳐 충성을 다했는데도……. 조정에서 서쪽 땅 버리기를 똥덩이와 다름없이 하고 심지어 권문세가의 노비들도 서쪽 사람을 보면 꼭 "평안도 놈"이라고 하니 그 서쪽 사람이 된 자 어찌 원통하고 억울하지 않겠소. 만일 나라에 어려운 일이 있으면 서쪽 땅의 힘에 의지하고 또 글을 지을 적에는 서쪽 땅의 글을 빌렸는데, 4백년 이래 서쪽 사람이 무엇을 조정에 등진 적이 있습니까?"[5]

---

[5] 이이화, 위의 책, p. 181.

서북 사람 홍경래의 난이 터진 원인이 너무나 정당하다는 사실을 위의 글이 입증해준다.

둘째, 서북지역이 해마다 몇 차례씩 중국의 사신들이 지나가는 코스여서 노역, 공물, 경비 등의 제공을 강요받았다. 이래저래 이들의 생활상은 더 피폐하게 되었다. 지정학적으로 고난을 많이 받은 지역이다. 이른바 '뙤놈' 들에게 어려움을 자주 당했다.

셋째, 동학란(1894년 2월 26일 전봉준 거사)이 일어나고 조선왕조가 동학당을 몰아내기 위해 외세를 개입시키면서 결국엔 청일전쟁이 조선반도에서 일어났을 때(1894년 7월 25일) 서북지방의 백성들의 삶은 거의 파산되었다고 역사는 기록하고 있다. 청일전쟁을 일으킨 일본은 군수물자 준비 없이 조선 땅을 이용했는데 그 군수물자를 서북지역에서 수탈하여 보급했다고 한다. 청일전쟁 직후에 서북지역을 직접 방문했던 비숍의 증언을 들어보자.

황주는 최근의 청일전쟁으로 피해를 입어 고통받는 도시로서는 내가 처음 본 곳이었기에 잊을 수가 없다. 황주에서 일본군은 중국군과 마주쳤지만 전투는 없었음에도 불구하고 무슨 일이 있었는지 3만여 인구가 5000-6000명으로 줄어들었으며 도시가 소유했던 풍요로움을 파괴했다. 나는 수문을 지나 폐허로 변한 황주로 들어섰다. 그곳은 모든 것이 파괴되었으며, 일부는 불에 검게 그을리고 집들이 거의 모두 부서진 채 지붕과 서까래가 무너져가는 집을 버티고 있었다. 이 넓은 곳에 단지 황량한 집만이 거리에 남아 있었으며, 더욱 슬픈 것은 일본군이 야영을 위해 문과 창문을 모두 불태우고 지붕 없는 흙더미 담만이 거리에 홀로 서

있었다.[6]

황주가 이 정도였다면 평양은 더 말할 필요도 없었을 것이다. 비숍에 따르면 8만 명의 주민으로 번영하던 평양 인구가 15000명으로 줄었고 가옥의 5분의 4가 파괴되었다고 했다. 전쟁 그 자체 때문이 아니라 청군과 일본군의 약탈과 방화 때문이라고 증언하고 있다. 청군은 일본군에 대파하여 도망가면서 서북지역에서 강간, 노략질을 일삼았다고 비숍은 쓰고 있다. "마을이 폐허가 되어 밥 짓는 연기가 수백 리에 이르기까지 볼 수 없었다"[7]라고 그 참상을 증언했다. 이 글을 읽으면서 1950년 6·25전쟁 때 미공군기들의 그 무자비한 폭격으로 평양이 쑥대밭 된 모습이 기억에 떠오른다. 서북인들의 고향으로서 그들의 문화와 역사가 숨 쉬는 평양이 일본에 의하여 그리고 미국에 의하여 그토록 참혹하게 쑥대밭으로 짓밟혀버렸으니 서북인들이 품은 일본과 미국에 대한 원한이 얼마나 클 것인가를 상상해보라. 이런 아픔을 되새기면서 눈물을 흘리지 않을 사람이 없을 것이며, 더욱이 평양을 불태운 원수들에 대한 원한을 갚기 위해서 두 주먹을 불끈 쥐지 않는 서북인들이 없을 것이다. "서울 불바다" 운운하며 거친 말을 내뱉는 북의 아나운서를 보면서 그분들의 고향 평양이 일본군과 미군에 의하여 불바다가 되었던 아픔을 되씹고 있다는 것을 한번쯤 생각해보았으면 한다. "쌀밥과 고깃국" 그리고 "불바다"는 서북인들의 극심한 아픔의

---

[6] Isabella B. Bishop, Korea and Her Neighbors, 신봉주 역주, 《조선과 이웃나라들》, 서울: 집문당, 2006, p. 301.
[7] 비숍, 위의 책, p. 303.

역사를 실감나게 알려주는 단어들이다.

넷째, 청일전쟁 그 자체보다도 그 전쟁에서 죽은 시체들이 썩어서 전염병이 돌아 수많은 백성들이 떼죽음을 당한 일이다.

다섯째, 일제의 조선합병(1905년)으로 인한 우리 민족 말살정책이다. 민족의 수난은 말로 다 그릴 수 없는 36년간의 지독한 역사였다. 필자가 초등학교 3학년 때 해방이 되었는데 일제가 곡식들을 공출해 가는 바람에 강냉이 죽과 납작 보리를 먹으면서 겨우 연명했던 경험을 잊을 수 없다. 더구나 가족 중에서 일제의 군대나 경찰의 총칼에 의하여 처참하게 희생당한 식구가 있는 경우에는 더 말할 수 없이 비참하지 않았겠는가! 실로 수많은 우리 동족들이 잔혹하게 저들의 총칼에 죽임을 당했다. 강직했던 서북인들이기에 삼일운동 때는 서울이나 다른 어느 지역에 비교가 안 될 만큼 목숨을 걸고 "조선독립만세"를 부르짖으면서 평양거리를 가득 메운 사람들의 수가 엄청났다. 이렇게 저항적인 서북인들이었기에 다른 어느 곳에서보다 서북지역에서 많은 사람들이 일제의 총칼에 희생되었던 것이다.

이와 같이 일제에 강력하게 저항하다가 많은 가속들을 잃은 집이 바로 김일성 일가이다. 이런 집안이었기에 민족애와 혁명의식이 거기에서 자라나고 있었던 것이다.

_ 김일성 가문의 아픔

1880년대면 김일성 주석의 할아버지 세대이고 1910년대가 그의 아버지 세대인데 서북지역 인민들의 아픔이 어떠했겠는가를 생각해보면 김 주석이(1912년생) 18세였을 때(1930)에 주체의 혁명을 내걸기 투쟁한 이유를 알 수 있다. 주체사상이 제일 처음 선포된 것이 1930년 6월 만주의 카륜에서 열린 "공청 및 반제청년동맹 지도간부회의"에서였다. 김일성 주석의 보고 강연 제목 〈조선혁명의 진로〉를 보면 당시의 우리 사회 성격을 "식민지반봉건사회"라고 규정했다. 고로 혁명의 기본임무와 성격이 "반제반봉건민주주의혁명"이 될 수밖에 없었다. 그러기 위해서는 우선 일제로부터의 해방이 우선이었고 다음에는 인민들을 억압하고 학대하는 봉건세력들을 제거하고 인민이 주체가 되는 민주주의 국가 건설이 필수였다. 김 주석은 인민민주주의 정권을 이미 여기서 규정해놓았던 것이다. "경험했듯이 혁명을 승리로 이끌기 위해서는 인민대중 속에 들어가 그들을 조직 동원하여야 하며, 혁명에서 나오는 모든 문제는 다른 사람에게 의존하여 해결하려고 할 것이 아니라 자기 자신이 책임지고 자기의 실정에 맞게, 자주적으로 해결하여야 한다"는 것을 확실하게 선언했다.

김 주석의 주체사상은 이상의 서북지역 인민들의 아픔에서 시작된 것이다. 그가 말하는 경험은 할아버지와 아버지대의 서북지역 인민들의 쓰라린 삶에서 생성된 것이었다. 김 주석은 아버지에게서 이 경험을 친히 듣고 배웠을 것이고 또한 자기 자신이 몸소 이 쓰라린 억압의 삶을 체험했다. 따라서 김 주석의 주체사상은 민족의 수난사, 특히 서북지역에서 그가 몸소 겪은 역사적 체험에서 비롯된 것이었다. 고난의 민족사를 그 뿌리로 하고 있는 것이다.

김 주석은 그래서 10대 후반부터 민족해방운동에 앞장을 섰던 것이다. 그가 쌀밥과 고깃국을 자기 인민들에게 먹이게 하겠다고 한 말은 이런 배경에서 이해하여야 한다. 이 기막힌 말, "쌀밥과 고깃국!" 굶주려서 배가 고파 울던 서북지역민의 아픔을 몸으로 겪은 분의 피를 토하는 말이었다.

김 주석과 그 가족들은 서북민의 아픔의 한가운데에 서 있었던 분들이다. 그분들이 북의 조국을 바꿔놓으려고 앞장선 이유와 당위성을 그들의 고난사에서 충분히 읽을 수 있다. 김 주석의 아버지 김형직은 13세 때 체포되었다. 105인 사건과 기타 독립운동에 깊이 관여하다가 체포되어 일제의 극심한 고문을 당했고 그 후유증으로 1928년에 32세의 젊은 나이에 사망하였다. 김 주석의 삼촌 김형권은 단천사건의 주모자로 체포되어 1930년대 중반에 서대문 형무소에서 희생되었고, 동생인 김철주는 만주에서 독립운동을 하다가 희생되었다. 김일성 주석과 부모와 형제들은 이상에서 보는 대로 엄청나게 쓰라린 아픔을 친히 체험하였기에 한민족을 억압하고 탄압하는 일제에 대항하여 목숨을 걸고 싸웠다. 한민족을 억압하는 어떤 외세도 배격하면서 한민족, 민중 중심의 주체사상을 앞에 내걸고 혁명을 주도했던 것이다. 지난 100여 년간의 우리 한반도에서 벌어진 고난의 역사를 조금만 이해하는 동포들이라면 김 주석의 마음과 행동을 충분히 이해하고도 남을 것이며 동시에 북의 주체사상을 이해할 수 있을 것이다.

일제가 한반도에서 물러갔을 때 제일 먼저 조국의 북반부로 달려온 분들이 김일성과 그의 가족들과 그리고 만주에서 일제와 싸우던 독립운동을 하던 사람들이다. 그러나 조국 남반부로 몰려온 사람들은 김구 선생 주변의 몇 분들을 제외하고는 친일파 세력들이었다. 일제에 아부하여 자기 동족들을 이미 배반한 친일세력들이 해방 이후에도 미군정의 후원 아래 남쪽의 정치를 주도하기 시작했다. 이런 정치적 분위기 속에서 서북 사람들과 남쪽의 정치세력들 간에 깊은 불신과 알력이 있었고 그 결과는 남과 북의 양분으로 이어지게 되었다. 결국엔 북에서는 김일성이 주도하여 친일파 세력들을 모두 제거하고 일본제국주의에 의하여 수탈과 고문을 당한 독립운동가들과 종들과 농부들과 노동자들과 함께 민족의 완전한 해방을 모토로 하여 정부를 세웠다. 그 새 정부에서는 오랫동안 인민 위에 군림하던 기득권자들인 친일파들과 지주들이 모두 제거되었는데 이들 중 많은 분들이 남쪽으로 피난을 오게 된 것이다.

_ 남한의 정치인들

반면에 남쪽에서는 미군정과 이승만이 기득권 세력들인 친일파들을 그대로 새 정부 요직에 등용하여 정부를 세웠다. 그 결과로 일제에 항거하던 독립운동가와 그 가족들이 남에서는 설 자리를 잃게 되었다. 36년간 일제에 죽음으로 항거하던 독립운동가와 그 자손들이 남한 사회에서는 밀려나서 거지가 된 사람들이 많았다. 친일파들이 두려워한 것은 독립운동가들이었기에 그들을 몰아내려고 별 짓을 다했을 것이다.

거기에 더하여 북에서 남쪽으로 월남한(탈북한) 북의 지주들이나 친일파들이 남에 와서 이승만 정권을 절대 지지하면서 남과 북은 무서운 대결국면으로 진입하게 되었다. 이 대결이 결국엔 총칼의 싸움인 6·25전쟁으로 결과되었던 것이다. 누가 먼저 싸움을 일으켰는가가 중요하지 않고, 남침이니 뭐니 하는 것도 의미가 없다. 북은 남의 해방을, 남은 북의 해방을 표방하고 전쟁을 했으니 그 전쟁이 해방전쟁이요 통일전쟁이라고 하는 주장은 일리가 있다. 그 전쟁에 미국과 중국 등의 강대국들이 개입하여 남북의 대결을 부추겼고 결국엔 남북의 분단이 고착되게 되었다.

_화해자들의 수난

해방 직후에 북과 남의 분단 장벽이 점점 높이 쌓아올려지는 것을 본 남쪽의 민족 지도자들이 남북의 화해운동을 벌이면서 평화통일을 주장했다. 하지만 그들은 빨갱이로 규정되어 죽임을 당했다. 기득권 세력들은 북진통일을 주장하면서 계속 득세했고 화해론자들은 김구 선생을 비롯하여 많은 애국지사들이 비참하게 죽었다. 약하고 힘없는 민중 편에 섰던 사람들은 기득권 세력에 의하여 목숨을 잃었다.

6·25전쟁 중 미군기들의 무자비한 폭격으로 가족들이 죽임을 당하고 가옥 등 삶의 터전들이 쑥대밭이 되어버린 북의 백성들은 미국과 남한 정권에 대하여 무서운 악감정을 갖게 되었다. 반대로 북에서 공산당에게 가족들이 죽임을 당하거나 재산을 몰수당하여 빈털터리로 구사일생 월남한 사람들은 북의 정권이라면 이를 갈게 되었다. 이렇게 하여 분단의 벽은 더욱 높이 쌓여갔고 남과 북이 대치하여 서로

총칼을 겨누고 호시탐탐 상대방을 죽여 없애려는 무서운 마음으로 살아왔다.

경제적으로 북은 사회주의 내지 공산주의 이념을 기초하여 세워진 데 반하여 남은 미국의 자본주의에 의존하여 경제를 일으켰다. 북은 이른바 주체사상 즉 민족주의적 사회주의 내지는 공산주의를 표방하면서 강대국들 앞에서 주체적으로 서 있었다고 주장하고 있다. 그 반면에 북이 국제적으로 고립되어서 경제적으로 매우 어려움을 겪고 있는 데 반하여 남은 미국의 자본주의를 기초로 하여 시장경제를 세워나가면서 선진국 대열에 들어설 정도로 경제적으로 상당한 위치에 올라서게 되었다. 그 결과로 남에서는 가진 자는 점점 더 부하게 되고 돈 없는 자들은 점점 더 사회의 중심에서 소외를 당하고 있다. 부한 자들은 미국의 시장주의 경제에 깊이 몰두하여 힘없는 노동자와 농민들의 희생 위에 떵떵거리며 살고 있다.

남에서는 잘못된 자본주의로 인하여 착취당하는 노동자들과 가난한 농민들의 아들들이 사회에서 소외되면서 노동자 농민들을 우선시 하는 북의 사회를 동경하는 사람들이 점점 늘어가고 있다. 남한의 군사독재 기간에는 더욱 그랬다. 남한이 미국의 영향 아래에서 헤어나지 못하는 현실을 아파하면서 미군 철수를 부르짖기 시작한 사람들이 많이 일어났다. 군사독재에 대한 항거가 반미로 확장될 수밖에 없었던 이유는 남한의 군사정부를 미국이 배후에서 돕고 있었기 때문이었다. 기득권 세력들에게 미국은 더없이 고마운 존재이지만 눌리고 배고픈 민중들에게 미국은 더없이 미운 대상이었다. 미국은 처음부터 가진 자들의 편에 서 있었기 때문이다.

_ 남한의 기독교

남쪽의 기독교는 철저한 반공주의로 일관하면서 기독교 국가라고도 말할 수 있는 미국을 선호하였다. 그래서 미국의 도움으로 이익을 보는 사람들의 편에 남한의 기독교가 서게 되었다. 한반도에 들어온 기독교는 주로 미국의 선교사들에 의하여 세워졌다. 그 결과로 미국의 자본으로 세운 미션스쿨에서나 혹은 미국의 대학에 유학하고 돌아온 지성인 기독교인들이 남한 사회 각계각층의 지도자들이 되어서 기득권 세력을 형성함으로써 가난하고 많이 배우지 못한 민중들과 점점 멀어져갔다. 가난한 민중들이 소외와 배고픔에 못 견뎌서 항의를 하면 그들의 아픔을 들어주고 보살펴줄 마음은 없이 오히려 그들을 빨갱이로 몰아서 억압하고 짓눌렀다. 기독교는 가진 자들의 편에 서서 못 가진 자들을 학대하고 이용하였다.

북에서 남하한 목사와 장로들이 남쪽의 교계를 주름잡으면서 반공사상은 기독교 안에서 더욱 심화되었다. 심지어 기독교 신앙이 곧 반공이요 반공이 기독교 신앙이었다. 이러한 기독교 근본주의자들이 미국의 도움 아래 남한 사회의 정계와 재계 등에서 막강한 힘을 휘둘렀는데 예를 들면 초대 대통령 이승만, 부통령 함태영, 이기붕, 그리고 내무장관 최인규 등 최고위급 정부 관료들이 거의 다 기독인들이었다. 남한 정부의 각료들 중에 목사들이 많이 참여하였을 정도로 남한의 기독교와 정부와의 관계는 처음부터 밀착되었다. 이런 배경에서 볼 때 북의 정권이 남한의 기독교에 대하여 적대적인 자세를 취하는 것은 이해함 직하다. 남한의 기독교를 주름잡고 있는 근본주의적 기독인들은 친미로 일관하면서 방공주의에 철저하여 북을 저주하는 데 앞장을 선데 반하여 약한 자들과 노동자들의 아픔을 이해하고 돕던 소수의 진보주의적인 기독인들은 북의 인민들의 아픔을 이해하고 도와주면서 남북의 화해와 어우러짐을 위하여 노력을 많이 했다. 그 결과로 기독교를 좌지우지하는 보수적인 세력으로부터 무서운 박해를 받았다. 예를 들면 군사독재정권 때 영등포산업선교회에서 일하던 진보적인 기독교인들이 착취당하는 노동자들을 위하여 돈 가진 재벌이나 사장들에게 항의하고 저항하다가 교회에서 쫓겨나고 감옥에 갇히는 아픔을 당하였다. 가난하고 힘없는 노동자들을 착취하던 기업의 사장들 가운데는 기독교 장로들이 제법 많았다. 이들이 산업선교에 종사하는 목사들을 빨갱이라고 매도하여 교회에서 목회를 하지 못하도록 쫓아냈다. 노동자들의 편에 서서 약한 자들의 친구가 되려는 기독인들은 모두 빨갱이로 매도되어 목회에서나 기독교 대학에서 내몰렸다.

_ 남과 북이 한 국가로

한반도가 남과 북으로 갈라진 지가 어언 65년에 이른다. 이제 더 이상 머뭇거릴 수 없다. 이제 기독인들이 앞장을 서서 이토록 심화된 남북의 갈등을 풀어내고 북의 동포들을 얼싸안고 그들을 위로하고 받아주고 보듬어주면서 서로 어우러져 살지 않으면 아니 될 때가 되었다. 그러기 위해서는 아래의 몇 가지를 해결하여야 한다.

첫째, 남과 북의 정권 창건 시에 저질러진 여러 가지 잘못에 대하여

남북 상호간에 진지한 대화를 통하여 상대방에게 맺힌 한들을 풀어내
는 일을 시작해야 한다. 남아공에서 흑인들과 백인들 간에 꽉 막혔던
담을 헐어내고 새로운 화해 정권을 만들어낸 것처럼 남과 북도 서로의
잘잘못을 인정하고 그 잘못을 진정으로 참회하면서 서로를 용서를 하
는 과정을 거쳐야 한다. 남과 북의 정권은 각기의 기득권 세력을 유지
하기 위하여 민족의 하나 됨을 뒤로하고 한반도를 짜갠 죄를 깊이 반
성하고 참회하여야 한다. 6 · 15선언에 명시한 대로 상호 다른 생각들
을 이해하고 받아줌으로써 상대방을 적대시하는 정책과 법 예컨대 남
한의 국가보안법 등은 폐기하여야 한다.

둘째, 북의 주체사상을 더 이상 이념으로서가 아니라 문화로, 즉 북
의 동포들의 삶의 자리로 이해하여야 한다. 주체사상은 북의 인민들의
문화, 즉 삶의 자리로 이미 굳어졌다. 피압박민, 노동자, 농민 등 약한
자들의 생명을 지키고 보호하고 신장하려는 주체주의적 사상의 핵심
내용을 바르게 이해하고 받아들여야 한다. 북의 주체적 윤리가 민족의
영구한 자존심을 지키는 데 필수 불가결한 문화요 사상임을 이해하고
남의 동포들이 받아들여야 하다.

셋째, 반공주의에 앞장섰던 남한의 기독인들이 더 이상 북의 주체사
상을 반기독교적 이념으로 이해하지 말아야 한다. 이제는 21세기 포스
트모더니즘의 핵인 "다름의 존중"을 받아들여야 한다. 중요한 것은 이
념이나 사상이 아니라 생명과 평화임을 깨닫고 나와 다른 사람의 생명
을 존중하고 아끼는 상생의 자세를 가져야 한다.

넷째, 북의 동포들은 남쪽의 기독교를 더 이상 미국의 앞잡이 도구
로 이해할 것이 아니고 오히려 민중의 참 벗이었던 기독교 창시자 예

수의 정신을 이어가는 윤리와 사상을 지닌 모임임을 이해하여야 한다. 민중의 벗 예수 그리스도의 삶을 실천하는 장으로서 교회를 북이 받아들여야 한다.

다섯째, 남과 북이 분단을 극복한 이후 이뤄지는 한반도의 통일된 새 조국은 주체적인 국가가 되어 어느 대국의 눈치도 아니 보고 독립적으로 살아가는 국가로 세워가야 한다. 지정학적으로 강대국 사이에 끼어 있는 북과 남이 평화롭게 사는 길은 사대주의에서 벗어나는 일이다. 어느 강대국도 더 이상 건드릴 수 없는 자주국가로 한반도를 주체적으로 세워가야 한다.

해방 이후 지금까지 한국의 기독교가 강대국 미국의 눈치만을 보면서 같은 민족인 북의 동포들을 적대시하는 미국에 대하여 할 말을 제대로 못 했다. 북과 미국 간의 정전협정이 맺어진 지 60년이 다 되어가고 있는 데도 정전협정을 평화협정으로 바꾸라고 미국에 요청조차 하지 않는 것이 남한 기독교인들의 현실이다. 예수의 원수 사랑의 종교를 믿는다는 남한의 예수교인들이 미국과 대결상태에 있는 북의 동포들을 미워하고 있다. 예수를 따르는 종교인 기독교가 없는 자와 가난한 자의 편에 서야 함에도 불구하고 오히려 가진 자들과 기득권 세력의 편에 서서 약한 자들을 무시하고 업신여기고 있다면 그들은 가짜 예수교인들이다.

_6·15선언과 10·4선언 실천

남한의 지난 정권이 북의 정권과 공동으로 선언한 《6·15남북공동선언》(2000. 6.)이나 〈10·4남북관계발전과평화번영을위한선언〉(2007. 10.)을 현 정권이 들어서면서 깡그리 밟아버렸다. 처음엔 통일부까지 없애려는 시도를 했던 현 정권이 들어섬으로 남북관계는 처음부터 경색 국면을 맞이했던 것이다. 서해 잠수함 폭파 침몰사건으로 수십 명의 병사들이 떼죽음을 당했고 얼마 전에는 연평도 해역에서 벌어진 남북의 상호 포격전으로 많은 남북의 백성들이 죽거나 상했다. 이런 일련의 불상사들이 6·15공동선언을 짓밟아버린 결과에 연유했다. 만약 현 이명박 정권이 지난 두 정권이 이룩했던 6·15공동선언의 정신을 올바로 이해하고 뒷받침했다면 그런 엄청나게 불행한 사건이 일어나지 않았을 것이다. 아래의 공동선언을 다시 한번 깊게 음미해보자.

6·15남북공동선언

조국의 평화적 통일을 염원하는 온 겨레의 숭고한 뜻에 따라 대한민국 김대중 대통령과 조선민주주의인민공화국 김정일 국방위원장은 2000년 6월 13일부터 6월 15일까지 평양에서 역사적인 상봉을 하였으며 정상회담을 가졌다.

남북 정상들은 분단 역사상 처음으로 열린 이번 상봉과 회담이 서로 이해를 증진시키고 남북관계를 발전시키며 평화통일을 실현하는 데 중대한 의의를 가진다고 평가하고 다음과 같이 선언한다.

1. 남과 북은 나라의 통일문제를 그 주인인 우리 민족끼리 서로 힘을 합쳐 자주적으로 해결해나가기로 하였다.

2. 남과 북은 나라의 통일을 위한 남측의 연합제 안과 북측의 낮은 단계의 연방제 안이 서로 공통성이 있다고 인정하고 앞으로 이 방향에서 통일을 지향시켜나가기로 하였다.

3. 남과 북은 올해 8·15에 즈음하여 흩어진 가족, 친척 방문단을 교환하며, 비전향 장기수 문제를 해결하는 등 인도적 문제를 조속히 풀어나가기로 하였다.

4. 남과 북은 경제협력을 통하여 민족경제를 균형적으로 발전시키고, 사회, 문화, 체육, 보건, 환경 등 제반분야의 협력과 교류를 활성화하여 서로의 신뢰를 다져나가기로 하였다.

5. 남과 북은 이상과 같은 합의사항을 조속히 실천에 옮기기 위하여 빠른 시일 안에 당국 사이의 대화를 개최하기로 하였다.

김대중 대통령은 김정일 위원장이 서울을 방문하도록 정중히 초청하였으며, 김정일 국방위원장은 앞으로 적절한 시기에 서울을 방문하기로 하였다.

2000년 6월 15일

대한민국　　　　　　　　대통령　　　　김대중

조선민주주의인민공화국　　국방위원장　　김정일

위의 합의 사항을 보다 구체적으로 실천하기 위하여 북과 남은 2007년 10월 4일에 "10 · 4 남북관계발전과 평화번영을 위한 선언"에 합의하였다. 10 · 4선언의 내용들을 살펴보면 6 · 15선언의 보다 구체적인 실현을 위한 방법들이 제시되었다. 우리 민족끼리 허심탄회하게 대화하면서 남북이 화해하고 평화통일을 이뤄내기 위해서 국방, 경제, 사회 제반 문제들을 진지하게 협의하자는 일정들이 잡혀 있다. 하지만 이명박 정권이 들어서면서 그것들을 깡그리 짓밟아버리고 말았다.

_남북연합(연방)정부

영국의 리드대학교 국제학과 크리스토프 블러스(Christoph Bluth) 교수는 〈Current History〉 2010년 9월호에 "North Korea: How Will It End"라는 제목의 글을 통해 현 미국 정부의 북한 다루기나 남쪽의 햇볕정책 그 어느 것도 너무 제한적이라고 평가하면서 남과 북의 통일을 어렵게 하는 세 가지 방해 요소를 지적했다.

첫째로 중국을 든다. 중국이 한반도의 통일을 두려워하는 이유는 하나는 중국 국경을 넘어 들어올 북의 난민들에 대한 처리 문제 때문이다. 다른 하나는 미군이 중국의 국경 가까이에 진을 칠 가능성에 대한 불안이다.

둘째 문제는 북의 정권 현 지도자들의 강력한 저항이다. 중국의 북에 대한 정책이 바뀌거나 북의 차기 정권이 근본적으로 개혁이 되거나 현재의 권력구조가 붕괴되는 위기가 오기까지는 통일이 어렵다는 것이다.

셋째는 북의 정치 지도자들이 권력을 포기하게 하려면 그들의 안전이 보장되고 자기들과 후손들의 여생을 편안하게 살 수 있는 확실한 보장이 전제되어야 한다는 것이다. 이 셋째 문제가 남북의 분단을 야기한 핵심 원인임을 필자가 위에서 지적한 바가 있다. 서북사람들의 아픔 이야기를 앞에서 길게 서술한 이유가 그 때문이다. 북의 사람들은 더 이상 경제적으로나 직위에 있어서 기득권자나 가진 자에게 눌려 살기를 원치 않고 있다. 주체적으로 살려는 의지로 완전히 무장하고 있다. 비록 가난하게 살아도 눌리지 않고 당당하게 주체적으로 살겠다는 마음으로 충일해 있다. 이런 당당한 삶이 보장되지 않는 한 통일을 바라지 않을 것이다. 그들이 지금 핵을 보유하고 계속 발전시키고 있는 속내가 외세가 더 이상 자기네들을 얕잡아 보고 억압하지 못하도록 하겠다는 것이다. 그런 목표를 이미 세우고 김 주석 탄생 100년이 되는 2012년을 강성대국 건설의 해로 정하고 그것의 달성하기 위하여 온 국민이 매진하고 있는 것이다.

블러스 교수가 지적한 대로 통일을 방해하는 위의 요소들을 생각하면 남북의 통일은 요원하게 보인다. 고로 블러스 교수의 제안과 같이 6·15공동선언에서 언급한 남측의 연합제와 북측의 연방제 안이 우선적으로 실행되어서 점진적으로 통일에 접근하는 길이 현재로서는 최선의 길이다.

이제는 남과 북이 협상 테이블에 앉아서 완전한 통일국가가 아니라 남북 연방제국가를 구체적으로 논의하여야 할 것이다. 남북의 온전한 통일국가를 처음부터 성취하기는 불가능하기에 당분간은 남과 북이 각각의 정부를 유지해야 한다. 연방국가로 서로 친밀하게 교류하면서 상호간의 이해가 넓어지고 깊어지다 보면 어느 시기에 가서는 자연스럽게 완전한 통일의 날을 이룩하게 될 것이다.

연합제 혹은 연방제 정부 밑에서는 남과 북이 더 이상 총칼을 서로 겨누지 않게 될 것이고 한반도에 살고 있는 남과 북의 민족 상호간에 서로 다른 문화를 이해하면서 상생의 길을 모색하게 될 것이다. 이 길이 한반도에 평화를 정착시키고 그리고 궁극적으로는 통일을 달성하게 하는 가장 확실한 길이기에 양 정상이 만나서 합의했다고 여겨진다. 이제는 더 이상 막연한 통일논의를 접고 남북의 정상들이 합의한 6·15공동선언에 따라서 남북연방제 혹은 남북연합제 안을 놓고 구체적으로 논의하는 운동이 일어나야 한다. 남북의 정치 지도자들을 비롯한 사회 각계의 지도자들은 남북의 정상들이 합의한 6·15공동선언을 조속히 실천하기를 촉구한다. 남북의 연방제 혹은 연합제가 조속히 한반도에서 자리 잡도록 종교인들과 모든 국민들이 강력하게 촉구하여야 한다.

_영세중립국

남과 북의 연방정부가 세워지면 미국이나 중국 그리고 다른 주변 국가들과 교섭하면서 남북의 영구적 평화를 위하여 한반도를 영세중립국으로 세워가야 할 것이다. 자그마한 한반도는 그 주변에 강대국들이 포진하고 있다. 역사가 증언하고 있는 것처럼 인구가 많은 강한 대국들에게 우리나라는 종종 침공을 당했고 강제로 합병되기도 했었다. 하기에 우리와 같은 자그마한 나라는 영세중립국으로 세워져서 강대국들과 평등한 입장에서 서로 외교관계를 유지할 필요가 있다. 유럽의 스위스처럼 말이다.

한반도의 중립화를 위한 노력을 제일 먼저 한 분은 고종이었다. 청나라와 일본이 한반도를 사이에 놓고 대결하는 시기에 고종은 영세중립의 필요성을 느끼고 유길준 등을 통해서 1885년 3월부터 러시아, 미국, 영국 등에게 외교 채널을 풀가동하여 영세중립국을 추진했으나 주변의 국가들이 응답하지 않아서 실패하였다. 특히 고종은 미국 정부에 많은 기대를 걸고 중재를 여러 차례 부탁했으나 일본과 밀접한 관계에 있던 미국은 끝내 동조하지 않았다. 국제 로비는 강대국들이 자국에게 이익이 되느냐 아니 되느냐에 기준하여 그 성공 여부가 결정되는 것이기에 자그마한 한반도의 영세중립화에 전적으로 찬성할 나라들이 주변에 얼마나 있을까 염려스럽다. 고로 우선 한반도에 우리의 힘으로 남북연방정부를 이룩하고 남북 상호간에 이해와 연합을 이루어 완전한 통일된 국가를 세우는 일이 시급하다. 그런 후에 당당한 주체적인 국가로 세워져서 힘 있게 주변의 대국들에게 영세중립국을 선포하여야 할 것이다.

이 시기에 긴급한 과제는 6·15공동선언에서 합의한 연방 안 혹은 연합제 안의 실현이다. 이를 위하여 6·15공동선언실천위원회와 모든 통일 단체들이 힘찬 운동을 벌여나가야 한다. 나아가서 모든 기독인들이 이에 동조하여 함께 궐기하여야 할 것이다.

| 편집 후기 |

　　홍성현 목사 회고록 《통일을 향한 여정》을 출판하게 됨을 진심으로
기쁘게 생각합니다. 이 책은 격동의 한 시대를 살아온 양심적인 목회자
의 개인적 삶의 궤적이자, 교회개혁과 민족통일을 추구해온 개혁적인
한 목회자의 시대적 증언이라 하겠습니다. 그러한 삶의 증언들은 1부
자서전을 통하여 그리고 2부와 3부의 설교와 강연을 통하여 잘 나타나
있습니다. (지면관계상 설교와 강연은 일부만 뽑아 수록한 것입니다).

　　사실 홍성현 목사는 저희 편집위원들에게는 목회와 신학의 스승이
자 동역자이기도 했습니다. 신군부의 군사독재가 엄혹했던 1980년대
초중반에, 보수적인 한국 교회와 교단(예장 통합), 신학교(장신대)의
풍토에서 '교회의 갱신과 사회의 변혁' 을 고민하며 신학적 모색을 하
던 시절 만나게 되어, 당시에는 논의가 금기시되었던 민족의 평화통일
을 향한 교회의 역할, 제3세계와 사회주의국가에 대한 기독교 선교,
기독교와 마르크스주의와의 대화 등을 강의실과 목회현장에서 함께
연구하고 배울 수 있었습니다. 이러한 신학적 만남은 이후 새로운 신

학운동을 위한 〈제3세계신학연구소〉 창립과 새로운 교회운동과 목회자운동에의 참여로 이어졌습니다. 이러한 과정에서 보여준 목사님의 모습은 목회현장과 교단정치에 매몰되지 않는 신학적 강단과 솔직함, 그리고 후배들을 끌어안고 함께 일을 해나가는 겸손함이었습니다. 때로 목사님의 솔직함이 교단 목회자들과 장로들의 견제와 질시의 원인이 되어 교회에서 자리잡아가는 데 어려움을 초래하기도 했지만, 오직 한길을 걸어가는 큰 힘이 되었음을 우리는 압니다. 우리 교단에도 훌륭한 목회자와 신학자가 많았지만 후배들과 진심으로 소통하며 함께 일해가신 분은 아주 드뭅니다. 위를 쳐다보기보다는 아래로 향하는 목사님의 겸손함과 사랑이 후배들과의 이러한 신학적 연대를 가능케 했을 것입니다.

오늘날 한국 사회와 한국 교회를 돌아보건대 홍성현 목사가 평생을 바쳐 이루려고 하신 교회갱신과 민족통일에의 기여가 더욱 난감해진 시대임을 절감하게 됩니다. 이명박정부 이후 남북관계는 대립과 갈등으로 치달아 전쟁 일보직전까지 와 있고, 한편 한국 개신교는 최근의 한기총 사태에서 보듯이 본래의 빛과 소금의 사명을 잃어버리고 타락한 종교개혁 전야의 상황에 처해 있습니다. 그런 면에서 홍성현 목사가 걸어왔던 신학적 목회적 여정은 계속 이어져 가야 할 것입니다. 이 책의 출간이 한국 교회와 후학들에게 새로운 자극과 결단의 계기가 되기를 바라마지 않습니다.

2011년 4월 홍성현 목사 회고록 편집위원회

홍성현 목사 회고록 편집위원회

편집위원

고현영 목사(수송교회) 김영철 목사(새민족교회, 편집위원장)

박흥순 박사(숭실대 강사) 오현선 교수(호남신학대) 이대성 교수(연세대)

임희모 교수(한일장신대) 정종훈 교수(연세대) 홍상태 박사(호신대 강사)

홍인식 목사(현대교회) 황홍렬 교수(부산장신대)

정준호 전도사(장신대 박사과정. 간사)

• 학력

1950. 4. ~ 56. 3.	서울중·고등학교(6·25전란으로 고교졸업장은 온양 고교에서 받음)
1956. 4. ~ 58. 3.	부산고려신학교 본과
1958. 4. ~ 62. 3.	서울대학교 문리과대학 철학과(B. A.)
1962. 3. ~ 64. 2.	서울대학교 대학원 종교학과(M. A.)
1965. 3. ~ 68. 8.	동 대학원 종교학과 철학박사(Ph. D.) 과정 수료
1964. 3. ~ 66. 2.	장로회신학대학(B. D.)
1971. 9. ~ 72. 5.	프린스턴신학대학원(Th. M.) - 대한예수교 장로회 총회 장학생으로 유학 함
1972. 9. ~ 76. 2.	프린스턴신학대학원 철학박사(Ph. D.) 과정 수료
1975. 3. ~ 75 .9.	독일 서백림자유대학 신학부를 비롯하여 유럽 7개국에 서 학위논문 자료 수집 및 연구 - 독일교회 장학금으로 연구함
1976. 3. ~ 77. 5.	아메리칸국제대학교(현 클레이튼대학교) 철학박사(Ph. D.)
1978. 3. ~ 79. 2.	휘튼대학원에서 박사후과정으로 기독교전달학 연구

• 경 력

1962. 3. ~ 64. 2.	인성여자중고등학교 교사 및 교목 대행
1964. 3. ~ 65. 7.	삼성교회 전도사

1966. 3. - 68. 4.   새문안교회 전도사
1968. 4. - 73. 8.   새문안교회 부목사(1968. 4. 서울노회에서 목사 안수)
1973. 10. -75. 2.   프린스턴한인장로교회 목사
1975. 9. - 79. 2.   트렌턴한인장로교회 목사
1978. 9. - 79. 2.   뉴욕한인장로회신학교 학장
1979. 3. - 84. 2.   서울장로회신학교 강사
1979. 7. - 82. 2.   인천제일교회 담임목사
1979. 3. - 86. 2.   아세아연합신학대학 전임대우교수
1980. 5. - 82. 2.   학교법인 제일학원 이사장
1981. 3. - 83. 5.   장로회신학대학 총동문회 총무
1981. 9. - 85. 2.   장로회신학대학 강사
1981. 10.- 82. 10.   경기서노회(현 인천노회) 부노회장
1981. 10.- 86. 9.   총회 세계선교위원회(현 세계선교부) 부서기
1981. 5. - 91. 10.   사단법인 한국기독교선교단체협의회 총무이사
1982. 3. - 86. 3.   무학교회 담임목사
1983. 9. - 90. 7.   한국기독교선교단체협의회 부설 세계선교사훈련원 원
                        감 및 원장
1986. 3. - 88. 2.   아세아연합신학대학 부교수
1986. 8. - 87. 6.   새민족교회 창립 및 설교목사
1986. 11. - 91.10.   제3세계신학연구소 창립 및 소장
1987. 7. - 90. 2.   현대교회 담임목사
1989. 2. - 91.10.   윌리엄 케리 국제대학교 한국분교 내학부 학장
1991.12. - 94. 2.   나성한인연합장로교회(미국장로교회 소속) 목사
1994. 4. - 95. 2.   한일신학대학 강사
1996. 9. - 99. 9.   총회 전도부 실행위원 및 산업선교위원장
1994. 11. - 06. 5.   수송교회 담임목사
1996. 7. - 01. 2.   총회 외국인근로자선교후원회 회장
1996. 9. - 06. 5.   총회 국내선교부 산업선교위 전문위원회 의장
1997. 1. - 99. 1.   한국기독교사회선교협의회 공동의장
1998. 1 - 03. 5.   목회자신문사 편집인
1999. 2 - 02. 1.   기독교시민사회운동연합 공동대표
2003. 11 - 현재.   한민족평화선교연구소 고문

• **세계교회와의 교류**

1975. 7.	제네바에서 모였던 "타 이념과의 대화" 모임에 한국측 대표로 참석
1980. 8.	영국 에딘버러에서 모였던 국제선교대회에 강사로 참석
1981. 5.	미국 파사데나에서 모였던 세계선교대회에 강사로 참석
1982. 8.	캐나다 오타와에서 열렸던 세계개혁교회연맹(WARC)총회에 총대로 참석
1983. 8.	캐나다 벤쿠버에서 모였던 세계교회협의회(WCC)총회에 옵서버로 참석
1984.10.	일본 도산소에서 모였던 "동북아시아평화회의"에 총회 대표로 참석
1985. 6.	샌프란시스코에서 모였던 "한반도평화통일문제협의회"에 총회 대표로 참석
1985. 7.	미국 로스엔젤레스에서 열렸던 "미주한인선교협의회"에 총회 대표로 참석
1988. 8.	동남아 8개국 선교시찰단 인솔 및 특강
1990. 1.	대만선교시찰단 인솔
1990. 4.	중국선교시찰단 인솔
1997. 6.	홍콩과 마닐라의 외국인근로자 후원 기관 총회시찰단 인솔
1999. 10.	독일 등지의 외국인 쉼터 현장 방문
2003. 7.	멕시코 과달라하라 선교지 방문(서울강남노회 선교부장으로)
2005. 10.	평양 방문, 칠곡교회에서 예배

• **대학에서 개설했던 강의들**

1) 기독교윤리학 2) 사회윤리학 3) 기독교 전달학
4) 사회주의 나라안에서의 교회들 5) 라틴 아메리카의 사회변혁과 기독교
6) 공산권선교 7) 에큐메닉스 8) 중국선교 9) 제삼세계신학
10) 철학개론 11) 원서강독 등

• **저 서**

저서 《맑스주의자들의 종교비판》(1988)
　　　《중국교회의 전기와 새로운 중국의 신학》(1992)
　　　《평화를 만드는 자》(설교집, 1997)
　　　《홍성현 목사 목회 40년 기념 설교집》(2006)

공저 《성직자 70인의 기도》(1975)

　　　《모범기도》(1983)

　　　《구역예배설교》(1984)

편저 《중국기독교 삼자운동》(1986)

　　　《라틴 아메리카의 사회변혁과 기독교》(1989)

　　　《제3세계 신학 1》(1987)

　　　《제3세계 신학 11》(1988)

번역 브라이언 렌의《정의를 위한 교육》(1980)

　　　칼 헨리의《선교와 개발》(1989)

　　　헬무트 골비쳐의《맑스주의의 종교비판과 기독교신앙》(1991)

논문 다수의 논문들을 각종 잡지와 신문에 발표함

• 가족관계

처: 노원희(67세)

장남: 홍승명(38세, 미국 거주) 자부: 김혜인(38세, 미국 거주)

손녀: 홍주리(12세, 미국 거주) 손자: 홍사무엘(10세, 미국 거주)

차남: 홍활민(35세, 미국 거주) 자부: 윤정승(33세, 미국거주)